Du même auteur aux éditions North Star

Marie Antoinette
Marie Stuart

Dans la collection Histoire
La Vie de Benvenuto Cellini

... Et d'autres à venir

Retrouvez l'ensemble de nos parutions sur notre site
http://north-stared.wix.com/editions

Stefan Zweig

(1881-1942)

———

FOUCHÉ

(1759 - 1820)

———

Comte Fouché, duc d'Otrante, Président de la Commission de Gouvernement sous Napoléon II, Ministre de la Police sous Napoléon Ier

TRADUIT DE L'AUTRICHIEN PAR ALZIR HELLA

1930

Edition originelle :

INSEL-VERLAG ZU LEIPZIG

TABLE

À Arthur Schnitzler,
en hommage affectueux.

FOUCHÉ.

Joseph Fouché, l'un des hommes les plus puissants de son époque et l'un des plus remarquables de tous les temps, a trouvé peu d'amour auprès de ses contemporains et encore moins de justice auprès de la postérité. Napoléon, à Sainte-Hélène, Robespierre, parmi les Jacobins, Carnot, Barras, Talleyrand dans leurs Mémoires, et tous les écrivains français, royalistes, républicains ou bonapartistes, trempent leur plume dans du fiel dès qu'ils doivent écrire son nom. Traître né, misérable intrigant, nature de reptile, transfuge professionnel, âme basse de policier, pitoyable immoraliste, aucune injure ne lui a été épargnée ; et ni Lamartine, ni Michelet, ni Louis Blanc n'essaient sérieusement d'étudier son caractère, – ou plutôt son absence admirablement constante de caractère. Pour la première fois ses traits nous sont présentés sous leur véritable aspect dans la monumentale biographie de Louis Madelin (à laquelle la présente étude psychologique, comme toute autre, doit la plus grande partie de ses matériaux) ; à cette exception près, l'histoire a relégué silencieusement au dernier rang des figurants insignifiants cet homme qui, à un tournant du monde, a dirigé tous les partis et a été le seul à leur survivre, et qui, dans un duel d'ordre psychologique, a vaincu un Napoléon et un Robespierre ; de temps en temps sa silhouette encore traverse une pièce ou une opérette sur Napoléon mais, le plus souvent, sous la forme de charge schématique et banale d'un astucieux ministre de la police, d'un ancêtre de Sherlock Holmes ; une description sans profondeur confond toujours un rôle caché avec un rôle secondaire.

Seul, Balzac a vu de la grandeur dans cette figure originale, justement parce que lui-même était grand parmi les grands. Ce haut esprit, plein de pénétration, qui fouillait non seulement la scène mais encore les coulisses du temps, a reconnu sans réserve dans Fouché le caractère psychologiquement le plus intéressant de son siècle. Habitué à considérer, dans sa chimie des sentiments, toutes les passions, celles qu'on nomme héroïques aussi bien que celles qualifiées basses, comme des éléments de même valeur absolue, habitué à admirer un malfaiteur consommé, un Vautrin, autant qu'un génie spiritualiste, un Louis Lambert, ne faisant jamais de différence entre ce qui est moral et ce qui ne l'est pas et se bornant exclusivement à toujours mesurer l'énergie d'un homme et l'intensité de sa passion, Balzac a précisément fait sortir de l'ombre où il s'était complu cet homme qui fut le plus méprisé et le plus honni de la Révolution et de l'Empire. Il l'appelle « ce singulier génie », « le seul ministre que Napoléon ait jamais eu », puis « la plus forte tête que je connaisse » et ailleurs « l'un de ces personnages qui ont tant de faces et tant de profondeur sous chaque face, qu'ils sont impénétrables au moment où ils jouent et qu'ils ne peuvent être expliqués que longtemps après la partie ». – Voilà une opinion bien différente de celle, méprisante, des moralistes. Et dans son roman Une ténébreuse affaire *il consacre à cet « esprit sombre, profond, extraordinaire, qui est peu connu », une page spéciale : « Ce singulier génie, écrit-il, qui frappa Napoléon d'une sorte de terreur, ne se déclara pas tout à coup chez Fouché. Cet obscur Conventionnel, l'un des hommes les plus extraordinaires et les plus mal jugés de ce temps, se forma dans les tempêtes. Il s'éleva, sous le Directoire, à la hauteur d'où les hommes profonds savent voir l'avenir en jugeant le passé ; puis tout à coup, comme certains acteurs médiocres éclairés par une lueur soudaine deviennent excellents, il donna des preuves de dextérité pendant la rapide révolution du 18 Brumaire. Cet homme au pâle visage élevé dans les dissimulations monastiques, qui possédait les secrets des Montagnards auxquels il appartint, et ceux des royalistes auxquels il finit par appartenir, avait lentement et silencieusement étudié les hommes, les choses, les intérêts de la scène politique ; il pénétra les secrets de Bonaparte, lui donna d'utiles conseils et des renseignements précieux. À ce moment, ni ses anciens ni ses nouveaux collègues ne soupçonnaient l'ampleur de son génie purement ministériel, essentiellement gouvernemental, juste dans toutes ses prévisions, et d'une incroyable sagacité. »*

Ainsi s'exprime Balzac. Son hommage avait d'abord

attiré mon attention sur Fouché, et depuis des années mon regard suivait à l'occasion cet homme dont Balzac a dit qu'il a « possédé plus de puissance sur les hommes que Napoléon lui-même ». Mais Fouché a su, comme il faisait de son vivant, demeurer dans l'histoire une figure cachée : il n'aime montrer ni son visage, ni ses cartes. Presque toujours il reste dissimulé au sein des événements, à l'intérieur des partis, derrière le voile anonyme de ses fonctions ; son action est invisible comme celle des rouages d'une montre ; et on réussit très rarement à saisir son profil fuyant dans le tumulte des faits et dans les courbes les plus accusées de sa carrière. Chose plus singulière encore, au premier coup d'œil, aucun des profils de Fouché ainsi fugitivement saisis ne concorde avec les autres. Il faut faire un certain effort pour se représenter le même homme de chair et d'os, en 1790, professeur ecclésiastique et dès 1792 pilleur d'églises, en 1793 communiste, et à peine cinq ans après plusieurs fois millionnaire, enfin, dix ans plus tard duc d'Otrante. Mais plus ses changements étaient hardis et plus devenait intéressant pour moi le caractère, ou plutôt l'absence de caractère, du plus parfait des disciples modernes de Machiavel ; plus sa vie politique tout entière passée dans les coulisses et dans les ténèbres devenait pour moi captivante et plus sa figure prenait à mes yeux une allure originale et même démoniaque. C'est ainsi que d'une manière tout à fait imprévue, simplement par plaisir psychologique, je me suis mis à écrire l'histoire de Joseph Fouché, comme une contribution à une étude biologique encore inexistante et pourtant très nécessaire, du diplomate, de cette race d'esprit qui n'a pas encore été complètement examinée et qui est la plus redoutable de notre univers.

Je sais que cette biographie d'un être absolument amoral et d'une individualité aussi particulière et aussi importante que celle de Joseph Fouché ne répond pas aux désirs évidents de notre époque. Notre époque veut et aime aujourd'hui des vies héroïques, car dans la pénurie ou elle est de chefs politiques créateurs, elle cherche dans le passé des exemples plus hauts. Je ne méconnais nullement le pouvoir qu'ont les biographies héroïques d'élargir l'âme, d'accroître l'énergie et d'élever l'esprit. Depuis Plutarque elles sont nécessaires à toute génération qui monte et à chaque jeunesse nouvelle. Mais précisément, en matière politique, elles risquent de falsifier l'histoire, en laissant croire que jadis et toujours, les véritables natures de chef ont dirigé effectivement le destin de l'univers. Il est incontestable que, par sa seule présence, une nature héroïque domine encore pendant des dizaines et des centaines d'années la vie spirituelle, mais seulement cette vie-là. Dans la vie pratique et réelle, dans la sphère du pouvoir gouvernemental, l'action décisive appartient rarement (et c'est ce qu'il faut souligner, pour mettre en garde contre toute crédulité politique) aux figures supérieures, aux hommes des idées pures, mais bien à une catégorie d'êtres de beaucoup moins de valeur, quoique plus adroits, je veux dire ceux qui travaillent dans la coulisse. En 1914 et en 1918, nous avons vu comment les décisions historiques de la guerre et de la paix étaient prises, non pas selon la raison et par les responsables, mais par des individus cachés dans l'ombre, du caractère le plus douteux et d'une intelligence bien limitée. Chaque jour nous constatons encore que, dans le jeu ambigu et souvent criminel de la politique, auquel les peuples confient toujours avec crédulité leurs enfants et leur avenir, ce ne sont pas des hommes aux idées larges et morales, aux convictions inébranlables qui l'emportent, mais ces joueurs professionnels que nous appelons diplomates, – ces artistes aux mains prestes, aux mots vides et aux nerfs glacés. Si donc, réellement, comme le disait déjà Napoléon il y a cent ans, la politique est devenue « la fatalité moderne », nous voudrions essayer, pour nous défendre, de découvrir les hommes qu'on trouve derrière cette puissance et ainsi le redoutable secret de leur pouvoir. Je présente donc l'histoire de Joseph Fouché comme une utile et très actuelle contribution à la psychologie de l'homme politique.

Salzbourg, automne 1929.

POST-SCRIPTUM POUR L'ÉDITION FRANÇAISE.

Un portrait psychologique comme celui-ci doit toujours, sans fausser l'ensemble, restreindre les détails pour faire ressortir les lignes décisives d'une personnalité. Si mon travail poussait, comme je l'espère, certains de mes lecteurs français à se renseigner plus largement sur une figure aussi fascinante que celle de Joseph Fouché, je les engagerais à prendre connaissance de l'important ouvrage en deux volumes de M. Madelin, où ils trouveront beaucoup d'autres détails et documents pleins d'intérêt. En revanche je les mets en garde contre les prétendus Mémoires de Joseph Fouché qui, d'ailleurs, sont loin d'être authentiques.

D'autre part, si la correspondance intégrale de Fouché pouvait voir le jour, elle jetterait bien de la lumière sur la personnalité de cet homme ténébreux. J'ai attendu vainement depuis des années cette publication, qui serait si nécessaire à la connaissance de la Révolution et de l'Empire.

S. Z.

I

LA MONTÉE VERS L'AUTORITÉ

1759-1793

Le 31 mai, Joseph Fouché – que nous sommes loin encore du duché d'Otrante ! – voit le jour à Nantes. Ses parents étaient marins et commerçants, ses aïeux également ; rien de plus naturel, par conséquent, que leur héritier fût, à son tour, marin, qu'il devînt capitaine de navire ou qu'il se livrât au négoce maritime. Mais de bonne heure on s'aperçoit que cet adolescent fluet, nerveux, anémique et laid manque de toute aptitude pour un métier si dur et qui, à l'époque, était encore réellement héroïque. À deux milles du rivage il a le mal de mer, un quart d'heure de marche ou de jeu suffit à le fatiguer. Que faire d'un rejeton si délicat, se demandent les parents ? Non sans souci, car la France d'alors n'a pas encore accordé la place qui lui revient à une bourgeoisie déjà éclairée et impatiente d'arriver. Au tribunal, dans l'administration, dans chaque ministère, chaque office, toutes les grasses prébendes continuent d'être réservées à la noblesse ; pour le service de la cour, il faut avoir des armoiries comtales ou une bonne baronnie ; même dans l'armée, un roturier à cheveux gris ne dépasse guère le grade de sous-officier.

Le tiers état est encore exclu de tout, dans le royaume corrompu et mal administré ; il n'est pas étonnant qu'un quart de siècle plus tard le poing exige ce qu'on a refusé trop longtemps à la main humblement suppliante.

Il ne reste que l'Église. Cette grande puissance, vieille de mille années, infiniment supérieure aux souverains dynastiques quant à la connaissance du monde, pense avec plus d'intelligence, un esprit plus démocratique, un cœur plus large. Elle trouve toujours une place pour qui est doué et elle accepte même le plus humble dans son royaume invisible. Comme le petit Joseph s'est déjà distingué par son zèle à l'étude, sur les bancs de l'école des Oratoriens, ceux-ci lui accordent volontiers, lorsqu'il a fini ses classes, un poste de professeur de mathématiques et de physique, de surveillant général et de préfet des études. À vingt ans il a, dans cet ordre, qui depuis l'expulsion des jésuites dirige partout en France l'instruction catholique, une charge, à vrai dire modeste, et sans beaucoup d'avenir, mais qui constitue pour lui cependant un moyen de s'instruire en enseignant les autres.

Il pourrait d'ailleurs monter plus haut, devenir père, peut-être même, un jour, évêque ou éminence, s'il prononçait les vœux sacerdotaux. Mais, chose typique chez Joseph Fouché, dès le premier, le plus bas échelon de sa carrière, se manifeste un trait essentiel de sa nature : sa répugnance à se lier entièrement et irrévocablement à quelqu'un ou à quelque chose. Il porte l'habit ecclésiastique et la tonsure ; il partage la vie monacale des autres religieux, les pères ; pendant ces dix années d'Oratoire, il ne se distingue en rien d'un prêtre, ni extérieurement ni intérieurement. Mais il ne prend pas les ordres majeurs ; il ne prononce pas de vœux. Comme toujours, dans chaque situation, il se ménage la liberté de la retraite, la possibilité de changer et d'aller ailleurs. À l'Église il ne se donne que temporairement et pas tout entier ; il ne se donnera pas davantage plus tard à la Révolution, au Directoire, au Consulat, à l'Empire ou à la Royauté ; même à Dieu, et encore moins à un homme, Joseph Fouché ne s'engage à être fidèle sa vie durant.

Pendant dix ans, de la vingtième à la trentième année, ce demi-prêtre, pâle et fermé, passe dans les cloîtres et les réfectoires silencieux. Il enseigne à Niort, Saumur, Vendôme, Paris, mais il sent à peine le changement de lieu, car la vie d'un professeur de séminaire se déroule aussi calme, modeste et insignifiante dans telle ville que dans telle autre, toujours derrière des murs taciturnes, toujours à l'écart de la vie. Vingt, trente, quarante élèves à qui on inculque du latin, des mathématiques et de la physique, des garçons pâles, vêtus de noir, qu'il faut conduire à la messe, surveiller au dortoir, la lecture solitaire de livres de sciences, de maigres repas, une rétribution médiocre, un habit noir tout râpé, une existence claustrale, dénuée de désir. Elles semblent figées, irréelles et au-delà du temps et de l'espace, infécondes et sans ambition, ces dix années muettes et obscures.

Mais, pourtant, dans cette atmosphère d'école conventuelle, Joseph Fouché apprend beaucoup de choses, qui serviront infiniment au futur diplomate ; avant tout, la technique du silence, le grand art de la dissimulation, la maîtrise dans l'observation et la connaissance des âmes. Si cet homme, pendant toute sa vie, domine chaque nerf de sa figure, même dans la passion, si l'on ne peut jamais découvrir un signe visible de colère, d'irritation, d'émotion, sur son visage immobile et comme muré dans le silence, s'il parle tranquillement, avec la même voix sans expression, des choses les plus courantes et des choses les plus terribles, s'il sait marcher d'un même pas furtif dans les appartements de l'Empereur et dans le tumulte d'une réunion populaire, c'est parce qu'il a appris pendant ses années de réfectoire l'incomparable discipline de la domination de soi-même, c'est parce qu'il a longtemps dompté sa volonté par les exercices de Loyola et appris à parler dans les discussions de l'art séculaire des prêtres, avant de prendre place sur le podium de la scène du monde. Ce n'est peut-être pas un hasard qui a fait que les trois grands diplomates de la Révolution française, Talleyrand, Sieyès et Fouché, sont sortis de l'école de l'Église, maîtres en la science des hommes, longtemps avant d'affronter la tribune. L'antique tradition d'une communauté qui les dépasse de beaucoup imprime, dans les minutes décisives, une certaine ressemblance à leurs caractères, qui sont, par ailleurs, opposés. À cela s'ajoutent, chez Fouché, une discipline de fer, presque spartiate, une résistance intérieure au luxe et à l'ostentation, la faculté de cacher sa vie privée et ses sentiments personnels. Non, ces années passées dans l'ombre des séminaires n'ont pas été perdues pour Fouché ; il a infiniment appris lui-même tout en professant.

Derrière les murs du cloître, dans l'isolement le plus strict, cet esprit singulièrement souple et inquiet acquiert et mûrit sa maîtrise psychologique. Pendant des années il ne lui est permis d'agir qu'invisiblement, dans le cercle religieux le plus étroit ; mais dès 1778 a commencé en France cette tempête sociale qui vient battre jusqu'aux murs des couvents. Dans les cellules des oratoriens, on discute sur les droits de l'homme, aussi bien que dans les loges de francs-maçons ; une curiosité d'une espèce nouvelle pousse les jeunes prêtres vers les laïcs, et c'est la curiosité qui attire aussi le professeur de physique et de mathématiques vers les découvertes étonnantes de l'époque, comme celles de Montgolfier et des premiers aérostats, ou vers les inventions grandioses du domaine de l'électricité et de la médecine. Messieurs les ecclésiastiques cherchent à entrer en relations avec les milieux intellectuels et, à Arras, le moyen leur en est fourni par une société très singulière, appelée les Rosati, sorte de cercle idéaliste qui réunit en une sereine compagnie les beaux esprits de la ville. Cela ne fait pas beaucoup de bruit ; de petits bourgeois sans importance déclament de menus poèmes ou lisent des conférences littéraires ; les militaires se mêlent aux civils, et représentant l'élément ecclésiastique le professeur Joseph Fouché, lui aussi, est bien accueilli, parce qu'il sait parler avec abondance des nouvelles conquêtes de la physique. Souvent, il vient s'asseoir là, dans un cercle amical, et il écoute, par exemple, un capitaine du génie, nommé Lazare Carnot, dire des vers moqueurs, qu'il a composés lui-même, ou bien un pâle avocat aux lèvres minces Maximilien *de* Robespierre (à cette époque, il n'a pas cessé d'attacher de l'importance à sa noblesse) débiter un discours bleu de ciel en l'honneur des Rosati. Car la province respire avec bonheur les derniers zéphyrs du siècle philosophe ; avec bonhomie, M. de Robespierre compose encore, – en attendant les jugements sanguinaires, – des petits vers maniérés ; le médecin suisse Marat écrit toujours, – en attendant les féroces manifestes communistes, – un douceâtre roman sentimental, et le petit lieutenant Bonaparte continue à peiner quelque part en province sur un fade récit imité de *Werther :* les orages futurs sont invisibles derrière l'horizon.

Mais, caprice du destin, c'est justement avec cet avocat pâle, nerveux, et d'une ambition sans frein, avec M. de Robespierre que se lie intimement le professeur tonsuré ; il s'en faut même de peu qu'ils ne deviennent beaux-frères, car Charlotte de Robespierre, la sœur de Maximilien, veut arracher le professeur à l'état ecclésiastique et déjà, à toutes les tables, on chuchote qu'ils sont fiancés. L'intrigue n'aboutit pas. Pourquoi ? C'est un secret. Là peut-être est la racine de cette haine terrible, inscrite dans l'histoire, qui des deux amis fera des ennemis mortels. Pourtant à l'époque il n'est pas plus question entre eux de haine que de jacobinisme. Au contraire, même, lorsque Maximilien de Robespierre est envoyé à Versailles, comme député aux États généraux, afin de travailler à la nouvelle Constitution de la France, c'est Joseph Fouché qui prête à l'avocat besogneux les quelques louis d'or nécessaires au voyage et à l'achat d'un habit neuf. On peut voir là un symbole : Fouché tient, comme il le fera plus tard si souvent, les étriers à un autre, pour que celui-ci entre dans l'histoire, mais ce sera lui qui, au moment décisif, trahira son ancien ami et, d'un coup frappé par-derrière, l'abattra.

Quelque temps après le départ de Robespierre pour l'assemblée des États généraux qui va ébranler la France dans tous ses fondements, les oratoriens d'Arras font, eux aussi, leur petite révolution. La politique a pénétré jusque dans leurs réfectoires et, habile à saisir le vent, Joseph

Fouché dispose ses voiles. Sur sa proposition, une députation est envoyée à l'Assemblée nationale pour exprimer au tiers état les sympathies des prêtres. Mais cette fois-ci, lui d'habitude si prudent, il s'est mis en avant une heure trop tôt. Ses supérieurs l'envoient par punition, sans parvenir pourtant à ce qu'elle soit véritable, dans l'établissement que leur ordre possède à Nantes, dans cette maison même où, enfant, il apprit les rudiments de la science et de la connaissance des âmes. Trop tard. C'est maintenant un homme mûr, expérimenté ; enseigner la table de multiplication, la géométrie et la physique à des jeunes gens à demi formés ne l'intéresse plus. En flairant le vent, il a senti qu'une tempête sociale va souffler sur le pays et que la politique gouverne le monde : entrons donc dans la politique ! se dit-il. Immédiatement il quitte la soutane, laisse à la nature le soin de recouvrir sa tonsure et fait des discours politiques, non plus à des adolescents, mais aux braves bourgeois de Nantes. Un club est fondé ; c'est toujours d'une tribune de ce genre, où ils essaient leur éloquence, que part la carrière des politiciens. Il suffira de quelques semaines pour que Fouché soit le président des « Amis de la Constitution » de Nantes. Il célèbre le progrès, mais très prudemment, avec beaucoup de réserve, car le baromètre politique de ces honnêtes commerçants est à la modération ; à Nantes, où l'on craint pour son crédit et où, avant tout, on désire faire de bonnes affaires, on ne veut pas des extrêmes. On ne veut pas non plus, parce que l'on tire des colonies de gras profits, donner dans des projets aussi fantaisistes que l'affranchissement des esclaves : c'est pourquoi Joseph Fouché rédige bientôt à l'adresse de la Convention un document pathétique contre la suppression de la traite des esclaves. Cela lui vaut, il est vrai, une grossière semonce de la part de Brissot, mais ne diminue pas son prestige dans le cercle plus étroit de ses concitoyens. Afin de fortifier à temps sa position politique parmi les bourgeois (les électeurs futurs !) il s'empresse d'épouser la fille d'un riche marchand, jeune personne sans beauté mais bien pourvue, car il veut être vite et complètement, lui aussi, un bourgeois, à une époque où, il le comprend déjà, le tiers état va prendre la première place, celle d'où l'on gouverne.

Tout cela n'est que préparatifs pour la fin qu'il vise. À peine la période des élections à la Convention est-elle ouverte que l'ancien professeur ecclésiastique se présente comme candidat. Et que fait un candidat ? Il promet d'abord à ses bons électeurs tout ce qu'ils désirent. Ainsi Fouché jure de protéger le commerce, de défendre la propriété, de respecter les lois ; il tonne (car à Nantes le vent souffle plus à droite qu'à gauche) avec beaucoup plus de véhémence contre les fauteurs de désordre que contre l'ancien régime. Effectivement, en cette année 1792, il est élu député à la Convention et la cocarde tricolore de représentant du peuple remplace désormais pour longtemps la tonsure tenue cachée et secrète.

Joseph Fouché, à l'époque de son élection, a trente-deux ans. Ce n'est pas un bel homme, il s'en faut de beaucoup. Un corps maigre, d'une sécheresse presque spectrale ; un visage étroit, osseux et anguleux, d'une laideur désagréable ; le nez est incisif ; incisive et effilée la bouche, toujours fermée ; les yeux sont d'une froideur de poisson, sous des paupières lourdes et quasi engourdies ; les pupilles sont grises comme celles de certains chats, semblables à des boules vitrifiées. Tout, dans ce visage, tout dans cet homme reflète, pour ainsi dire, une vitalité très limitée : on dirait quelqu'un aperçu à la lumière du gaz, livide et blafard. Aucun éclat dans les yeux, aucune sensualité dans les mouvements, aucun ressort dans la voix. Les cheveux sont minces et répartis par mèches, les sourcils roussâtres et à peine visibles ; les joues sont d'un gris terne. Il semble qu'il n'y ait pas dans cet organisme un colorant suffisant pour donner au visage l'aspect de la santé ; cet homme tenace et d'une puissance de travail inouïe a toujours l'air fatigué, malade, convalescent.

Tous ceux qui le voient ont l'impression que dans ses

veines ne circule pas un sang chaud et rouge. Et en vérité, même moralement, il appartient à la race des êtres à sang froid. Il ne connaît pas de passions brutales et entraînantes ; il n'est porté ni vers les femmes ni vers le jeu ; il ne boit pas de vin ; il n'éprouve aucun plaisir à se dépenser physiquement ; il ne fait pas jouer ses muscles ; il passe sa vie dans son cabinet de travail, au milieu de dossiers et de papiers. Il ne se met jamais visiblement en colère ; jamais un nerf ne tremble sur sa figure. Seules ses lèvres minces et exsangues se plissent parfois en un petit sourire, tantôt de politesse et tantôt d'ironie : jamais on ne découvre sous ce masque gris d'argile et qui semble affaissé, une véritable excitation ; jamais sous les paupières lourdes et bordées de rouge l'œil ne trahit son intention, ni un mouvement ses pensées.

Ce sang-froid inébranlable, voilà la véritable puissance de Fouché. Les nerfs ne le dominent pas ; les sens ne l'induisent pas en tentations ; c'est derrière la paroi impénétrable de son front que toutes ses passions s'accumulent et se détendent. Il donne libre jeu à ses forces et, en même temps, il épie avec attention les fautes des autres ; il laisse s'user leur ardeur et il attend avec patience qu'ils soient épuisés ou bien que, perdant la maîtrise d'eux-mêmes, ils découvrent un point faible : c'est alors seulement qu'il frappe implacablement. Cette supériorité de la patience jamais à bout est terrible : celui qui peut attendre et dissimuler de la sorte peut également tromper le plus expérimenté. Fouché se soumettra tranquillement ; sans sourciller, il avalera les injures les plus grossières et, avec un froid sourire, les humiliations les plus pénibles ; aucune menace, aucune fureur n'ébranlera cet homme au sang de poisson. Robespierre et Napoléon se briseront tous deux contre cette impassibilité de pierre, – comme l'eau contre les rochers. Trois générations s'épuiseront dans le flux et le reflux des passions, alors que lui restera debout, froid et fier, lui seul qui est sans passions.

Cette froideur du sang, c'est le véritable génie de

Fouché. Son corps ne l'entrave ni ne l'entraîne : c'est comme s'il n'existait pas, au milieu de ces téméraires jeux de l'esprit. Le sang, les sens, l'âme, ces éléments troubles de sensibilité, qui existent chez tout homme normal, n'ont réellement aucun rôle chez ce mystérieux joueur, dont toute la passion est refoulée dans le cerveau. L'aventure est le vice de ce sec bureaucrate, et sa passion est l'intrigue. Mais il ne peut l'épuiser et en jouir que par l'esprit. Et rien ne dissimule mieux et plus adroitement la formidable joie qu'il prend à l'imbroglio et aux cabales secrètes que l'attitude banale de l'honnête fonctionnaire, fidèle à ses devoirs, dont il portera le masque toute sa vie. Du fond d'un bureau ourdir sa trame, retranché derrière des papiers et des registres, frapper mortellement, sans qu'on s'en aperçoive ni s'y attende, telle est sa tactique. Il faut profondément sonder l'histoire pour remarquer, dans le feu de la Révolution et dans la lumière légendaire de Napoléon, la simple présence de cet homme, d'apparence modeste, mais qui, en réalité, met la main à tout et dirige l'époque. Pendant toute sa vie il restera dans l'ombre – mais il enjambera les corps de trois générations ; Patrocle est depuis longtemps tombé, et Hector, et Achille, qu'Ulysse vit encore, Ulysse fécond en artifices. Son talent triomphe du génie, son sang-froid l'emporte sur toutes les passions.

Le 21 septembre, au matin, la Convention, nouvellement élue, fait son entrée dans la salle des séances. La cérémonie de l'installation n'est plus aussi solennelle, aussi pompeuse que celle de l'Assemblée constituante, il y a trois ans. Alors il y avait encore, au milieu, un précieux fauteuil de damas, brodé de lis blancs, la place du roi. Et, lorsque celui-ci était entré, l'Assemblée, respectueusement levée, avait acclamé l'oint du Seigneur. Mais à présent ses forteresses, la Bastille, et les Tuileries, sont sans force ; il n'y a plus de roi en France ; seul un gros monsieur, appelé Louis Capet par les gardiens grossiers de sa prison et par ses juges, s'ennuie à l'intérieur du Temple, – simple citoyen sans aucune puissance et qui attend d'être mis en jugement. À sa place les sept cent cinquante représentants du peuple gouvernent et ils se sont établis dans sa propre demeure. Derrière le bureau du président s'élèvent, en lettres gigantesques, les tables de la loi nouvelle – le texte de la Constitution ; et les murs de la salle sont ornés (redoutable symbole !) du faisceau des licteurs et de la hache meurtrière.

Dans les galeries le peuple se rassemble ; il contemple avec curiosité ses représentants. Sept cent cinquante Conventionnels entrent lentement dans la demeure royale, mélange singulier de tous les états et de toutes les professions : avocats sans cause à côté de philosophes illustres, prêtres défroqués à côté de militaires de valeur, aventuriers ratés à côté de mathématiciens célèbres et de poètes galants ; comme dans un verre violemment agité le dessous a été mis dessus par la Révolution française. Cependant le temps est venu de clarifier cette situation anarchique.

La disposition des sièges indique déjà un premier essai d'ordre. Dans la salle en amphithéâtre, si étroite que les discours des adversaires se heurtent front contre front et souffle contre souffle, sont assis, en bas, les gens paisibles, éclairés, prudents, le « Marais », comme on appelle ironiquement ceux qui restent impassibles au moment de toutes les décisions. Les extrémistes, les impatients, les révolutionnaires prennent place là-haut, sur les bancs les plus élevés, sur la « Montagne » ; leurs dernières rangées de sièges touchent déjà les galeries, comme pour signifier symboliquement qu'ils ont derrière eux la masse, le peuple, la plèbe.

Ces deux puissances se font équilibre. Entre elles passent le flux et le reflux de la Révolution. Pour les « bourgeois », pour les « modérés », la République est déjà achevée avec la conquête de la Constitution, avec la défaite du roi et de la noblesse, avec le transfert de leurs droits au tiers état : ils voudraient bien à présent pouvoir endiguer et retenir le flot qui monte, en se bornant à défendre les résultats acquis. Condorcet, Roland, les Girondins, sont leurs chefs, représentants des intellectuels et de la classe moyenne. Mais ceux de la « Montagne » veulent pousser encore plus loin la puissante vague révolutionnaire, jusqu'à ce qu'elle entraîne tout avec elle, tout ce qui subsiste encore du passé, tout ce qui retarde ; ils veulent, les Marat, les Danton, les Robespierre, en tant que chefs du prolétariat, « la révolution intégrale », la révolution absolue et entière, jusqu'à l'athéisme et jusqu'au communisme. Ils veulent renverser encore, après le roi, les autres vieilles puissances de l'État, l'argent et la divinité. La balance oscille, incertaine, entre les deux partis. Si les Girondins et les modérés triomphent, la Révolution s'enlisera peu à peu dans les sables d'une réaction d'abord libérale et puis conservatrice. Si ce sont les extrémistes qui l'emportent, on ira vers tous les abîmes et toutes les tempêtes de l'anarchie. Aussi l'harmonie officielle de la première heure ne fait-elle allusion à aucun de ceux qui sont présents dans cette salle fatidique ; chacun sait que bientôt va commencer une lutte à mort, pour s'emparer des esprits et de la force matérielle. Et l'endroit où le député s'assied, soit en bas dans la Plaine, soit en haut sur la Montagne, indique déjà par avance sa décision.

Parmi les sept cent cinquante qui pénètrent avec solennité dans la salle du roi détrôné s'avance, silencieusement, la poitrine barrée de l'écharpe aux trois couleurs des représentants du peuple, Joseph Fouché, le député de Nantes. Sa tonsure ne se voit déjà plus ; depuis longtemps il ne porte plus l'habit de prêtre : il a, comme tous, un vêtement civil dépourvu d'ornements.

Où va-t-il prendre place, Joseph Fouché ? Avec les extrémistes de la Montagne ou avec les modérés du Marais ? Joseph Fouché n'hésite pas longtemps. Il ne connaît qu'un parti, auquel il a été et restera fidèle jusqu'à la fin : le parti le plus fort, la majorité. Cette fois encore, il pèse et compte en lui-même les voix ; à l'heure actuelle, il le constate, la puissance appartient toujours aux Girondins, les modérés. C'est pourquoi il s'assied sur leurs bancs, près de Condorcet, de Roland, de Servan, des hommes qui tiennent dans leurs mains les ministères, qui influent sur toutes les nominations et qui distribuent les prébendes. Au milieu d'eux il se sent sûr, c'est là qu'il prend place.

Mais, comme par hasard, il lève les yeux vers la « Montagne », où les adversaires, les extrémistes, ont pris position ; il y rencontre un regard sévère et hostile. Son ami Maximilien Robespierre, l'avocat d'Arras, a rassemblé là ses combattants autour de lui ; et, lorgnon levé, l'Incorruptible, qui, orgueilleux de son propre entêtement, ne pardonne à personne une variation ou une faiblesse, regarde de haut, froidement et ironiquement, l'opportuniste. Ce moment-là marque la fin de ce qui pouvait encore rester de leur amitié. Désormais, à chacun de ses gestes ou de ses actes, Fouché sent derrière lui le regard inquisiteur, inflexible, scrutateur et sévère de l'éternel accusateur, de l'implacable puritain, et il sait qu'il lui faut être prudent.

Prudent, personne ne l'est plus que lui. Dans les comptes rendus des séances des premiers mois on ne trouve jamais le nom de Joseph Fouché. Tandis que tout le monde se précipite avec une impétueuse vanité à la tribune, pour déposer des propositions, dérouler de grandes tirades, s'accuser et s'attaquer mutuellement, le député de Nantes ne monte jamais à ce haut pupitre. Il s'excuse auprès de ses amis et électeurs en prétendant que la faiblesse de sa voix l'empêche de prononcer des discours. Et, comme tous les autres se disputent la parole avec avidité et impatience, le silence de cet homme en apparence si modeste ne produit qu'une impression sympathique.

Mais, en réalité, sa modestie est pur calcul. L'ex-physicien trace d'abord le parallélogramme des forces ; il observe, il hésite avant de prendre position, parce qu'il voit que la balance oscille encore continuellement. Avec prudence, il réserve son vote décisif pour l'instant où le plateau commencera à pencher définitivement d'un côté ou de l'autre. Il ne faut pas s'épuiser prématurément, il ne faut pas s'assujettir trop tôt, il ne faut pas se lier pour toujours ! Car on ne sait pas encore exactement si la Révolution se développera ou reviendra sur ses pas : en véritable fils de marin, il attend, pour bondir sur le dos de la vague, le vent favorable, et pendant ce temps son esquif reste au port.

Et puis, à Arras déjà, étant encore derrière les murs du cloître, il a constaté avec quelle vitesse au cours d'une révolution la popularité s'use, avec quelle soudaineté le cri populaire de « Hosanna ! » se transforme en celui de « Crucifie ! » Tous ou presque tous ceux qui, pendant l'époque des États généraux et de l'Assemblée constituante, ont occupé le premier plan sont aujourd'hui oubliés ou haïs. Le cadavre de Mirabeau, hier encore au Panthéon, en est aujourd'hui honteusement éloigné ; La Fayette, il y a peu de jours encore triomphalement fêté comme père de la patrie, est à présent considéré comme traître ; Custine, Pétion, qui, il y a quelques semaines à peine, étaient acclamés, cherchent déjà anxieusement à se dissimuler dans l'ombre. Non, il ne faut pas se montrer trop tôt, il ne faut pas se lier trop vite, il faut d'abord laisser les autres s'user et se déconsidérer ! Une révolution, il le sait, dans son expérience précoce, n'appartient jamais au premier qui la déclenche, mais toujours au dernier qui la termine, et qui la tire à lui, — comme un butin.

Ainsi cet homme adroit se tient volontairement dans l'obscurité. Il s'approche des puissants, mais il refuse tout pouvoir public ou visible ; au lieu de faire du bruit à la tribune et dans les journaux, il préfère se faire élire dans les comités et les commissions, là où l'on acquiert, dans l'ombre, l'intelligence des choses et de l'influence sur les événements, sans être contrôlé ou haï. Effectivement, sa capacité de travail tenace et rapide le fait aimer, et sa discrétion le protège contre l'envie. De son cabinet de travail il peut regarder, commodément et en attendant son heure, les tigres de la Montagne et les panthères de la Gironde se déchirer entre eux, et les grands passionnés, les figures dominantes, un Vergniaud, un Condorcet, un Desmoulins, un Danton, un Marat et un Robespierre se frapper à mort. Il regarde et il attend, car, il le sait, c'est seulement lorsque les hommes de passion se sont mutuellement anéantis que commence le temps des habiles, qui ont su attendre. Ce n'est jamais qu'au dénouement de la bataille que Fouché se décide définitivement.

Se tenir dans l'obscurité a été pendant toute sa vie l'attitude de Joseph Fouché : n'être jamais le détenteur apparent de l'autorité et, pourtant, la posséder entièrement, tirer toutes les ficelles et n'être jamais considéré comme responsable. Se placer toujours derrière celui qui occupe la première place, se retrancher dans son ombre, le pousser en avant et, dès qu'il s'est risqué, au moment décisif, le renier catégoriquement, voilà son rôle favori. Il le joue, cet intrigant le plus accompli de la scène politique, avec une égale virtuosité, sous vingt déguisements, et d'innombrables fois, au milieu des républicains, des empereurs et des rois.

Parfois l'occasion et en même temps la tentation se présentent à lui de prendre lui-même le premier rôle, le rôle principal, dans le jeu des événements. Mais il est trop habile pour le désirer sérieusement. Il sait que son visage laid et repoussant n'est pas fait pour les médailles et les emblèmes, pour la parade et la popularité, et qu'aucune couronne de laurier ne pourrait donner à son front un aspect quelque peu héroïque. Il connaît sa voix menue et fragile ; elle est capable de bien chuchoter, de souffler et de rendre quelqu'un suspect, mais jamais d'entraîner une foule par une éloquence enflammée. Il se sait surtout fort, à sa table de travail, enfermé dans son cabinet, dans l'ombre. Là il peut épier à souhait et sonder les choses, observer et persuader les gens, tirer les ficelles et les embrouiller ensuite, tout en restant lui-même impénétrable et insaisissable.

Tel est, encore une fois, le secret suprême de la puissance de Joseph Fouché : tout en voulant l'autorité, et même l'autorité la plus haute, il se contente, contrairement à ce que font la plupart des hommes, de la conscience qu'il a de posséder cette autorité elle-même, sans avoir besoin ni de ses marques extérieures ni de son uniforme. Fouché est ambitieux au plus haut degré, plus que tout, mais il ne cherche pas la gloriole ; il a de l'ambition, mais non de la vanité. En véritable et authentique joueur intellectuel, il n'aime que les valeurs positives du pouvoir, mais non leurs insignes. Le faisceau des licteurs, le sceptre royal, la couronne impériale peuvent appartenir tranquillement à un autre, que ce soit un dominateur véritable ou un homme de paille, peu lui importe ; il accorde volontiers à celui-là l'éclat et le bonheur douteux de la popularité. Il lui suffit d'être au courant des choses, d'avoir de l'influence sur les gens, de mener véritablement le conducteur apparent des affaires du monde, sans mettre en avant sa personne, et en jouant ainsi le plus passionnant de tous les jeux, le jeu formidable de la politique. Tandis que, de cette manière, les autres sont liés par leurs convictions, leurs paroles et leurs gestes publics, lui, qui craint la lumière et qui se tient caché, demeure intérieurement libre, et ainsi, dans l'écoulement des événements, il devient le pôle permanent. Les Girondins tombent, Fouché reste ; les Jacobins sont traqués, Fouché reste ; le Directoire, le Consulat, l'Empire, la Royauté et encore l'Empire disparaissent et s'effondrent ; mais lui reste toujours debout, lui seul, Fouché, grâce à sa réserve subtile et à l'audace qu'il a d'être absolument dépourvu de tout caractère et de pratiquer un manque complet de convictions.

Mais un jour arrive dans la marche universelle de la Révolution, un jour unique qui ne permet plus d'indécisions, un jour où chacun est obligé de voter par oui ou par non, par blanc ou par noir : le 16 janvier 1793. L'aiguille de la Révolution marque la moitié de la journée ; la moitié du chemin est accomplie et la royauté a été dépouillée petit à petit de sa puissance. Cependant, le roi Louis XVI vit encore prisonnier au Temple, il est vrai, mais toujours vivant. On n'a réussi (comme l'espéraient les modérés) ni à le faire échapper ni (comme les extrémistes le désiraient secrètement) à le faire massacrer par le peuple en fureur, lorsque l'assaut a été donné à son palais. On l'a humilié, on lui a ôté la liberté, son nom et son rang, mais un roi, un petit-fils de Louis XIV, même quand on ne l'appelle plus avec dérision que Louis Capet, est encore un danger pour une jeune république par le seul fait qu'il respire, par l'hérédité du sang qui est en lui. Aussi, après la condamnation prononcée par la Convention le 15 janvier, se pose la question de la sanction, de la vie ou de la mort du roi. C'est en vain que les indécis, les lâches, les prudents, les gens qui ressemblent à Joseph Fouché, ont espéré n'avoir pas à prendre publiquement et catégoriquement position, grâce au scrutin secret ; Robespierre implacable exige que chaque représentant de la nation française exprime son oui ou son non, sa sentence de vie ou de mort, en pleine assemblée, pour que le peuple et la postérité sachent à quel parti chacun appartient, à la droite ou à la gauche, au reflux ou au flux de la Révolution.

La position de Fouché, au 15 janvier, est encore très nette. Son adhésion aux Girondins et le désir de ses électeurs, essentiellement modérés, l'obligent à demander la grâce du roi. Il interroge ses amis, surtout Condorcet ; il voit qu'ils sont tous disposés à éviter une mesure aussi irrévocable que l'exécution. Et, comme la majorité est, par principe, contre la peine de mort, Fouché se rallie, tout naturellement, à son avis ; la veille encore, le 15 janvier au soir, il lit à un ami le discours qu'il a l'intention de prononcer en cette occasion, afin de justifier la décision de la grâce. Lorsqu'on est assis sur les bancs des modérés, on est tenu à la modération et, du moment que la majorité se refuse à toute extrémité, Joseph Fouché les repousse aussi, lui, dont les convictions ne pèsent guère.

Mais entre cette soirée du 15 janvier et la matinée du 16 s'écoule une nuit inquiète et agitée. Les extrémistes ne sont pas restés oisifs ; ils ont mis en mouvement la puissante machine de l'émeute populaire, qu'ils savent si bien faire marcher. Dans les faubourgs tonne le canon d'alarme, les tambours des sections entraînent des masses profondes, ces bataillons désordonnés de la révolte, toujours appelés par les terroristes (qui, eux, restent invisibles) pour obtenir par la violence des décisions politiques, et que, d'un signe du doigt, le brasseur Santerre met sur pied en quelques heures. On les connaît, ces bataillons d'agitateurs des faubourgs, de poissonnières et d'aventuriers, depuis la prise glorieuse de la Bastille ; on les connaît depuis l'heure lamentable des massacres de Septembre. Chaque fois qu'il s'agit de briser la digue de la loi, cette gigantesque vague populaire est violemment soulevée et elle entraîne toujours tout irrésistiblement avec elle, – y compris, en fin de compte, ceux qu'elle fait surgir de ses profondeurs.

Des milliers, des dizaines de milliers de manifestants entourent dès midi le Manège et les Tuileries : hommes en bras de chemise, poitrine nue, pique menaçante en main ; mégères raillant et braillant, en carmagnoles rouge feu ; gardes nationaux et peuple de la rue. Au milieu d'eux se multiplient les promoteurs du mouvement, Fournier l'Américain, Guzman l'Espagnol, Théroigne de Méricourt, cette hystérique caricature de Jeanne d'Arc. Lorsque passent des députés suspects d'être partisans de la douceur, des flots d'injures sont répandus sur eux, comme avec des baquets à ordures ; les poings se lèvent, des menaces sont lancées contre les représentants du peuple ; les intimidateurs emploient tous les moyens de terreur et de brutale violence pour faire tomber sous la hache la tête du roi.

Et cette intimidation agit sur toutes les âmes faibles. Les Girondins se sont réunis craintivement, à la lumière vacillante des chandelles, par ce soir d'hiver gris et précoce. Ceux qui, hier encore, étaient résolus à voter contre la mort du roi, pour éviter la guerre au couteau avec toute l'Europe, sont, pour la plupart, maintenant, inquiets et divisés, sous l'influence de cette formidable pression de l'émeute populaire. Il est déjà très tard lorsqu'on appelle enfin les premiers votants ; par une ironie du sort, un de ceux-ci est justement le chef des Girondins, Vergniaud, orateur d'habitude si méridional, dont la voix retentit toujours comme un marteau sous les lambris vibrants des murs. Mais, aujourd'hui, il craint s'il laisse la vie au roi, de ne plus avoir l'air assez républicain, lui le chef des républicains. Et cet homme d'ordinaire si véhément et si impétueux monte lentement, lourdement, à la tribune, sa grosse tête honteusement baissée, et il dit tout bas : « La mort. »

Cette parole vibre comme un diapason à travers la salle. Le premier des Girondins s'est renié lui-même. La plupart des autres restent fermes ; trois cents (sur sept cents voix) sont partisans de la grâce, bien qu'ils sachent que, maintenant, la modération politique exige mille fois plus de courage qu'une apparente intrépidité. Pendant longtemps la balance hésite. Quelques voix peuvent la fixer. Enfin le député Joseph Fouché, de Nantes, est appelé, celui qui, hier encore, assurait nettement à ses amis qu'il défendrait la vie du roi par un discours irréfutable, celui qui, il y a dix heures à peine, semblait le plus résolu à voter contre la mort. Mais, entre-temps, l'ancien professeur de mathématiques, le bon calculateur, a compté les voix, et il s'est aperçu qu'il allait être de la minorité, le seul parti auquel il n'appartiendra jamais. Aussi, de son pas silencieux, gravit-il en hâte la tribune et ses lèvres pâles murmurent : « La mort. »

Le duc d'Otrante prononcera et écrira par la suite cent mille mots pour excuser, comme une erreur, ces deux mots qui font de Joseph Fouché un régicide, un meurtrier de roi. Mais ces deux mots ont été proférés publiquement et enregistrés au *Moniteur ;* il n'est pas possible de les effacer de l'histoire ; et ils seront mémorables aussi dans l'histoire personnelle de sa vie, car ils marquent le premier reniement public de Joseph Fouché. Il a perfidement frappé par derrière Condorcet et Daunou, ses amis ; il les a joués et trompés, mais ils n'en portent point la honte devant l'histoire, car d'autres encore, et de plus forts, Robespierre et Carnot, La Fayette, Barras et Napoléon, les plus puissants de leur temps, partageront ce sort et à l'heure de la disgrâce seront également abandonnés et vaincus par lui.

Cependant, en cette minute, se révèle, pour la première fois, dans le caractère de Joseph Fouché, un autre trait, très accusé : son effronterie. Lorsqu'il trahit un parti, ce n'est jamais d'une manière lente et hésitante et ce n'est pas secrètement qu'il en déserte les rangs. Non, à la pleine lumière du jour, souriant froidement, avec un naturel stupéfiant et renversant, il va tout droit au parti qui était jusqu'alors l'adversaire et il adopte toutes ses paroles et tous ses arguments. Ce que ses anciens amis penseront et diront de lui, l'opinion de la foule et du public, le laissent complètement indifférent. Il n'y a pour lui qu'une seule chose importante : être toujours du côté du vainqueur et jamais du côté des vaincus. Dans la soudaineté de ses volte-face, dans le cynisme sans mesure de ses changements de front, il porte l'impudence à un degré qui vous abasourdit et que vous admirez malgré vous. Vingt-quatre heures et souvent même une seule, voire une minute, lui suffisent pour rejeter carrément le drapeau de sa foi et en déployer bruyamment un autre. Il marche, non avec une idée, mais avec son temps, et plus est rapide la course de celui-ci, plus sera grande la vitesse qu'il prendra pour le suivre.

Il sait que ses électeurs de Nantes seront révoltés lorsque le lendemain ils liront son vote dans le *Moniteur*. Aussi s'agit-il de les prévenir, non de les convaincre ; et, avec cette hardiesse foudroyante, avec cette effronterie qui, dans ces moments-là, lui donne presque une apparence de grandeur, il n'attend pas que l'explosion se produise, mais il la devance en prenant lui-même l'offensive. Dès le lendemain du scrutin, Fouché fait imprimer un manifeste dans lequel il proclame d'une manière retentissante comme étant sa plus intime conviction ce qui, en réalité, ne lui a été inspiré que par la crainte de la défaveur parlementaire : il ne veut pas laisser à ses électeurs le temps de penser et de réfléchir ; il veut les intimider et les terroriser par une brutale et soudaine attaque.

Marat et les Jacobins les plus échauffés ne peuvent rien écrire de plus sanguinaire que ce qu'écrit à ses braves bourgeois d'électeurs celui qui, la veille encore, était un modéré : « Les crimes du tyran ont frappé tous les yeux et rempli tous les cœurs d'indignation. Si sa tête ne tombe pas promptement sous le glaive de la loi, les brigands et les assassins pourront marcher la tête levée ; le plus affreux désordre menace la société !… Le temps est pour nous et contre tous les rois de la terre. » Ainsi celui qui la veille encore avait dans sa poche un manifeste probablement aussi persuasif contre l'exécution du roi, proclame maintenant que cette exécution est une inévitable nécessité.

Au vrai, l'habile calculateur a bien fait ses comptes. Opportuniste, il connaît l'irrésistible force de reniement qu'a la lâcheté ; il sait qu'en politique pour agir sur les masses, la hardiesse est le dénominateur décisif de tous les calculs. Il a vu juste : les braves bourgeois conservateurs se courbent anxieusement devant ce manifeste aussi impudent qu'inattendu ; troublés et embarrassés, ils s'empressent de donner leur adhésion à une décision qu'en eux-mêmes ils sont bien loin d'approuver. Personne n'ose contredire. Et, à partir de ce jour-là, Joseph Fouché a dans ses mains le dur et froid levier avec lequel il viendra à bout des crises les plus difficiles : le mépris des hommes.

À partir de ce jour-là, à partir du 16 janvier, le caméléon Joseph Fouché adopte (jusqu'à nouvel ordre) la couleur rouge ; le modéré devient en une nuit archi-extrémiste et ultra-terroriste. D'un bond il est de l'autre côté de la barricade, parmi ses ex-adversaires ; et, une fois là, il se place aussitôt à l'aile la plus avancée, la plus à gauche, la plus révolutionnaire. Avec une rapidité qui fait peur, cet esprit froid, ce prudent homme de cabinet, uniquement pour ne pas être en retard sur les autres, emploie le jargon sanguinaire des terroristes. Il dépose de violentes motions contre les émigrés, contre les prêtres ; il excite, il tonne, il tempête, il massacre avec des mots et des gestes. Vraiment, il pourrait maintenant redevenir l'ami de Robespierre et se ranger à ses côtés. Mais cette conscience incorruptible, ce protestant rigide n'aime pas les renégats ; avec un redoublement de méfiance, il se détourne du traître, dont l'extrémisme bruyant lui semble encore plus suspect que la tiédeur d'autrefois.

Fouché, avec son flair subtil, sent le danger d'une telle surveillance ; il voit approcher des jours critiques. Un orage est toujours suspendu sur l'Assemblée ; déjà se dessinent à l'horizon politique les luttes tragiques entre les chefs de la Révolution, entre Danton et Robespierre, entre Hébert et Desmoulins ; il va falloir encore une fois prendre parti et Fouché n'aime pas à se prononcer tant qu'une profession de foi présente quelque danger. Il sait qu'aux époques marquées par le destin il y a des situations qu'un habile diplomate fait mieux de fuir. C'est pourquoi il préfère quitter l'arène politique de la Convention, pendant que la lutte se déroule, pour n'y revenir que lorsque la bataille approchera de son dénouement. Un prétexte honorable se présente heureusement, pour une retraite de ce genre. La Convention choisit parmi ses membres deux cents délégués pour aller maintenir l'ordre dans les provinces. Fouché, qui se sent mal à l'aise dans l'atmosphère volcanique de la salle des séances, s'efforce aussitôt d'être de ceux-là, et il est élu. Ainsi il pourra respirer. Pendant ce temps-là, que les autres se combattent et s'exterminent entre eux ! Que dans l'aveuglement de leur passion ils fassent de la place pour l'ambitieux ! Ah ! maintenant, effaçons-nous, pour ne pas prendre parti entre les partis ! Quelques mois, quelques semaines sont beaucoup à cette époque, où l'horloge du monde avance avec une vitesse folle. Lorsqu'il reviendra, la crise sera terminée et il pourra se placer alors tranquillement et sans danger aux côtés du vainqueur, dans son éternel parti, celui de la majorité.

La province est en général assez négligée dans l'histoire de la Révolution française. Tous les récits sont concentrés sur le cadran de Paris, le seul où soit visible la marche de l'heure. Mais le balancier qui règle cette marche prend son point d'appui dans le pays et dans les armées. Paris n'est que la parole, l'initiative, le moteur ; mais c'est le pays qui agit et c'est lui qui a la force d'accomplir les faits décisifs.

La Convention a reconnu à temps que le rythme de la Révolution dans la grande ville ne s'accorde pas très bien avec celui du pays : les gens des villages, des hameaux et des montagnes ne pensent pas aussi vite que ceux de la capitale ; ils absorbent beaucoup plus lentement et beaucoup plus prudemment les idées et ils les élaborent d'une manière qui leur est propre. Ce qui, à la Convention, en une heure, devient une loi, ne filtre que lentement et goutte à goutte dans les départements, le plus souvent déjà falsifié et édulcoré par les fonctionnaires provinciaux, d'esprit royaliste, par le clergé, par les hommes de l'Ancien Régime.

C'est pourquoi, historiquement, les provinces retardent toujours sur Paris. Lorsque les Girondins dominent à la Convention, le pays vote encore pour des gens fidèles au roi ; lorsque les Jacobins triomphent, c'est alors seulement que le pays se rapproche de l'esprit girondin. Tous les décrets pathétiques n'y peuvent rien, car la parole imprimée ne se fraie que lentement et timidement une voie jusqu'en Auvergne et en Vendée.

Aussi la Convention décide-t-elle de porter en province la parole vivante, sous une forme concrète, pour accélérer dans toute la France le rythme de la Révolution et pour tenir en échec l'esprit hésitant et presque contre-révolutionnaire des provinciaux. Elle choisit dans son sein deux cents députés, chargés de représenter sa volonté, et elle leur donne une autorité presque sans limite. Celui qui porte l'écharpe tricolore et le chapeau à plume rouge a des pouvoirs dictatoriaux. Il peut lever des impôts, rendre des jugements, recruter des soldats, déposer des généraux : aucune autorité n'a le droit de s'opposer à celui dont la personne sacrée symbolise la volonté de la Convention nationale tout entière. Sa puissance est illimitée, comme autrefois celle des proconsuls à Rome, qui portaient les ordres du Sénat dans tous les pays soumis ; chacun d'eux est un dictateur, un autocrate, dont les décisions sont sans appel.

Monstrueuse est la puissance de ces délégués, mais monstrueuse aussi leur responsabilité. À l'intérieur de la circonscription qui lui a été attribuée, le délégué semble être un roi, un empereur, un maître absolu. Mais derrière sa nuque luit la guillotine, car le Comité de Salut public contrôle chaque plainte et exige impitoyablement de chacun des comptes stricts au sujet de ses agissements financiers. On sera dur pour qui ne se sera pas montré assez dur, mais celui qui se conduit en furieux doit, à son tour, redouter aussi la vengeance. Si la tendance est à la terreur, les mesures terroristes sont ce qu'il faut ; mais si la balance incline vers la douceur, elles deviennent une faute. En apparence maîtres de tout un pays, ils ne sont, malgré tout, que les valets du Comité de Salut public, – soumis au courant de l'heure : c'est pourquoi ils louchent et tendent sans cesse l'oreille vers Paris, afin de garantir leur propre tête tandis qu'ils disposent de celles des autres. Ce n'est pas une fonction facile qu'ils acceptent. Exactement comme les généraux de la Révolution devant l'ennemi, chacun d'eux sait qu'une seule chose le sauve du luisant couperet et le justifie : le succès.

L'heure à laquelle Fouché est délégué comme proconsul appartient aux extrémistes. Aussi, dans son département de la Loire-Inférieure, à Nantes, comme à Nevers et à Moulins, se conduit-il en terroriste exaspéré. Il tonne contre les modérés, il inonde le pays de proclamations, il menace les riches, les hésitants, les indolents, de la manière la plus terrible ; il lève dans les villages, par une contrainte à la fois morale et matérielle, des régiments entiers de volontaires et les envoie contre l'ennemi. Égal à tout autre de ses collègues par la force organisatrice et la rapide compréhension de la situation. Il est supérieur à tous par l'audace de la parole.

Car (il faut le constater) Joseph Fouché ne reste pas sur une prudente réserve au sujet de la question de l'Église et de la propriété privée, laquelle a été déclarée « inviolable » par les célèbres pionniers de la Révolution, Robespierre ou Danton, qui sont pleins de respect pour elle ; mais il établit résolument un programme socialiste révolutionnaire et même bolcheviste. Le premier manifeste nettement communiste des temps modernes n'est pas, en vérité, le célèbre écrit de Karl Marx, ni le *Messager hessois des campagnes,* de Georges Büchner, mais cette *Instruction* de Lyon, très peu connue et que les historiens socialistes oublient régulièrement, qui fut, il est vrai, signée conjointement par Collot d'Herbois et Fouché, mais qui, incontestablement, a été rédigée par Fouché seul. Ce document énergique, en avance dans ses revendications de cent ans sur son époque, ce document, l'un des plus étonnants de la Révolution, mérite bien d'être tiré de l'obscurité ; sa portée historique a beau être diminuée par le fait que, plus tard, le duc d'Otrante a renié désespérément ce qu'il avait autrefois proclamé, lorsqu'il n'était que le simple citoyen Joseph Fouché, – toujours est-il qu'au point de vue purement chronologique cette profession de foi fait de lui le premier socialiste et communiste catégorique de la Révolution. Ce ne sont ni Marat ni Chaumette qui ont formulé les exigences les plus hardies de la Révolution française, mais bien Joseph Fouché et ce texte original éclaire beaucoup mieux que tout commentaire le caractère de cet homme, habituellement dissimulé dans la pénombre.

« L'*Instruction* commence audacieusement par déclarer infaillibles tous les actes les plus audacieux :

« *Tout est permis à ceux qui agissent dans le sens de la Révolution : il n'y a d'autre danger pour le républicain que de rester en arrière des lois de la République ! quiconque les prévient, les devance ; quiconque outrepasse en apparence le but, n'est souvent même pas encore arrivé. Tant qu'il y aura un être malheureux sur la terre, il y aura encore des pas à faire dans la carrière de la liberté.* »

Après ce prélude hardi et en quelque sorte déjà maximaliste, Fouché définit l'esprit révolutionnaire de la manière suivante :

« *La Révolution est faite pour le peuple ; il est bien aisé de comprendre que par peuple on n'entend pas cette classe qui, privilégiée par ses richesses, a usurpé toutes les jouissances de la vie et tous les biens de la société. Le peuple est l'universalité des citoyens français : le peuple, c'est surtout la classe immense du pauvre ; cette classe qui donne des hommes à la patrie, des défenseurs à nos frontières, qui nourrit la société par ses travaux. La Révolution serait un monstre politique et moral, si elle avait pour but d'assurer la félicité de quelques centaines d'individus et de consolider la misère de vingt-quatre millions de citoyens. Ce serait une illusion blessante pour l'humanité que de déclamer sans cesse le mot d'égalité si des intervalles immenses de bonheur devaient toujours séparer l'homme de l'homme. »*

Comme suite à cette introduction, Fouché expose sa théorie favorite d'après laquelle le riche, le « mauvais riche », ne peut jamais être un véritable révolutionnaire, jamais un républicain véritable et sincère et que, par conséquent, une révolution simplement bourgeoise, qui laisserait subsister toutes les différences de fortune, aboutirait inévitablement à une nouvelle tyrannie, « car l'homme riche ne tarde pas à se regarder comme étant d'une pâte différente de celle des autres hommes ». C'est pourquoi Fouché demande au peuple l'énergie la plus extrême, ainsi que la révolution absolue, « intégrale ». « Ne vous y trompez pas, pour être vraiment républicain, il faut que chaque citoyen éprouve et opère en lui-même une révolution égale à celle qui a changé la face de la France. Il n'y a rien, non absolument rien de commun entre l'esclave d'un tyran et l'habitant d'un État libre : les habitudes de celui-ci, ses principes, ses sentiments, ses actions, tout doit être nouveau. Vous étiez opprimés ; il faut que vous écrasiez vos oppresseurs. Vous étiez esclaves de la superstition, vous ne devez plus avoir d'autre culte que celui de la liberté… Tout homme à qui cet enthousiasme est étranger, qui connaît d'autres plaisirs, d'autres soins que le bonheur du peuple ; tout homme qui ouvre son âme aux froides spéculations de l'intérêt ; tout homme qui calcule ce que lui revient une terre, une place, un talent, et qui peut un instant séparer cette idée de celle de l'utilité générale ; tout homme qui ne sent pas son sang bouillonner aux seuls mots de tyrannie, d'esclavage, d'opulence ; tout homme qui a des larmes à donner aux ennemis du peuple, qui ne réserve pas toute sa sensibilité pour les victimes du despotisme et pour les martyrs de la liberté ; tous les hommes ainsi faits, et qui osent se dire républicains, ont menti à la nature et à leur cœur ; qu'ils fuient le sol de la liberté, ils ne tarderont pas à être reconnus et à l'arroser de leur sang impur. La république ne veut plus dans son sein que des hommes libres : elle est déterminée à exterminer tous les autres, et à ne reconnaître pour ses enfants que ceux qui ne sauront vivre, combattre et mourir que pour elle. » Au troisième alinéa de cette *Instruction,* la profession de foi révolutionnaire devient carrément et ouvertement un manifeste communiste (le premier qui soit bien net, à cette date de 1793) :

> *« Tout homme qui est au-dessus du besoin doit concourir à ce secours extraordinaire. Cette taxe doit être proportionnée aux grands besoins de la patrie ; ainsi vous devez commencer par déterminer d'une manière large et vraiment révolutionnaire la somme que chaque individu doit mettre en commun pour la chose publique. Il ne s'agit pas d'exactitude mathématique, ni de ce scrupule timoré avec lequel on doit travailler dans la répartition des contributions publiques : c'est ici une mesure extraordinaire qui doit porter le caractère des circonstances qui la commandent. Agissez donc en grand : prenez tout ce qu'un citoyen a d'inutile ; car le superflu est une violation évidente et gratuite des droits du peuple. Tout homme qui a au-delà de ses besoins ne peut plus user, il ne peut qu'abuser. Ainsi, en lui laissant tout ce qui lui est strictement nécessaire, tout le reste, pendant la guerre, appartient à la République et à ses membres infortunés. »*

Fouché souligne expressément dans ce manifeste qu'il ne faut pas se contenter de prendre seulement l'argent. « Toutes les matières, poursuit-il, dont ils regorgent et qui peuvent être utiles aux défenseurs de la patrie, la patrie les réclame dans cet instant. Ainsi, il y a des gens qui ont des amas ridicules de draps, de chemises, de serviettes et de souliers. Tous ces objets et autres semblables sont de droit la matière des réquisitions révolutionnaires. »

De même il demande impérieusement la livraison au Trésor national de l'or et de l'argent, « métaux vils et corrupteurs », que le véritable républicain méprise, afin « qu'en y recevant l'empreinte de la République et après avoir été purifiés par le feu, ils ne coulent plus que pour l'utilité générale. De l'acier, du fer, et la République sera triomphante ! » Tout le manifeste se termine ensuite par un appel d'une rigueur terrible :

« Nous emploierons avec sévérité toute l'autorité qui nous est déléguée, et nous punirons comme perfidie tout ce que, dans d'autres circonstances, vous auriez pu appeler lenteur, faiblesse ou négligence. Le temps des demi-mesures et des tergiversations est passé. Aidez-nous à frapper les grands coups, ou vous serez les premiers à les supporter. La liberté ou la mort ! Réfléchissez et choisissez ! »

Cet écrit théorique permet déjà de deviner quelle est la manière de Joseph Fouché comme proconsul. Dans le département de la Loire-Inférieure, à Nantes, puis à Nevers et Moulins, il ose lutter contre les plus fortes puissances de la France, devant lesquelles Robespierre et Danton, eux-mêmes, ont prudemment reculé : contre la propriété privée et contre l'Église. Il agit rapidement et avec résolution dans le sens de l'« égalisation des fortunes » par la création de ce qu'il appelle des « comités philanthropiques », auxquels les gens fortunés doivent faire des dons prétendus volontaires. Mais, pour être bien compris, il avertit gentiment que « si le riche n'use pas de son droit de faire aimer le régime de la liberté, la République a le droit de s'emparer de sa fortune pour cette destination ». Il ne tolère aucun superflu et il définit énergiquement ce qu'il entend par là : « Le républicain n'a besoin que de fer, de pain et de quarante écus de rente. » Fouché fait sortir les chevaux des écuries, la farine des sacs ; il rend les fermiers personnellement responsables sur leur tête des livraisons qu'il leur est prescrit de faire ; il institue le pain de guerre, que nous avons connu nous-mêmes pendant la lutte mondiale, le même pain pour tous, et il interdit toute pâtisserie ou fournée de luxe. Chaque semaine, il met de la sorte sur pied cinq mille recrues pourvues de chevaux, de chaussures, de vêtements et de fusils ; il fait marcher d'autorité les fabriques et tout obéit à son énergie de fer. L'argent coule dans ses caisses sous forme d'impôts, de taxes et de dons, de fournitures et de travaux, et il écrit fièrement à la Convention, au bout de deux mois d'activité : « On rougit ici d'être riche. » Mais il aurait dû dire, pour être vrai : « On tremble ici d'être riche. »

En même temps qu'extrémiste et communiste, Joseph Fouché, qui, devenu duc d'Otrante, riche à millions, se mariera une deuxième fois, pieusement, à l'église, sous le patronage d'un roi, se révèle à cette époque le plus furieux et le plus passionné des ennemis du christianisme. Il faut « substituer aux cultes superstitieux celui de la République et de la Morale », fulmine-t-il dans sa lettre de menace, et déjà les premières mesures de persécution tombent, comme la foudre, sur les églises et les cathédrales. Loi sur loi, décret sur décret : « Il est défendu sous peine de réclusion à tous les ministres, à tous les prêtres, de paraître ailleurs que dans leur temple, avec leurs costumes. » Tout privilège leur est enlevé, car « il est temps, argumente-t-il, que cette caste orgueilleuse, ramenée à la pureté des principes de la primitive Église, rentre dans la classe des citoyens ». Il ne suffit plus, bientôt, à Joseph Fouché d'être seulement le chef des forces militaires, le premier magistrat de la justice, et le dictateur absolu en matière d'administration, il s'empare encore de tous les pouvoirs ecclésiastiques. Il supprime le célibat, il ordonne aux prêtres de se marier ou d'adopter un enfant dans le délai d'un mois ; il célèbre des mariages et il en dissout sur la place publique ; il monte en chaire (toutes les croix et les images religieuses en ont été soigneusement éloignées) et il prononce des sermons athées, dans lesquels il nie l'immortalité et l'existence de Dieu. Les cérémonies chrétiennes des enterrements sont abolies, et on grave dans les cimetières, comme seule consolation, cette inscription : « La mort est un sommeil éternel. » À Nevers, ce nouveau pape est le premier à introduire dans le pays le baptême civil, pour sa fille, qu'il appelle « Nièvre », du nom du département. La garde nationale reçoit l'ordre de défiler musique en tête et, sur la place publique, sans aucun ecclésiastique, il baptise l'enfant et lui donne un nom. À Moulins il chevauche dans toute la ville, à la tête d'un cortège, un marteau à la main, avec lequel il brise les croix, les crucifix et les images saintes, ces emblèmes « honteux » du fanatisme. Les mitres et les nappes d'autel sont entassées en bûcher et, tandis que jaillissent les flammes éblouissantes, la populace danse allègrement autour de cet autodafé. Mais s'en prendre à des choses mortes, à des figures de pierre sans défense et à des croix fragiles ne serait pour Fouché qu'un demi-triomphe. Le triomphe complet ne lui arrive que lorsque, sous l'effet de son éloquence, l'archevêque François Laurent se dépouille de la soutane et coiffe le bonnet rouge, suivi avec enthousiasme par trente prêtres, exemple qui se propage dans toute la France comme un incendie. Et il peut se vanter auprès de ses collègues en athéisme, qui sont moins énergiques que lui, d'avoir écrasé le fanatisme et extirpé du territoire à lui soumis le christianisme comme la richesse.

On croirait que ce sont là les actes d'un enragé, la stupide fureur d'un fou fanatique. Mais, en vérité, Joseph Fouché, même sous le couvert d'une passion simulée, reste toujours calculateur, toujours réaliste. Il sait qu'il doit rendre des comptes à la Convention ; il sait aussi que les phrases et les lettres patriotiques, en même temps que les assignats, sont depuis longtemps dévalorisées et que, pour éveiller l'admiration, il faut trouver des valeurs métalliques. C'est pourquoi, tandis que les régiments qu'il a levés marchent vers la frontière, il envoie à Paris tout le produit de ses pillages d'églises. Caisses sur caisses sont charriées à la Convention, pleines d'ostensoirs en or, de flambeaux d'argent brisés et fondus, de crucifix massifs et de joyaux ôtés de leurs châsses. Il sait que la République a besoin, avant tout, d'argent comptant et il est le premier, il est le seul, à envoyer de la province cet éloquent butin aux députés, qui, d'abord, sont étonnés de cette énergie d'un nouveau genre, mais qui ensuite l'acclament par un tonnerre d'applaudissements. À partir de cette heure-là on cite et on connaît à la Convention le nom de Fouché comme celui d'un homme de fer, du républicain le plus énergique et le plus intrépide de la République.

Lorsque Joseph Fouché revient à Paris, ses missions remplies, il n'est plus le petit député inconnu de 1792. À un homme qui a mis sur pied dix mille recrues, qui a tiré de la province cent mille francs d'or, douze cents livres en espèces, mille lingots d'argent, sans recourir une seule fois au « rasoir national », la Convention ne peut véritablement refuser de l'admiration « pour sa vigilance ». L'ultra-jacobin Chaumette publie un hymne en l'honneur de ses hauts faits :

« *Le citoyen Fouché,* écrit-il, *a opéré les miracles dont j'ai parlé : vieillesse honorée, infirmité secourue, malheur respecté, fanatisme détruit, fédéralisme anéanti, fabrication du fer en pleine activité, gens suspects arrêtés, crimes exemplaires punis, accapareurs poursuivis et incarcérés, tel est le sommaire des travaux du représentant du peuple Fouché.* »

Un an après s'être assis, prudemment et tout hésitant, sur les bancs des modérés, Fouché passe déjà pour le plus extrémiste des extrémistes et, comme maintenant la révolte de Lyon exige un homme particulièrement résolu, intransigeant et sans scrupule, qui, mieux que lui, pourrait paraître capable d'exécuter l'édit le plus terrible que jamais cette révolution-là, ou une autre, ait imaginé ?

« *Les services que tu as rendus à la Révolution,* décrète la Convention dans son jargon le plus pompeux, *sont les garanties de ceux que tu rendras encore. Tu ranimeras à Ville-Affranchie (Lyon) le flambeau de l'esprit public qui pâlit. Achève la Révolution, termine la guerre à l'aristocratie et que les ruines qu'elle veut relever retombent sur elle et l'écrasent.* »

Et c'est avec cette figure de vengeur et de destructeur, comme « mitrailleur de Lyon », que Joseph Fouché, futur multimillionnaire, futur duc d'Otrante, va, pour la première fois, entrer dans l'histoire.

II

LE MITRAILLEUR DE LYON

1793

L'un des feuillets les plus sanglants du livre de la Révolution française, la révolte de Lyon, est justement l'un de ceux dont on parle le moins souvent. Et cependant, il n'y avait guère de ville, sans en excepter même Paris, où le contraste social fût aussi tranchant que dans cette capitale industrielle de la France, – alors pays de petite bourgeoisie et de cultivateurs, – que dans cette patrie de la soie. Les ouvriers y forment nettement pour la première fois, au milieu de la Révolution encore bourgeoise de 1792, une masse prolétarienne radicalement opposée à l'esprit royaliste et capitaliste des industriels. Il n'est pas étonnant que sur ce sol fiévreux le conflit prenne les formes les plus sanglantes et les plus fanatiques, aussi bien du côté de la réaction que du côté de la révolution.

Les membres du parti jacobin, la masse des ouvriers et des sans-travail, se groupent autour d'un de ces hommes singuliers que chaque bouleversement historique fait surgir brusquement, d'un de ces esprits absolument purs et chimériques, mais qui font toujours plus de mal avec leur foi et font couler plus de sang avec leur idéalisme que les politiciens réalistes les plus brutaux et les terroristes les plus farouches. C'est toujours, précisément, le croyant pur, l'être religieux et extatique, le réformateur brûlant d'améliorer le monde, qui, avec les desseins les plus nobles, donne l'impulsion aux meurtres et aux maux que lui-même abomine. À Lyon cet homme-là s'appelait Chalier : c'était un ancien prêtre et un ex-commerçant, pour qui la Révolution était devenue un nouveau christianisme, l'authentique, le véritable, et qui s'était attaché à elle avec un amour mystique, prêt à tous les sacrifices. L'avènement de l'humanité à la raison et à l'égalité est déjà, pour ce lecteur passionné de Jean-Jacques Rousseau, l'accomplissement du millénaire du Christ ; son amour ardent et fanatique des hommes voit dans l'incendie universel l'aurore d'une humanité nouvelle et impérissable. Folie touchante : lorsque la Bastille tombe, il porte, dans ses mains nues, une pierre de la forteresse pendant les six jours et les six nuits que dure son retour à pied de Paris à Lyon et il en fait un autel. Il révère comme un dieu, comme une nouvelle pythie, Marat, ce pamphlétaire fumant et ivre de sang. Il apprend par cœur ses discours et ses écrits et, avec ses harangues mystiques et enfantines, il enflamme comme nul autre les ouvriers de Lyon. Instinctivement le peuple devine en lui un amour des hommes ardent et compatissant, et les réactionnaires de Lyon comprennent qu'un tel individu tout de pureté, que guide l'esprit et que rend presque possédé son furieux attachement à l'humanité, est encore plus dangereux que les plus bruyants des fauteurs d'agitations jacobines. C'est à lui que va tout amour, mais c'est contre lui que se concentre toute haine. Aussi, à la première émeute qui se produit dans la ville, incarcère-t-on comme meneur ce fantasque neurasthénique et un tantinet ridicule. Puis, au moyen d'une lettre falsifiée, on échafaude péniblement contre lui une machination et on le condamne à mort, pour servir d'avertissement aux autres extrémistes et pour tenir tête à la Convention de Paris.

Celle-ci, indignée, envoie en vain à Lyon messager après messager, afin de sauver Chalier. Elle met en garde, elle adjure, elle menace la municipalité rebelle. Mais, d'autant plus résolu maintenant à montrer enfin les dents aux terroristes parisiens, le conseil de Lyon écarte souverainement toute intervention. C'est malgré eux qu'on leur a envoyé autrefois l'instrument de la terreur, la guillotine, qu'ils ont laissée se rouiller dans un grenier ; ils veulent donner maintenant une leçon aux défenseurs du système terroriste, en essayant, pour la première fois sur un révolutionnaire, cet outil prétendu humain, de la Révolution. Et justement, parce que la machine n'a pas encore fonctionné, l'exécution de Chalier, par suite de la maladresse du bourreau, devient un supplice cruel et infâme. Trois fois la lame émoussée tombe sans détacher la tête du condamné. Avec horreur le peuple voit le corps de son chef enchaîné et inondé de sang se recroqueviller, encore vivant, sous cette torture abominable, jusqu'à ce qu'enfin le bourreau, d'un coup de sabre compatissant, sépare du tronc la tête du malheureux. Mais cette tête torturée, trois fois déchirée par la hache, deviendra bientôt pour la Révolution un palladium de vengeance et une tête de Méduse pour ses meurtriers.

À la nouvelle de ce crime, la Convention tressaille. Comment ? Une ville française ose braver ouvertement l'Assemblée nationale ? Un défi aussi insolent doit être aussitôt étouffé dans le sang. Mais les autorités lyonnaises savent aussi maintenant à quoi elles doivent s'attendre. Elles passent ouvertement à l'égard de l'Assemblée nationale de l'indocilité à la rébellion ; elles lèvent des troupes, mettent en état les ouvrages de défense contre des citoyens français, et elles se dressent contre l'armée républicaine. Ce sont à présent les armes qui décideront entre Lyon et Paris, entre la réaction et la révolution.

Logiquement, une guerre civile semble, à ce moment-là, un suicide pour la jeune République. Car jamais sa situation n'a été plus en danger, plus compromise, plus désespérée. Les Anglais ont pris Toulon, se sont emparés de la flotte et de l'arsenal ; ils menacent Dunkerque. Les Prussiens et les Autrichiens avancent sur le Rhin et dans les Ardennes ; toute la Vendée est en feu. La lutte et la révolte ébranlent la République, d'une frontière à l'autre. Mais ce sont là aussi les jours véritablement héroïques de la Convention. Guidés par un instinct fatidique et mystérieux qui leur suggère que la meilleure façon de combattre le danger est de se porter au-devant de lui, les chefs de la République, après la mort de Chalier, repoussent tout pacte avec ses bourreaux. *Potius mori quam fœdari,* plutôt succomber que trahir, plutôt une guerre de plus venant s'ajouter à sept autres qu'une paix révélatrice de faiblesse. Et c'est cet irrésistible élan du désespoir, cette passion illogique et farouche qui a sauvé, au moment du plus grand péril, la Révolution française, comme le sera plus tard la révolution russe (également menacée simultanément à l'ouest, à l'est, au nord et au sud, par les Anglais et les mercenaires du monde entier, et à l'intérieur par les légions de Wrangel, de Denikine et de Koltchak). Il ne sert à rien que la bourgeoisie de Lyon, épouvantée, se jette maintenant ouvertement dans les bras des royalistes et qu'elle confie ses troupes à un général du roi : des fermes et des faubourgs accourent en foule des volontaires et le 9 octobre la deuxième ville de France, rebelle, est emportée d'assaut par les troupes républicaines. Ce jour-là est peut-être le plus fier de la Révolution française. Lorsque, à la Convention, le président se lève solennellement et annonce la capitulation définitive de Lyon, les députés s'élancent de leurs sièges, poussent des acclamations et s'embrassent : pour un instant, toute discorde semble passée. La République est sauvée ; c'est là un magnifique exemple, donné à tout le pays et au monde entier, de la force irrésistible, de la puissance que l'indignation et l'énergie donnent à l'armée populaire et républicaine. Mais la fatalité veut alors que leur courage même inspire aux vainqueurs un désir orgueilleux et tragique de transformer aussitôt ce triomphe en terreur. Il faut que la vengeance soit maintenant terrible, comme l'élan de la victoire. « Il faut donner un exemple montrant que la République française, que la jeune Révolution punit le plus durement ceux qui se sont soulevés contre le drapeau tricolore. » Et ainsi la Convention, apôtre de l'humanité, se déshonore devant le monde entier par un décret d'une folie qui n'a comme exemples que celle des Califes et de Barberousse détruisant Milan tel un vandale. Le 12 octobre, le président de la

Convention déroule cette feuille atroce qui renferme tout simplement la proposition de détruire la deuxième ville de France. Ce décret très peu connu, dit littéralement :

« Art. Ier. – Il sera nommé par la Convention nationale, sur la présentation du Comité de Salut public, une commission extraordinaire, composée de cinq membres, pour faire punir militairement, et sans délai, les contre-révolutionnaires de Lyon.

Art. II. – Tous les habitants de Lyon seront désarmés : Leurs armes seront distribuées sur-le-champ aux défenseurs de la République.

Une partie sera remise aux patriotes de Lyon qui ont été opprimés par les riches et les contre-révolutionnaires.

Art. III. – La ville de Lyon sera détruite ; tout ce qui fut habité par les riches sera démoli ; il ne restera que la maison du pauvre, les habitations des patriotes égorgés, ou proscrits, les édifices spécialement affectés à l'industrie, et les monuments consacrés à l'humanité et à l'instruction publique.

Art. IV. – Le nom de Lyon sera effacé du tableau des villes de la République. La réunion des maisons conservées portera désormais le nom de « Ville-Affranchie ».

Art. V. – Il sera élevé sur les ruines de Lyon une colonne qui attestera à la postérité les crimes et la punition des royalistes de cette ville, avec cette inscription :

« Lyon fit la guerre à la liberté. Lyon n'est plus. »

Personne n'ose combattre cette proposition insensée, tendant à faire de la deuxième ville de France un amas de décombres. Le courage a depuis longtemps disparu au sein de la Convention, depuis que la guillotine luit, redoutable, sur la tête de tous ceux qui essaient seulement de murmurer les mots de clémence ou de pitié. Intimidée par sa propre crainte, la Convention approuve unanimement ce vandalisme, et Couthon, l'ami de Robespierre, est chargé de l'exécution.

Couthon, le prédécesseur de Fouché, reconnaît aussitôt que c'est une folie et presque un suicide de vouloir détruire la plus grande ville industrielle de France, et ses monuments artistiques, uniquement pour donner aux autres un avertissement. Et, dès le premier moment, il est, quant à lui, bien décidé à saboter sa mission. Pour cela il faut dissimuler habilement. C'est pourquoi Couthon masque son intention secrète d'épargner Lyon sous l'artifice dilatoire consistant à louer d'abord sans mesure le décret insensé ordonnant la destruction complète.

« Citoyens collègues, s'écrie-t-il, la lecture du décret de la Convention nationale du 21 du premier mois (12 octobre) nous a pénétrés d'admiration. Oui, il faut que cette ville soit détruite, et qu'elle serve de grand exemple à toutes les cités qui, comme elle, oseraient tenter de se révolter contre la patrie. De toutes les mesures larges et vigoureuses que la Convention nationale vient de prendre, une seule nous avait échappé : c'est celle de la destruction totale. Mais soyez tranquilles, citoyens collègues ; rassurez la Convention nationale : ses principes sont les nôtres ; sa vigueur est dans nos armes ; son décret sera exécuté à la lettre. »

Cependant, celui qui célèbre ainsi sa mission en paroles lyriques ne songe pas réellement à l'exécuter ; il se contente de mesures théâtrales. De bonne heure paralysé des deux jambes, mais intellectuellement d'une fermeté impitoyable, il se fait porter en litière sur la place publique de Lyon, désigne symboliquement, en les frappant d'un marteau d'argent, les maisons vouées à la destruction et annonce la constitution de tribunaux chargés d'exercer une terrible vengeance. Les esprits les plus échauffés sont ainsi apaisés. Mais en réalité, sous prétexte que les ouvriers manquent, on se borne à envoyer des femmes et des enfants, qui, pour la forme, donnent aux maisons une douzaine de nonchalants coups de pioche et on ne procède qu'à quelques rares exécutions.

Déjà la ville respire, surprise avec bonheur d'une telle douceur inattendue après des proclamations si fulminantes. Mais les terroristes sont vigilants ; ils découvrent peu à peu l'état d'esprit de Couthon, qui est partisan de la clémence, et ils invitent véhémentement la Convention à la violence. Le crâne sanglant et brisé de Chalier est porté à Paris comme une relique ; il est présenté à la Convention avec une pompe solennelle, exposé à Notre-Dame pour exciter la population ; toujours avec plus d'impatience se multiplient contre Couthon le Cunctator de nouvelles protestations prétendant qu'il est trop négligent, trop paresseux, trop lâche, bref qu'il manque d'énergie pour accomplir cette vengeance exemplaire. On veut un véritable révolutionnaire, digne de toute confiance, incapable de ménagements, n'ayant pas peur du sang et osant aller jusqu'au bout, un homme de fer et d'acier. Finalement la Convention cède devant ces bruyantes réclamations ; elle envoie dans la ville infortunée, comme bourreaux, pour remplacer le trop bénin Couthon, les plus résolus de ses tribuns, le fougueux Collot d'Herbois (dont une légende raconte qu'il a été sifflé à Lyon, comme acteur, et qui, par conséquent, est l'homme qu'il faut pour châtier ces bourgeois) et, avec lui, le plus extrémiste de tous les proconsuls, le fameux jacobin et ultra-terroriste Joseph Fouché.

Ce Joseph Fouché, qui est ainsi choisi du jour au lendemain pour cette œuvre de mort, est-il réellement un bourreau, un « buveur de sang », comme on appelait alors les champions de la terreur ? D'après ses paroles, certes, oui. On ne voit guère un proconsul qui se soit comporté dans sa province d'une manière plus active, plus énergique, plus révolutionnaire, plus extrême que Joseph Fouché ; il a réquisitionné sans ménagement, il a pillé les églises, rançonné les riches et étouffé toute résistance. Mais (ce qui le caractérise très bien !) il n'a pratiqué la terreur qu'en paroles, par des ordres et des intimidations, car durant le temps de sa toute-puissance à Nevers et à Clamecy pas une goutte de sang n'a coulé. Tandis qu'à Paris la guillotine cliquette comme une machine à coudre, tandis que Carrier, à Nantes, noie dans la Loire des centaines de suspects, tandis que tout le pays retentit de fusillades, de meurtres et de chasses à l'homme, Fouché dans son district n'a sur la conscience aucune exécution politique. Il connaît (c'est là le leitmotiv de sa psychologie) la lâcheté de la plupart des hommes ; il sait qu'un geste farouche et vigoureux de terreur dispense le plus souvent d'avoir recours à la terreur elle-même, et lorsque plus tard, dans l'épanouissement de la réaction, toutes les provinces se lèveront pour accuser leurs anciens maîtres, les gens de son ressort ne pourront dire qu'une chose : il les a toujours menacés de mort, mais personne n'aura à lui reprocher une exécution effective. On voit ainsi que Fouché, choisi pour être le bourreau de Lyon, n'aime pas le sang. Cet homme froid, sans sensualité, ce calculateur, ce joueur cérébral, moins tigre que renard, n'a pas besoin de l'odeur du charnier pour exciter ses nerfs. Il tempête (tout en restant au fond de lui-même plein de froideur) avec des mots et des menaces, mais jamais il ne réclame réellement des exécutions, par amour du meurtre, sous l'effet du vertige de la puissance. D'instinct et par habileté (non pas par humanité) il respecte la vie humaine, tant que la sienne n'est pas en péril ; il ne menacera jamais les jours ou le destin d'un homme, tant que lui-même ne sera pas menacé dans son existence ou dans ses intérêts.

Voici l'un des mystères de presque toutes les révolutions, le sort tragique de leurs chefs ; aucun d'eux n'aime le sang, et pourtant, la fatalité les oblige à le faire couler. Desmoulins réclame en écumant, à sa table de travail, le tribunal pour les Girondins ; mais, lorsque ensuite, assis dans la salle d'audience, il entend le mot « mort » prononcé contre les vingt-deux hommes qu'il a lui-même traînés devant les juges, il se lève brusquement, blême comme un cadavre, et il se précipite tremblant de désespoir hors de la salle : non, il n'a pas voulu cela ! Robespierre, dont la signature se trouve au bas de milliers de décrets redoutables, a, deux ans plus tôt, à l'Assemblée législative, combattu la peine de mort et stigmatisé la guerre comme un crime ; Danton, bien que créateur du Tribunal révolutionnaire, a laissé son âme pleine de terreur exhaler ce mot désespéré : « Plutôt être guillotiné que guillotineur. » Et Marat lui-même, qui, dans son journal, réclame publiquement trois cent mille têtes, cherche à sauver chaque condamné dès qu'il doit passer sous le couperet. Tous ceux-là, qu'on a représentés plus tard comme des bêtes sanguinaires, comme des meurtriers passionnés s'enivrant de l'odeur des cadavres, tous ceux-là exècrent dans leur for intérieur les exécutions, exactement comme Lénine et les chefs de la Révolution russe ; ils ne veulent d'abord que tenir en échec leurs adversaires politiques par la menace : mais l'approbation théorique du meurtre engendre forcément le meurtre. Le crime des révolutionnaires français n'est donc pas de s'être grisés de sang, mais simplement de paroles violentes : uniquement pour stimuler le peuple et se prouver à eux-mêmes leur propre extrémisme, ils ont commis la folie de créer un jargon sanguinaire et de parler sans cesse à la légère de traîtres et d'échafaud. Ensuite, lorsque le peuple, enivré, saoulé et comme possédé par ces paroles sauvages et furieuses, exige réellement les « mesures énergiques » qu'on lui a représentées comme nécessaires, les chefs n'ont plus le courage de résister : ils deviennent inévitablement guillotineurs, afin de ne pas démentir leurs menaces de guillotine. Ils en arrivent toujours à mettre leurs actes à l'unisson de leurs folles paroles et une terrible course commence, parce que personne n'ose rester en arrière, dans cette chasse à la faveur populaire. Selon la loi inflexible de la pesanteur, une exécution en entraîne une autre : ce qui n'est d'abord qu'un jeu de paroles sanglantes devient une surenchère toujours plus effrénée de têtes humaines ; ce n'est pas par plaisir, pas même par passion et encore moins par une résolution farouche, que des milliers de gens sont sacrifiés, mais, au contraire, par manque de fermeté de la part des politiciens, des hommes de parti qui n'ont pas le courage de s'opposer au peuple : en dernière analyse, c'est par lâcheté. Hélas ! l'histoire universelle n'est pas seulement, comme on la montre le plus souvent, une histoire du courage humain ; elle est aussi une histoire de la lâcheté humaine ; et la politique n'est pas, comme on veut absolument le faire croire, l'art de conduire l'opinion publique, mais bien la façon dont les chefs s'inclinent en esclaves devant les courants qu'eux-mêmes ont créés et orientés. C'est ainsi que naissent toujours les guerres : en jouant avec des paroles dangereuses, en surexcitant les passions nationales ; c'est ainsi que naissent les crimes politiques ; aucun vice, aucune brutalité sur la terre n'a fait verser autant de sang que la lâcheté humaine. Si donc Joseph Fouché, à Lyon, pratique en série le massacre, ce n'est pas par passion républicaine (il ne connaît pas de passion), mais uniquement par crainte de déplaire comme modéré. Toutefois les idées, dans l'histoire, ne sont pas décisives ; ce sont les actes, et il aura beau mille fois se défendre contre l'appellation de cette époque, celle de « mitrailleur de Lyon », elle ne lui en restera pas moins et malgré tout. Et plus tard même le manteau ducal ne pourra pas dissimuler les traces de sang que portent ses mains.

Le 7 novembre, Collot d'Herbois arrive à Lyon et Joseph Fouché le 10. Ils se mettent aussitôt au travail. Mais le comédien sifflé et l'ancien prêtre devenu son assistant font précéder la tragédie véritable d'une courte pièce satirique, qui est peut-être la plus provocante et la plus impudente de toute la Révolution française : une sorte de messe noire célébrée au grand jour. La fête funèbre en l'honneur du martyr de la liberté Chalier est le prétexte de ce débordement d'athéisme. Comme prélude, à huit heures du matin, toutes les églises sont dépouillées de leurs derniers emblèmes religieux ; les crucifix sont arrachés des autels, les nappes et les chasubles sont enlevées ; puis un cortège immense traverse toute la ville, pour se rendre à la place des Terreaux. Quatre Jacobins venus de Paris portent sur une litière recouverte de tapis tricolores le buste de Chalier, complètement submergé de fleurs ; à côté repose une urne, qui contient ses cendres, et, dans une petite cage, une colombe, qui, dit-on, consolait le martyr dans sa prison. Solennels et graves, les trois proconsuls marchent derrière le brancard, dans ce service religieux d'un nouveau genre destiné à attester pompeusement au peuple de Lyon la divinité du martyr de la liberté, de Chalier, le « dieu sauveur mort pour eux ». Mais cette cérémonie fanatique, déjà assez déplaisante par elle-même, une aberration de goût stupide et particulièrement pénible l'avilit encore : une bande bruyante traîne en triomphe, dansant une sorte de danse du scalp, les vases sacrés, les calices, ciboires et images saintes volés dans les églises : derrière trotte un âne, sur les oreilles duquel on a réussi à faire tenir une mitre d'évêque, également dérobée. À la queue du pauvre grison on a attaché un crucifix et la Bible ; ainsi, à la pleine lumière du jour, pour l'ébaudissement d'une populace hurlante, l'évangile se balance à la queue d'un âne et traîne dans la boue du ruisseau.

Enfin des fanfares guerrières annoncent qu'on est arrivé. Sur la grande place où est dressé un autel de gazon, le buste de Chalier et l'urne sont solennellement exposés, et les trois représentants du peuple s'inclinent avec respect devant le nouveau saint. Le comédien de profession qu'est Collot d'Herbois pérore le premier ; puis Fouché parle. Lui qui, à la Convention, a su se taire avec tant de constance, a soudain retrouvé sa voix et, dans une apostrophe emphatique, il élève vers le ciel le buste en plâtre de Chalier : « Chalier, tu n'es plus ! Martyr de la liberté, les scélérats t'ont immolé. Le sang des scélérats est la seule eau lustrale qui puisse apaiser tes mânes, justement irrités ! Chalier, Chalier, nous jurons sur ton image sacrée de venger ton supplice ! Oui, le sang des aristos te servira d'encens. » Le troisième délégué populaire est moins éloquent que le futur aristocrate, le futur duc d'Otrante. Il se borne à baiser humblement le front du buste et à faire retentir à travers la place un sonore « À mort les aristocrates ! »

Après ces trois actes solennels d'adoration, un grand bûcher est allumé. Joseph Fouché, qui il y a peu de temps encore portait la tonsure, regarde gravement, avec ses deux collègues, l'évangile qu'on détache de la queue de l'âne et qu'on jette au feu, où il devient fumée au milieu des flammes qu'alimentent des habits ecclésiastiques, des livres de messe, des hosties et des statues de saints. Ensuite, on fait boire le quadrupède à robe grise dans un calice sacré, pour le récompenser de son concours blasphématoire et, après ces manifestations de mauvais goût, les quatre Jacobins reprennent sur leurs épaules le buste de Chalier et le portent à l'église, où il est posé solennellement sur l'autel, à la place du Christ, qui a été mis en pièces.

Pour perpétuer le souvenir de cette fameuse fête, on frappa les jours suivants une médaille spéciale, aujourd'hui introuvable ; sans doute le duc d'Otrante en racheta-t-il plus tard tous les exemplaires et les fit-il disparaître, ainsi que les livres qui décrivaient trop exactement ces grossières prouesses de la période ultra-jacobine et athée. Lui-même avait une bonne mémoire, mais il eût été par trop incommode et désagréable à Son Excellence Monseigneur le sénateur et ministre du Roi très chrétien que les autres aussi se rappelassent, ou qu'on pût leur rappeler, la messe noire de Lyon.

Si antipathique que soit cette première journée de Joseph Fouché à Lyon, ce n'est toutefois là que du théâtre et une sotte mascarade : il n'y a pas encore de sang versé. Mais, dès le lendemain, les consuls deviennent inaccessibles ; ils s'enferment dans une maison écartée, dont des factionnaires armés interdisent l'entrée à tous ceux qui n'ont pas d'autorisation : la porte est ainsi, symboliquement, barricadée à toute clémence, tout prière, toute indulgence. Un tribunal révolutionnaire est créé, et la lettre de Fouché et de Collot à la Convention annonce, en paroles redoutables, quelle terrible Saint-Barthélemy projettent ces souverains populaires :

« *Nous poursuivons*, écrivent-ils, *notre mission avec l'énergie de républicains qui ont le sentiment profond de leur caractère : nous ne le déposerons point ; nous ne descendrons pas de la hauteur où le peuple nous a placés, pour nous occuper des misérables intérêts de quelques hommes plus ou moins coupables envers la patrie. Nous avons éloigné de nous tous les individus, parce que nous n'avons point de temps à perdre, point de faveur à accorder ; nous ne devons voir et nous ne voyons que la République, que vos décrets qui nous commandent de donner un grand exemple, une leçon éclatante ; nous n'écoutons que le cri du peuple, qui veut que tout le sang des patriotes soit vengé une fois d'une manière prompte et terrible, afin que de nouvelles effusions en soient épargnées à l'humanité. Convaincus qu'il n'y a d'innocent dans cette infâme cité que celui qui fut opprimé et chargé de fers par les assassins du peuple, nous nous défions des larmes du repentir ; rien ne peut désarmer notre sévérité. Nous devons vous le dire, citoyens collègues, l'indulgence est une faiblesse dangereuse, propre à ranimer les espérances criminelles, au moment où il faut les détruire. On l'a provoquée en faveur d'un individu, on l'a provoquée en faveur de tous ceux de son espèce, afin de rendre illusoire l'effet de votre justice... Les démolitions sont trop lentes, il faut des moyens plus rapides à l'impatience républicaine. L'explosion de la mine et l'activité dévorante de la flamme peuvent seules exprimer la toute-puissance du peuple ; sa volonté ne peut être arrêtée comme celle des tyrans : elle doit avoir les effets du tonnerre.* »

Ce tonnerre, suivant le programme tracé, tombe le 4 décembre et son écho terrible roule bientôt à travers toute la France. De bon matin soixante-neuf jeunes gens sont tirés des prisons et liés deux par deux. Mais on ne les conduit pas à la guillotine, qui, suivant les paroles de Fouché, travaille « trop lentement » ; on les conduit dans la plaine des Brotteaux, au-delà du Rhône. Deux tranchées parallèles, creusées en hâte, permettent déjà aux victimes de deviner leur sort, et les canons, placés à dix pieds d'eux, indiquent la méthode de massacre en masse qui va être employée. On groupe, on attache ces gens sans défense en un bloc de désespoir humain, qui crie, frémit, hurle et se démène, en opposant une vaine résistance. Un commandement et, des bouches toutes proches des canons, la mitraille crache son plomb haché sur ces grappes humaines tordues par l'angoisse. À vrai dire, cette première salve ne tue pas tout le monde ; quelques-uns n'ont qu'une jambe ou qu'un bras fracassé ; d'autres n'ont que les entrailles à nu ; le hasard a même voulu que certains ne soient pas touchés. Mais, tandis que le sang ruisselle déjà largement dans les fosses, à un deuxième commandement, les cavaliers s'élancent, sabres et pistolets levés, sur les victimes épargnées ; ils tirent et frappent dans ce tas humain qui crie, gémit et tremble, et qui ne peut fuir, jusqu'à ce que le râle de la dernière voix soit étouffé. Pour les récompenser de cette boucherie, on permet ensuite aux bourreaux d'enlever les habits et les chaussures des soixante-neuf suppliciés, dont les corps sont encore chauds, avant qu'on n'enfouisse dans les tranchées leurs cadavres nus et déchiquetés.

Telle est la première des célèbres mitraillades de Joseph Fouché, le futur ministre du roi très chrétien, et le lendemain une proclamation enflammée s'en vante fièrement : « Les représentants du peuple resteront impassibles dans l'accomplissement de la mission qui leur est confiée ; le peuple leur a mis entre les mains le tonnerre de la vengeance, ils ne l'abandonneront que lorsque tous ses ennemis seront foudroyés. Ils auront le courage de traverser les immenses tombeaux des conspirateurs et de marcher sur des ruines, pour arriver au bonheur de la nation et à la régénération du monde. » Le même jour, ce triste « courage » est confirmé d'une façon sanglante par les canons des Brotteaux et sur un troupeau encore plus nombreux. Cette fois-ci, c'est deux cent dix têtes de bétail humain que l'on envoie là-bas, et qui, en quelques minutes, sont abattues par la mitraille et par les salves de l'infanterie. La procédure reste la même ; on décharge seulement, cette fois, les bouchers d'une besogne désagréable ; on les dispense, après un massacre si absorbant, d'être les fossoyeurs de leurs victimes. À quoi bon creuser des fosses pour ces brigands ? On ôte les chaussures sanglantes des pieds crispés, puis on jette simplement les corps, nus et souvent encore palpitants, dans la tombe que sont les flots du Rhône.

Et Joseph Fouché enveloppe du manteau apaisant de paroles lyriques cette horreur épouvantable que ressentent écœurés tout le pays et l'univers entier ! Il célèbre comme une prouesse politique l'infection du Rhône par ces cadavres nus, parce qu'en flottant vers Toulon ils y apportent un témoignage concret de l'implacable et terrible vengeance républicaine : « Il faut, écrit-il, que les cadavres ensanglantés, précipités dans le Rhône, offrent l'impression de l'épouvante et l'image de la toute-puissance du peuple, sur les deux rives, à l'embouchure du fleuve, sous les murailles de l'infâme Toulon, aux yeux des lâches et féroces Anglais. » À vrai dire, à Lyon un tel symbolisme n'est plus nécessaire, car les exécutions suivent les exécutions et les hécatombes les hécatombes. Il salue « avec des larmes de joie » la conquête de Toulon et, en outre, pour célébrer ce jour, il « envoie deux cents rebelles devant la bouche des fusils ». Tout appel à la clémence reste vain. Deux femmes, qui avaient insisté avec trop de passion auprès de ce tribunal de sang pour la libération de leurs maris, sont jetées sous la guillotine ; personne même n'est admis à s'approcher de la maison des commissaires du peuple, pour implorer des adoucissements. Plus les fusils crépitent sauvagement et plus sont énergiques les paroles des proconsuls : « Oui, nous osons l'avouer, nous faisons répandre beaucoup de sang impur, mais c'est par humanité, par devoir... Nous ne trahirons point sa volonté (la volonté du peuple), nous devons partager tous ses sentiments et ne déposer la foudre qu'il a mise entre nos mains que lorsqu'il nous l'aura ordonné par votre organe. Jusqu'à cette époque nous continuerons sans interruption à frapper ses ennemis de la manière la plus éclatante, la plus terrible et la plus prompte. »

Et mille six cents exécutions en quelques semaines prouvent que, cette fois, par exception, Joseph Fouché a dit la vérité.

L'organisation de ces boucheries et les rapports où ils expriment l'enthousiasme qu'ils s'inspirent à eux-mêmes ne font pas oublier à Joseph Fouché et à son collègue l'autre mission, également pénible, que leur a confiée la Convention. Dès le premier jour, ils se plaignent à Paris que la destruction de la ville se soit sous leur prédécesseur accomplie « trop lentement » : « La mine va accélérer la démolition, les mineurs ont commencé à travailler aujourd'hui : sous deux jours les bâtiments de Bellecour sauteront. » Ces façades célèbres, commencées sous Louis XIV et édifiées par un élève de Mansart sont, parce que les plus belles, destinées à tomber les premières. Avec brutalité les habitants de ces maisons sont expulsés et des centaines de sans-travail, hommes et femmes, abattent, en quelques semaines de destruction insensée, ces magnifiques œuvres d'art. La malheureuse ville retentit à la fois de soupirs et de gémissements, de coups de canon et d'écroulements de maçonneries ; pendant que le « Comité de justice » abat les hommes et le « Comité de démolition » les maisons, le « Comité des subsistances » opère sans ménagements la réquisition des vivres, des étoffes et des objets de valeur. Chaque demeure est fouillée de la cave au grenier, pour y chercher les hommes qui s'y cachent et les choses précieuses peut-être dissimulées ; partout règne la crainte de ces deux hommes, qui restent invisibles et inaccessibles, dans leur maison gardée par des sentinelles : Fouché et Collot. Déjà les plus beaux palais sont détruits, les prisons, bien que sans cesse remplies de nouveau, à moitié vides, les magasins dépouillés de tout et la plaine des Brotteaux abreuvée du sang de mille êtres humains, lorsque enfin quelques citoyens intrépides (ils risquent leurs têtes !) se décident à courir à Paris et à remettre à la Convention une supplique demandant qu'elle veuille bien ne pas faire raser toute la ville.

Il va de soi que le texte de cette supplique est très prudent et même flagorneur ; eux aussi commencent lâchement par une révérence, et ils célèbrent ce décret d'Érostrate comme une chose « que semble avoir dictée le génie du sénat romain ». Ce n'est qu'ensuite qu'ils demandent « grâce pour le repentir sincère, pour la faiblesse égarée ; grâce même, nous l'osons dire, pour l'innocence méconnue ».

Mais les consuls ont été informés de cette accusation masquée, et Collot d'Herbois, le plus éloquent, file en poste à Paris, afin de parer le coup à temps. Le lendemain il a l'audace de célébrer encore, à la Convention et aux Jacobins, les exécutions en masse, au lieu de les excuser, comme une forme de « charité ». « C'est que, dit-il, pour délivrer l'humanité du spectacle déplorable de tant d'exécutions difficiles, vos commissaires avaient cru possible de détruire en un seul jour tous les conspirateurs jugés. Ce vœu, provoqué par la véritable sensibilité, jaillira naturellement du cœur de tous ceux qui auront une pareille mission à remplir. » Et aux Jacobins, il manifeste un enthousiasme encore plus ardent pour le nouveau système « humanitaire ». « Nous en avons fait foudroyer deux cents d'un coup ; et on nous en fait un crime ! Ne sait-on pas que c'est encore là une marque de sensibilité ? Lorsque l'on guillotine vingt coupables, le dernier exécuté meurt vingt fois, tandis que ces deux cents conspirateurs périrent ensemble. » Et, effectivement, ces phrases usées, puisées hâtivement dans le répertoire sanglant du jargon révolutionnaire, font impression ; la Convention et les Jacobins approuvent les explications de Collot, et donnent par là aux proconsuls carte blanche pour continuer les exécutions. Le même jour Paris célèbre l'admission des restes de Chalier au Panthéon, honneur qui jusqu'alors n'avait été accordé qu'à Jean-Jacques Rousseau et à Marat ; et sa concubine reçoit, comme celle de Marat, une pension. Ainsi le martyr est érigé publiquement en saint national, et tout acte de violence de Fouché et de Collot approuvé comme une juste vengeance.

Néanmoins, une certaine incertitude s'est emparée des deux commissaires, car la situation périlleuse qui règne à la Convention, l'oscillation entre Danton et Robespierre, entre la modération et la terreur, exigent un redoublement de prudence. Aussi décident-ils de se partager les rôles : Collot d'Herbois restera à Paris, pour surveiller l'état des esprits dans les comités et à la Convention et pour étouffer par avance, grâce à la brutalité de sa véhémence oratoire, toute attaque possible, tandis que la continuation des massacres restera confiée à l'« énergie » de Fouché. C'est là un fait important à constater : dès lors Joseph Fouché a été seul à commander, disposant d'une autorité sans limites ; car il a plus tard essayé adroitement de mettre toutes les violences sur le compte de son collègue plus franc, mais les faits montrent que, même à l'époque où il était seul, la faux n'a pas été moins meurtrière. Cinquante-quatre, soixante, cent hommes par journée sont massacrés ; même en l'absence de Collot, des murs sont abattus, des maisons sont rançonnées, les prisons sont vidées par les exécutions, et toujours Joseph Fouché vante hautement ses propres actes en paroles d'un enthousiasme sanglant : « Les jugements de ce tribunal peuvent effrayer le crime ; mais ils rassurent et consolent le peuple qui les entend et qui les applaudit. C'est à tort qu'on pense nous faire les honneurs d'un sursis : nous n'en avons point accordé. »

Mais soudain (que s'est-il passé ?) Fouché change de ton. Avec son flair subtil il sent de loin que, à la Convention, le vent a dû subitement souffler d'un autre côté, car, depuis quelque temps, ses bruyantes fanfares d'exécutions ne trouvent que peu d'écho. Ses amis jacobins, ses compagnons d'athéisme, les Hébert, les Chaumette, les Ronsin sont brusquement devenus muets, – tout à fait muets et pour toujours, car, à l'improviste, l'implacable main de Robespierre les a saisis à la gorge. Balançant toujours adroitement entre les extrémistes de la violence et ceux de la douceur, prenant ses coudées franches tantôt à droite, tantôt à gauche, ce tigre moral, sortant soudain de l'obscurité, s'est jeté sur les ultra-révolutionnaires ; il a fait décider que Carrier, qui avait organisé à Nantes des noyades aussi radicales que les fusillades de Fouché à Lyon, serait appelé à rendre des comptes devant l'Assemblée. À Strasbourg, il a fait expédier à la guillotine, par son âme damnée Saint-Just, le féroce Euloge Schneider ; il a publiquement traité de sottises et interdit à Paris les spectacles populaires d'athéisme, pareils à ceux que Fouché a donnés en province et à Lyon. Et, comme toujours, les députés inquiets suivent craintivement et docilement ses ordres.

La peur que Fouché a éprouvée autrefois le saisit de nouveau ; ne plus être du côté de la majorité. Les terroristes sont abattus ; pourquoi donc rester encore terroriste ? Vite, il faut se rallier aux modérés, à Danton et à Desmoulins, qui, maintenant, réclament un « tribunal de clémence » ; il faut vite changer son manteau d'épaule suivant la nouvelle direction du vent. Soudain, le 6 février, il ordonne d'arrêter les mitraillades et ce n'est qu'en hésitant que la guillotine (dont il a prétendu dans ses factums qu'elle travaille trop lentement) exerce son office : tout au plus deux ou trois misérables têtes par jour, ce qui est véritablement une bagatelle, en comparaison des précédentes fêtes nationales de la plaine des Brotteaux. Par contre, il dirige brusquement toute son énergie contre les extrémistes, contre les organisateurs de ses propres fêtes et les exécuteurs de ses propres commandements : le Saül révolutionnaire devient soudain un saint Paul humanitaire. Il se dresse carrément contre le parti opposé, il voit dans les amis de Chalier une « arène d'anarchistes et de révoltés » ; il dissout brusquement une ou deux douzaines de comités révolutionnaires. Et il se produit alors quelque chose de très remarquable : la population de Lyon angoissée et mortellement effrayée voit, tout à coup, son sauveur dans Fouché, le héros des mitraillades. Et les révolutionnaires de Lyon, à leur tour, écrivent une série de lettres furieuses, l'accusent de tiédeur, de trahison et d'« oppression des patriotes ».

Ces volte-face hardies, ces façons sans pudeur de passer en plein jour dans le camp adverse, cette manière de se réfugier auprès du vainqueur sont le secret de Fouché, dans les luttes de la Révolution. Elles seules lui ont sauvé la vie. Il a misé sur les deux tableaux. Si, maintenant, il est accusé à Paris de clémence excessive, il peut se prévaloir du millier de tombes et des façades détruites de Lyon. Si, au contraire, on l'accuse d'être un massacreur, il peut mettre en avant les accusations des Jacobins qui lui reprochent son « modérantisme », sa modération trop grande. Il peut, suivant le côté d'où vient le vent, sortir de sa poche droite une preuve de son inexorabilité, et de sa poche gauche une preuve de son humanité ; il peut désormais se présenter aussi bien comme le bourreau que comme le sauveur de Lyon. Et, en fait, grâce à ce tour d'habile prestidigitation, il réussira plus tard à faire peser toute la responsabilité des massacres sur son collègue, plus ouvert et plus droit, Collot d'Herbois. Mais il ne réussira à tromper que la postérité : à Paris, veille implacablement Robespierre, son ennemi, qui ne peut pas lui pardonner d'avoir supplanté à Lyon son homme de confiance, Couthon. Il connaît, depuis la Convention, cet être de duplicité ; il poursuit, l'Incorruptible, tous les changements de front et toutes les manœuvres de Fouché, qui maintenant s'empresse de s'abriter contre l'ouragan. Or, la méfiance de Robespierre a des griffes de fer, auxquelles on n'échappe pas. Le 12 Germinal, il arrache au Comité de Salut public un décret menaçant, qui ordonne à Fouché de se rendre aussitôt à Paris, pour justifier sa conduite à Lyon. Celui qui, pendant trois mois, a cruellement présidé un tribunal est obligé maintenant de comparaître lui-même devant un tribunal.

Devant un tribunal, et pourquoi donc ? Parce qu'il a fait massacrer en trois mois deux mille Français ? On pourrait supposer que c'est comme collègue de Carrier et des autres bourreaux en série. Mais ce n'est qu'alors qu'on reconnaît le génie politique de la volte-face de Fouché, d'une impudeur stupéfiante : non ; il a à se disculper d'avoir opprimé l'extrémiste « Société populaire », d'avoir persécuté les patriotes jacobins. Le « mitrailleur de Lyon », l'exécuteur de deux mille victimes, est accusé (inoubliable farce de l'histoire !) du plus noble délit que connaisse le genre humain, – d'un excès d'humanité.

III

LA LUTTE AVEC ROBESPIERRE

1 7 9 4

Le 3 avril, Joseph Fouché est informé que le Comité de Salut public lui ordonne de se rendre à Paris pour se justifier ; le 5, il monte en voiture. Seize coups sourds accompagnent son départ, seize déclics de la guillotine qui, pour la dernière fois, accomplit, sur son ordre, son tranchant office. Et encore, ce jour-là, deux toutes dernières condamnations sont prononcées en hâte, deux condamnations très étranges, car les deux attardés du grand massacre, qui doivent cracher leur tête dans le panier (suivant la joviale expression du temps), qui sont-ils donc ? Le bourreau de Lyon et son aide en personne. Ceux-là mêmes qui, sur les ordres de la réaction, ont guillotiné Chalier et ses amis, qui, ensuite, sur les ordres de la Révolution, ont guillotiné, avec sérénité, les réactionnaires par centaines, doivent maintenant passer, eux aussi, sous le couperet. Avec la meilleure volonté, on ne peut découvrir clairement dans les dossiers du tribunal quel crime leur est reproché ; probablement ne sont-ils sacrifiés que pour qu'ils ne puissent raconter aux successeurs de Fouché et à la postérité trop de choses sur Lyon. Les morts sont encore ceux qui gardent le mieux le silence.

Puis la voiture se met en marche. Fouché doit réfléchir à toutes sortes de choses, avant d'arriver à Paris. Du moins, il peut se dire, à titre de consolation, que rien encore n'est perdu ; il a à la Convention plus d'un ami influent, surtout le grand adversaire de Robespierre, Danton : peut-être réussira-t-on à faire échec à cet homme terrible. Mais comment pourrait-il deviner, lui, Fouché, que dans ces heures fatidiques de la Révolution les événements vont beaucoup plus vite que les roues d'une diligence sur la route de Lyon à Paris ; que déjà depuis deux jours son ami intime Chaumette est en prison, que la géante tête de lion de Danton a été la veille poussée par Robespierre sous le couperet de la guillotine, qu'aujourd'hui même Condorcet, le chef spirituel de la droite, erre affamé dans les environs de Paris, et que le lendemain, pour échapper au tribunal, il s'empoisonnera ? Tous ont été abattus par un seul homme et précisément cet homme, Robespierre, est l'ennemi politique le plus acharné de Fouché ; ce n'est qu'à son arrivée à Paris, le 8 au soir, que celui-ci apprend toute l'étendue du péril au-devant duquel il vient d'accourir. Dieu sait combien il a dû peu dormir, la première nuit de son retour à Paris, le proconsul Joseph Fouché !

Dès le lendemain, il se rend à la Convention, attendant avec impatience l'ouverture de la séance. Chose étrange, la vaste salle ne semble pas vouloir se remplir ; la moitié, oui, plus de la moitié des places restent vides. À coup sûr, il doit y avoir plusieurs députés en mission ou occupés ailleurs ; mais quel vide singulier là-bas, à droite, où siégeaient autrefois les chefs, les Girondins, ces magnifiques orateurs de la Révolution ! Où sont-ils donc ? Les vingt-deux plus hardis, Vergniaud, Brissot, Piéton, etc., ont fini sur l'échafaud, ou bien se sont réfugiés dans le suicide, ou encore ont été, dans leur fuite, dévorés par les loups. La majorité a proscrit soixante-trois de leurs amis qui avaient osé les défendre ; d'un seul coup, d'un coup terrible, Robespierre s'est débarrassé d'une centaine de ses adversaires de droite. Mais son poing n'a pas frappé avec moins d'énergie les propres rangs de la « Montagne », Danton, Desmoulins, Chabot, Hébert, Fabre d'Églantine, Chaumette et deux douzaines d'autres, – tous ceux qui s'étaient levés contre sa volonté, contre sa vanité dogmatique, il les a précipités dans la fosse à chaux.

Tous ont été supprimés par cet homme sans apparence, ce petit homme maigre – à la figure terne et bilieuse, au front bas et fuyant, aux yeux myopes couleur d'eau, – qu'avaient caché longtemps derrière elles les silhouettes géantes de ses prédécesseurs. La faux du temps lui a ouvert la voie : depuis que Mirabeau, Marat, Danton, Desmoulins, Vergniaud, Condorcet sont tombés, c'est-à-dire le tribun, l'agitateur, le guide, l'écrivain, l'orateur et le penseur de la jeune république, il est désormais tout cela à lui seul ; il est *Pontifex maximus, dictator et triumphator.* Fouché regarde avec inquiétude son adversaire, autour duquel maintenant tous les serviles députés se pressent avec un respect ostentatoire et qui accepte ces hommages avec une impassibilité inébranlable ; drapé dans sa « Vertu » qui lui sert de cuirasse, inaccessible, impénétrable, l'Incorruptible parcourt l'arène d'un œil de myope, avec la fière conscience que plus personne maintenant n'osera s'élever contre sa volonté.

Mais quelqu'un l'ose, cependant ; quelqu'un qui n'a plus rien à perdre, Joseph Fouché, et qui demande la parole pour justifier sa conduite à Lyon.

Cette demande de justification devant la Convention est un défi au Comité de Salut public, car ce n'est pas la Convention, mais le Comité, qui désire de lui des explications. Mais lui s'adresse à l'Assemblée des représentants de la nation, comme étant l'instance la plus haute et la seule véritable. L'audace de cette demande est indéniable ; néanmoins, le président lui donne la parole. D'ailleurs Fouché n'est pas le premier venu ; on a cité trop souvent son nom dans cette salle : ses mérites, ses rapports, ses actes ne sont pas encore oubliés. Fouché monte à la tribune et lit un long exposé. L'Assemblée écoute, sans l'interrompre, sans un signe d'applaudissement ou de désapprobation. Même à la fin du discours, pas une main ne bouge, car la Convention est devenue timorée. Une année de guillotine a ôté tout courage moral à ces hommes. Ceux qui, autrefois, s'abandonnaient librement à leur conviction comme à une passion, qui se jetaient bruyamment, hardiment et ouvertement dans la bataille des mots et des idées, n'aiment plus à présent se prononcer. Depuis que, semblable à Polyphème, le bourreau passe dans leurs rangs, tantôt à gauche, tantôt à droite, depuis que la guillotine projette son ombre bleuâtre sur chacune de leurs paroles, ils préfèrent se taire. Chacun se dissimule derrière les autres : chacun louche vers la droite et vers la gauche avant d'oser faire un mouvement ; comme un nuage épais, la peur met sa couleur grise sur leurs figures ; et rien n'avilit plus l'homme, et surtout une masse d'hommes, que la peur de l'invisible.

Aussi, cette fois encore, n'osent-ils exprimer d'opinion : tout, plutôt qu'intervenir dans le domaine du Comité de Salut public, cet invisible tribunal ! La justification de Fouché n'est ni rejetée ni approuvée, mais simplement renvoyée à l'examen du Comité, c'est-à-dire qu'elle échoue sur le rivage que Fouché voulait si soigneusement éviter. Sa première bataille est perdue.

Alors la peur s'appesantit sur sa nuque, à lui aussi. Il s'est risqué trop loin, sans connaître le terrain : mieux vaut tenter une rapide retraite. Plutôt capituler que lutter seul contre le puissant des puissants. Fouché fléchit le genou en signe de repentir ; il baisse la tête. Le soir même, il se rend dans l'appartement de Robespierre pour s'expliquer avec lui, plus précisément pour lui demander pardon.

Personne n'a assisté à cet entretien. On n'en connaît que l'issue, mais on peut le reconstituer en songeant à cette visite que Barras a décrite dans ses Mémoires avec une atroce netteté. Fouché, lui aussi, avant de monter l'escalier de bois de la petite maison bourgeoise de la rue Saint-Honoré où Robespierre affiche sa vertu et sa pauvreté, a dû sans doute subir l'examen des hôtes qui gardaient leur dieu et locataire, comme une proie sacrée. Sans doute Robespierre l'aura-t-il, tout comme Barras, à peine invité à s'asseoir dans la petite pièce étroite, qui n'est vaniteusement ornée que des portraits du dictateur ; sans doute l'aura-t-il reçu debout, froidement, avec un orgueil volontairement blessant, comme un misérable criminel. Car cet homme aimant passionnément la vertu mais épris non moins passionnément et immoralement de sa propre vertu, ne connaît ni indulgence ni pardon pour quiconque un jour a été d'une autre opinion que la sienne. Intolérant et fanatique, Savonarole de la raison et de la « Vertu », il repousse tout pacte et même toute capitulation de ses adversaires ; même là où la politique exigerait impérieusement un compromis, sa dureté haineuse et sa fierté dogmatique l'entravent. Quelles qu'aient été les paroles de Fouché et la réponse de son juge, on ne sait qu'une chose : c'est que l'accueil ne fut pas bon, que ce fut un écrasant, un implacable sermon, une menace froide et nette, « une sentence de mort en effigie ». Et celui qui maintenant descend en tremblant de colère l'escalier de la rue Saint-Honoré, humilié, repoussé, menacé, sait que désormais il n'y a pour sa tête qu'un moyen de salut : c'est que celle de l'autre, celle de Robespierre, tombe avant la sienne dans le panier. Une guerre à mort est déclarée. Le duel commence entre Robespierre et Fouché.

Ce duel entre Robespierre et Fouché est un des épisodes les plus captivants, les plus émouvants, au point de vue psychologique, de l'histoire de la Révolution. Tous deux intelligents, tous deux habiles politiques, ils ont, néanmoins, tous les deux, – celui qui a reçu le défi comme celui qui l'a lancé, – commis la même erreur : ils ne s'apprécient pas à leur juste valeur, il s'en faut de beaucoup, parce qu'ils croient se connaître depuis longtemps. Pour Fouché, Robespierre est toujours l'avocat sec et étriqué qui, dans sa province d'Arras, faisait avec lui, au cercle, de petites plaisanteries, fabriquait de menus vers douceâtres dans le genre de Grécourt et qui, ensuite, a ennuyé de ses discours emphatiques l'Assemblée de 1789. Fouché n'a pas remarqué, ou que trop tard, combien Robespierre, par un travail tenace et persévérant, et grâce à l'envergure de sa mission, est devenu : de démagogue, homme d'État, d'intrigant tortueux, politique à la pensée précise, et de rhéteur, orateur. Presque toujours la responsabilité confère à l'homme de la grandeur : Robespierre a grandi par la conscience qu'il a de sa mission, car il sent qu'au milieu de profiteurs avides et de braillards bruyants le salut de la République est une tâche que le destin lui a confiée, à lui seul. Il considère, comme une mission sacrée pour l'humanité, la nécessité de réaliser précisément sa conception de la république et de la révolution, de la morale et même de la religion. Cette rigidité de Robespierre est à la fois la beauté et la faiblesse de son caractère. Enivré de sa propre incorruptibilité, hypnotisé par son inflexibilité dogmatique, il juge que toute opinion autre que la sienne est, non seulement d'une qualité différente, mais encore une trahison, et voilà pourquoi, avec le geste glacial d'un inquisiteur, il pousse comme hérétiques tous ceux qui pensent autrement que lui, sur ce bûcher d'un nouveau genre qu'est la guillotine. Il est incontestable qu'une grande idée, une idée pure, vit dans Robespierre de 1794. Mais, à proprement parler, cette idée ne vit pas, mais est figée en lui. Elle ne peut se détacher complètement de lui, et il ne peut s'en évader tout à fait (destin de toutes les âmes dogmatiques) et ce manque de chaleur communicative, d'humanité généreuse prive son action d'une force véritablement créatrice. Ce n'est que dans la rigidité qu'est sa puissance, ce n'est que dans la dureté qu'est sa force : la dictature est devenue le sens et la forme de sa vie. Aussi ne peut-il qu'imposer son moi à la Révolution, ou bien sa personnalité est-elle appelée à se briser.

Un tel homme ne supporte aucune contradiction, aucune opinion différente en matière spirituelle, aucune coexistence et encore moins aucune opposition. Il ne peut tolérer les gens que s'ils reflètent, à la façon d'un miroir, ses propres conceptions, tant qu'ils sont ses esclaves spirituels, comme Saint-Just et Couthon ; l'âpreté de son tempérament bilieux élimine inexorablement toute autre personnalité. Mais malheur à ceux qui non seulement ont différé d'opinion avec lui (ceux-là aussi il les a poursuivis), mais qui encore se sont mis en travers de sa volonté, et n'ont pas respecté son infaillibilité. Or, c'est ce qu'a fait Joseph Fouché. Il n'a jamais pris son conseil, il ne s'est jamais incliné devant son ancien ami, il s'est assis sur les bancs de ses ennemis, il a dépassé hardiment les frontières, tracées par Robespierre, d'un socialisme modéré et prudent, il a prêché le communisme et l'athéisme. Jusqu'alors, Robespierre ne s'est pas sérieusement occupé de lui ; Fouché lui paraissait trop insignifiant pour cela. À ses yeux, ce député n'est toujours que le petit professeur ecclésiastique qu'il a connu tout d'abord en soutane et puis comme prétendant à la main de sa sœur, un petit ambitieux misérable devenu infidèle à son Dieu, à sa fiancée et à toutes ses convictions. Il le méprise avec toute la haine naturelle de la rigidité pour la souplesse, de l'intransigeance pour les compromissions, avec la méfiance d'une nature religieuse à l'égard d'une nature incrédule ; mais cette haine ne s'est pas encore manifestée contre la personne de Fouché ; elle s'est manifestée simplement contre le genre dont celui-ci est l'espèce. Il l'a jusqu'alors dédaigneusement ignoré : pourquoi s'occuper d'un pareil intrigant, que l'on peut à chaque instant écraser ? C'est simplement parce qu'il l'a, pendant si longtemps, méprisé que Robespierre s'est contenté d'observer Fouché, sans le combattre sérieusement.

À présent seulement tous deux s'aperçoivent à quel point ils ont mutuellement sous-estimé leur importance. Fouché reconnaît la puissance formidable acquise par Robespierre pendant son absence : toutes les autorités lui sont soumises, l'armée, la police, le tribunal, les comités, la

Convention et les Jacobins. Le combattre paraît une folie. Mais Robespierre l'a contraint à la lutte et Fouché sait qu'il est perdu s'il ne triomphe pas. Le désespoir suprême engendre toujours une suprême force et c'est ainsi que, à deux pas de l'abîme, Fouché se dresse soudain contre celui qui le poursuit, comme un cerf, réduit aux abois, sort du dernier fourré pour attaquer désespérément le chasseur.

Robespierre ouvre les premières hostilités. Il ne veut d'abord que donner à cet impertinent une leçon, un avertissement, un coup de pied. L'occasion lui en est fournie par ce célèbre discours du 6 mai où il adjure tous les hommes de pensée de la République de « reconnaître l'existence d'un Être Suprême et l'immortalité comme puissance dirigeante de l'univers ». Jamais Robespierre n'a prononcé un discours plus beau et plus élevé que celui-là, écrit, à ce qu'on prétend, dans la maison de campagne de Jean-Jacques Rousseau : ici le dogmatique devient presque poète et l'idéaliste aux idées vagues se transforme en penseur. Séparer la foi de l'incroyance et aussi de la superstition ; créer une religion qui, se tenant à la fois au-dessus du christianisme usuel adorateur d'images, du vide du matérialisme et de l'athéisme, garde le juste milieu comme Robespierre essaie toujours de le faire dans toutes les questions spirituelles, telle est l'idée fondamentale de ce discours qui, malgré sa phraséologie ampoulée, est animé d'une morale sincère et d'une volonté passionnée d'élever l'humanité. Mais même dans cette sphère supérieure, il ne peut, lui, l'idéologue, s'affranchir du politique ; et même à ces pensées qui sont au-dessus du temps, sa rancune bilieuse et chagrine mêle des attaques personnelles. Il rappelle haineusement les morts qu'il a envoyés à la guillotine, il raille les victimes de sa politique, Danton et Chaumette, comme de méprisables exemples d'immoralité et d'athéisme. Et, brusquement, d'un coup direct au cœur, il se précipite sur le seul des prêcheurs d'athéisme qui ait survécu à sa colère, sur Joseph Fouché : « Dis-nous donc, dis-nous qui t'a donné la mission d'annoncer au peuple que la divinité n'existe pas, toi qui te passionnes pour cette doctrine ? Quel avantage trouves-tu à convaincre l'homme qu'une force aveugle préside à ses destinées, frappe au hasard le crime et la vertu et que son âme n'est qu'un souffle léger qui s'éteint aux portes du tombeau ?... Malheureux sophiste, viens-tu arracher à l'innocence le sceptre de la raison pour le remettre dans les mains du crime, jeter un voile funèbre sur la nature, désespérer le malheur, prévenir le crime, attrister la vertu, dégrader l'humanité ?... Un scélérat, méprisable à ses propres yeux, horrible à ceux d'autrui, sent que la nature ne peut lui faire de plus beau présent que le néant ».

Des applaudissements sans fin accueillent, en un bruit de tonnerre, le discours grandiose de Robespierre. Tout d'un coup la Convention se sent libérée des bassesses de la lutte quotidienne et elle décide à l'unanimité la fête proposée par Robespierre en l'honneur de l'Être Suprême. Seul Joseph Fouché reste muet et se mord les lèvres. Devant un pareil triomphe de l'adversaire on se trouve réduit au silence. Il sait qu'il est incapable de se mesurer ouvertement avec ce maître rhéteur. Muet et pâle, il reçoit ce camouflet en pleine assemblée, mais dans son for intérieur il est résolu à se venger et à rendre la pareille.

Pendant quelques jours, quelques semaines, on n'entend plus parler de lui. Robespierre pense qu'il est fini et que son coup de pied a sans doute suffi à châtier cet impudent. Mais, si l'on ne voit et n'entend Fouché, c'est parce qu'il travaille opiniâtrement, méthodiquement, souterrainement, comme une taupe. Il fait des visites aux membres des comités ; il cherche des connaissances parmi les députés ; il est aimable, obligeant et s'efforce de plaire à chacun. Il se donne surtout du mal auprès des Jacobins, là où la parole souple et habile a beaucoup de poids et où ce qu'il a fait à Lyon lui a valu de la considération. Personne ne sait nettement ce que veut, projette et vise cet homme sans apparence, si occupé, qui se promène partout et partout ourdit le fil de ses intrigues.

Et soudain, tout devient clair, grâce à un événement imprévu de tous et surtout de Robespierre, car, le 18 Prairial, Joseph Fouché est élu, à une grande majorité, président du Club des Jacobins.

Robespierre tressaille : ni lui ni personne ne s'attendait à cela. Ce n'est que maintenant qu'il reconnaît quel adversaire plein d'astuce et d'audace est Fouché. Depuis deux ans il ne lui était plus arrivé de voir un homme ouvertement attaqué par lui oser encore lui résister. Tous avaient aussitôt disparu, à peine son regard les avait-il atteints ; un Danton s'était réfugié dans sa maison de campagne ; les Girondins s'étaient sauvés en province ; les autres restaient dans leurs demeures et ne faisaient plus parler d'eux. Et celui-ci, cet impertinent, que son doigt tendu a marqué comme impur en pleine Assemblée nationale, s'insinue dans le sanctuaire, dans le saint des saints de la Révolution, au Club des Jacobins, et y obtient par ses intrigues la plus haute dignité qui puisse être conférée à un patriote ! Car il ne faut pas oublier quelle énorme puissance morale possède ce club précisément dans la dernière année de la Révolution. L'épreuve la plus décisive et la plus authentique qui garantisse la qualité de patriote, c'est d'être admis au Club des Jacobins et, si l'on en est exclu et chassé, c'est, au contraire, se faire marquer pour la guillotine. Généraux, chefs populaires, hommes politiques, tous inclinent la tête devant ce tribunal, comme devant la plus haute instance, instance presque religieuse, de l'esprit bourgeois. Ce club représente, en quelque sorte, les prétoriens de la Révolution, la garde du corps et la garde sacrée du sanctuaire. Et voilà que ces prétoriens, les plus stricts, les plus sincères et les plus inflexibles des républicains, ont choisi pour chef un Joseph Fouché ! La colère de Robespierre est sans mesure. Car, en plein jour, ce coquin s'est introduit frauduleusement dans son royaume, dans son domaine à l'endroit précis où lui-même accuse ses ennemis et trempe sa propre force dans le cercle des éprouvés ; maintenant, lorsqu'il voudra prononcer un discours, il faudra donc qu'il en demande l'autorisation à Joseph Fouché ! Lui, Maximilien Robespierre, obligé de se soumettre au caprice ou à la mauvaise humeur d'un Joseph Fouché !

Aussitôt il concentre toutes ses forces. Il faut qu'il venge dans le sang cette défaite. Il faut immédiatement chasser cet homme, non seulement de la présidence, mais même de la société des patriotes. Vite il lance à ses trousses quelques citoyens de Lyon qui le mettent en accusation. Et lorsque Fouché, surpris et toujours décontenancé dans une lutte oratoire à découvert, se défend maladroitement, Robespierre lui-même intervient et engage les Jacobins à « ne pas se laisser duper par des trompeurs ». Il réussit presque, par ce premier coup, à renverser Fouché. Mais Fouché a encore dans ses mains la présidence et par là le moyen de clore les débats prématurément. Il met fin à la discussion d'une manière peu brillante et il se réfugie dans l'obscurité pour préparer une nouvelle attaque contre Robespierre.

Mais, maintenant, celui-ci est averti. Il a reconnu la tactique de Fouché ; il sait que cet homme n'accepte pas de combat singulier, mais qu'il bat toujours en retraite afin de méditer secrètement dans l'ombre ses coups perfides. Il ne suffit pas de fustiger cet intrigant opiniâtre et de le vaincre ; il faut le poursuivre jusque dans ses derniers retranchements, l'écraser du pied, l'obliger à exhaler son dernier souffle ; il faut, une fois pour toutes, le rendre inoffensif.

C'est pourquoi Robespierre l'attaque de nouveau. Il renouvelle, aux Jacobins, son accusation publique et demande que Fouché vienne à la prochaine séance pour se justifier. Naturellement, Fouché s'en garde bien. Il connaît sa force et sa faiblesse ; il ne veut pas donner à Robespierre l'occasion d'un triomphe public, il ne veut pas être humilié par lui, face à face, sous les yeux de trois mille hommes. Mieux vaut rester dans l'ombre, mieux vaut se laisser vaincre et gagner du temps, un temps précieux ! C'est pourquoi il écrit avec politesse aux Jacobins que, malheureusement, il est obligé de refuser de présenter sa défense en public ; avant que les deux comités se soient prononcés au sujet de sa conduite, il prie les Jacobins d'ajourner leur jugement sur son compte.

Robespierre bondit sur cette lettre comme sur une proie. Maintenant c'est le moment de le saisir, c'est le moment de l'écraser définitivement. Le discours qu'il prononce alors, le 23 Messidor (11 juillet), contre Joseph Fouché est l'attaque la plus acharnée, la plus violente et la plus bilieuse que Robespierre ait jamais dirigée contre un adversaire.

Dès le premier mot on sent déjà qu'il veut non seulement frapper son ennemi, mais bien l'atteindre mortellement, non seulement l'humilier, mais encore l'exterminer. Il commence avec un calme hypocrite. Il y a encore une vague impartialité lorsqu'il déclare que l'« individu » Fouché ne l'intéresse pas du tout : « J'ai pu être lié avec lui, parce que je l'ai cru patriote. Quand je l'ai dénoncé, c'était moins à cause de ses crimes que parce qu'il se cachait pour en commettre d'autres, et parce que je le regarde comme chef de la conspiration que nous avons à déjouer. J'examine la lettre qui vient d'être lue, et je vois qu'elle est écrite par un homme qui, étant accusé pour ses crimes, refuse de se justifier devant ses concitoyens. C'est le début d'un système de tyrannie : celui qui refuse de répondre à une Société populaire est un homme qui en attaque l'institution. Il est étonnant que celui qui, à l'époque dont je parle, briguait l'approbation de la Société, la néglige lorsqu'il est dénoncé, et semble implorer, pour ainsi dire, les secours de la Convention contre les Jacobins. Craint-il les yeux et les oreilles du peuple ? Craint-il que sa triste figure ne montre que trop visiblement le crime, que trois mille regards fixés sur lui ne découvrent dans ses yeux son âme tout entière, et qu'en dépit de la nature qui les y a cachées on y lise ses pensées ? Craint-il que son langage ne décèle l'embarras et les contradictions d'un coupable ? Un homme sensé doit juger que la crainte est le seul motif de la conduite de Fouché. Or, l'homme qui craint les regards de ses concitoyens est un coupable. J'appelle ici Fouché en jugement ; qu'il réponde et qu'il dise qui, de lui ou de nous, a soutenu plus dignement les droits des représentants du peuple et foudroyé avec plus de courage toutes les factions. » Il continue en le nommant encore un « imposteur vil et méprisable », dont la conduite est l'aveu du crime, et il parle avec de perfides allusions « des hommes dont les mains sont pleines de rapines et de crimes ». Il conclut par ces paroles menaçantes : « Fouché s'est assez caractérisé lui-même. Je ne veux rien ajouter, afin que les conspirateurs sachent une fois pour toutes qu'ils n'échapperont pas à la défiance du peuple. »

Bien que ces paroles annoncent nettement une condamnation à mort, l'assemblée obéit à Robespierre. Et, sans hésiter, elle exclut, comme indigne, son ancien président du Club des Jacobins.

Maintenant Joseph Fouché est marqué pour la guillotine, comme un arbre pour la hache. L'exclusion du Club des Jacobins équivaut à une marque d'infamie, et une accusation de la part de Robespierre, surtout quand elle est aussi acharnée que celle-ci, est, le plus souvent, le signe d'une condamnation certaine. Fouché porte désormais en plein jour sa chemise mortuaire. Chacun attend à tout instant son arrestation, et lui-même plus que les autres. Il y a longtemps qu'il ne couche plus chez lui, par crainte que, la nuit, les gendarmes ne viennent le saisir dans son lit, comme Danton et Desmoulins. Il se cache chez quelques amis courageux, car il faut du courage pour héberger quelqu'un si ouvertement frappé de proscription ; il faut même du courage pour s'entretenir publiquement avec lui. La police du comité de sûreté générale, dirigée par Robespierre, s'attache à chacun des pas de Fouché et rapporte quelles sont ses fréquentations et ses visites. Il est invisiblement cerné, lié dans chacun de ses mouvements et déjà livré au couteau.

En fait, des sept cents députés, Fouché est alors le plus exposé et on ne voit pour lui aucune possibilité d'échapper. Il a encore une fois essayé de se raccrocher quelque part, aux Jacobins, mais le poing féroce de Robespierre l'en a arraché et maintenant sa tête ne tient plus à ses épaules que par un fil. Car que peut-il attendre de la Convention, de ce troupeau de moutons lâches et intimidés, qui bêlent servilement leur « oui », dès que le Comité réclame l'un des leurs pour la guillotine ? Ils ont tous livré sans résistance leurs anciens chefs au Tribunal révolutionnaire, Danton, Desmoulins, Vergniaud, simplement pour ne pas attirer l'attention sur eux par leur résistance ; pourquoi ne livreraient-ils pas Fouché ? Muets, anxieux, consternés, ils sont assis sur leurs bancs, eux qui autrefois étaient si courageux et si passionnés. L'odieux poison de la peur, qui use les nerfs et écrase les âmes, paralyse leur volonté.

Mais le poison possède toujours cette vertu secrète de renfermer son antidote lorsqu'on le distille avec art et qu'on en exprime les forces cachées. C'est ainsi qu'ici aussi, chose paradoxale, la peur qu'inspire Robespierre peut justement devenir le moyen de se débarrasser de sa personne. On ne pardonne pas à un homme qui, pendant des semaines et des mois, vous inspire une crainte permanente et qui, par l'incertitude où il vous tient, ronge l'âme et paralyse la volonté : jamais l'humanité, ou un groupe quelconque, ne peut supporter longtemps la dictature d'un seul sans le haïr. Et cette haine des asservis fermente souterrainement dans tous les milieux. Cinquante, soixante députés qui, comme Fouché, n'osent plus dormir chez eux, se mordent les lèvres lorsque Robespierre passe à côté d'eux ; beaucoup crispent les poings derrière le dos, bien qu'ils acclament ses discours. Plus est longue et sévère la domination de l'Incorruptible et plus augmente l'hostilité que provoque sa volonté puissante avec excès. Peu à peu, il a froissé et offensé tout le monde : la droite, en envoyant les Girondins à l'échafaud, la gauche, en jetant dans le panier de la guillotine les têtes des extrémistes, le Comité de Salut public, en lui imposant sa volonté, les profiteurs, en les menaçant dans leurs affaires, les ambitieux, en leur barrant le chemin, les envieux, par le fait qu'il détient le pouvoir, et les accommodants parce qu'il ne se lie pas avec eux. Si l'on réussissait à concentrer en une seule volonté, en un trait dont la pointe percerait le cœur de Robespierre, cette haine aux cent têtes, cette immense lâcheté éparse, tous seraient sauvés, Fouché, Barras, Tallien, Carnot, tous ses ennemis secrets. Mais pour cela il faudrait d'abord convaincre un grand nombre de ces caractères faibles qu'ils sont menacés par Robespierre ; il faudrait élargir encore la sphère de la crainte et de la méfiance et accroître artificiellement la tension dont il est la cause. Il faudrait faire peser encore davantage sur les nerfs de chacun cette lourdeur de plomb, cette inquiétante incertitude qui se dégage des sombres discours de Robespierre ; il faudrait rendre la terreur plus terrible et l'anxiété plus alarmante ; alors peut-être la masse serait assez courageuse pour attaquer cet homme seul.

C'est ici qu'entre en jeu la véritable activité de Fouché. Depuis la première heure du matin jusqu'à la dernière heure du soir, il va furtivement d'un député à l'autre et parle de nouvelles listes de proscriptions que Robespierre prépare secrètement. Et il murmure à chacun : « Tu es sur la liste », ou bien : « Tu seras de la prochaine charrette. » Et, effectivement, une terreur panique se répand ainsi peu à peu, car devant ce Caton, cet homme d'une incorruptibilité aussi absolue, très rares sont les députés qui ont la conscience complètement pure. L'un a peut-être agi un peu trop librement en matière financière ; l'autre a un jour contredit Robespierre ; le troisième a trop fréquenté les femmes (ce qui est un crime aux yeux de ce républicain puritain) ; le quatrième a peut-être une fois lié amitié avec Danton ou quelque autre des cent cinquante condamnés ; le cinquième a recueilli chez lui un suspect ; le sixième a reçu une lettre d'un émigré. Bref, chacun tremble, chacun considère comme possible une attaque contre soi-même ; aucun ne se sent assez pur pour satisfaire complètement aux exigences exagérées que Robespierre impose à la vertu des citoyens. Et Fouché court toujours d'un homme à l'autre, semblable à la navette d'un métier à tisser, toujours tissant de nouveaux fils, toujours nouant de nouvelles mailles, toujours élargissant le champ d'action de cette toile d'araignée faite de méfiance et de soupçon. Mais c'est un jeu dangereux qu'il joue là, car la toile qu'il tisse est fragile, et un seul mouvement brusque de Robespierre, une parole de trahison peuvent la déchirer.

Ce rôle secret, désespéré, périlleux et souterrain joué par Fouché dans la conjuration contre Robespierre n'a pas été suffisamment mis en relief par la plupart des historiens et souvent même son nom n'est pas cité. L'histoire n'est presque toujours écrite que d'après les apparences, et c'est ainsi que les historiens de ces derniers jours émouvants se bornent d'ordinaire à parler du geste pathétique de Tallien qui brandit à la tribune le poignard dont il veut se percer le cœur, de la brusque énergie de Barras qui convoque les troupes, et du discours accusateur de Bourdon ; bref, ils parlent des comédiens, des acteurs du grand drame qui se déroule le 9 Thermidor et ils oublient Fouché. En fait, pendant ces jours-là, on ne l'a pas vu sur la scène de la Convention. Son travail se faisait dans la coulisse ; c'était la besogne plus difficile du régisseur, du directeur de ce jeu d'une dangereuse témérité. Il a tracé les scènes et marqué le rôle des acteurs ; invisible dans l'ombre, il a fait procéder à la répétition et il a donné les répliques, – dans l'ombre, qui forme toujours sa véritable sphère. Mais, si les historiens ultérieurs ont oublié son rôle, quelqu'un a, dès cette époque, senti clairement son active présence ; c'est Robespierre qui, en plein jour, a sciemment donné à Fouché le nom de « chef de la conspiration ».

En effet, cet esprit méfiant et ombrageux sent qu'en secret quelque chose se prépare contre lui. Il le sent à la résistance qui se produit soudain dans les comités et peut-être encore plus nettement à la politesse et à la servilité exagérées de plus d'un député qu'il sait être de ses ennemis. Robespierre saisit que dans l'ombre on projette quelque coup ; il connaît aussi la main qui guidera ce coup ; il connaît le « chef de la conspiration » et il est sur ses gardes. Ses antennes tâtent prudemment le terrain : une police spéciale, des espions particuliers rapportent à Robespierre, à tout instant, chaque mouvement, chaque rencontre, chaque conversation de Tallien, de Fouché et des autres conjurés ; des lettres anonymes l'avertissent ou l'engagent à se saisir immédiatement de la dictature et à abattre ses ennemis avant qu'ils ne soient rassemblés. Et voici que, pour embrouiller leurs fils et pour leur donner le change, Robespierre revêt soudain le masque de l'indifférence à l'égard de la puissance politique. Il ne vient plus à la Convention ni au Comité de Salut public. Accompagné de son grand terre-neuve, on le voit seul, un livre à la main, se promener les lèvres closes dans les rues ou dans les bois voisins, en apparence simplement occupé de ses chers philosophes et indifférent au pouvoir. Mais le soir, lorsqu'il revient dans sa chambre, il travaille pendant des heures à son grand discours. Il y travaille sans fin et le manuscrit présente d'innombrables modifications et additions, car cet important et décisif discours, par lequel il veut écraser tous ses ennemis à la fois, doit être prononcé à l'improviste et être aussi tranchant qu'une hache, plein d'élans de rhétorique, étincelant d'esprit et aiguisé par la haine. Avec cette arme il veut s'élancer soudain sur ses ennemis surpris, avant qu'ils ne puissent se grouper et s'entendre. Il emploie toutes ses forces pour en affiler le tranchant et pour l'enduire d'un poison mortel : il consacre des jours longs et précieux à ce redoutable travail.

Mais il n'y a plus de temps à perdre, car les rapports des espions annoncent, d'une manière toujours plus pressante, des conciliabules secrets. Le 5 Thermidor une lettre de Fouché tombe entre les mains de Robespierre, lettre adressée à sa sœur et où il est dit mystérieusement :

« Je n'ai rien à redouter des calomnies de Maximilien Robespierre... Dans peu, vous apprendrez l'issue de cet événement qui, j'espère, tournera au profit de la République. »

Donc la chose va éclater « dans peu » : Robespierre est averti. Il fait venir son ami Saint-Just et s'enferme avec lui dans son étroite mansarde de la rue Saint-Honoré. C'est là que sont fixés le jour et la méthode de l'attaque. Le 8 Thermidor, il surprendra et paralysera la Convention par son discours. Et, ensuite, le 9, Saint-Just demandera au Comité de Salut public les têtes de ses ennemis, les têtes des factieux et surtout celle de Joseph Fouché.

La tension n'est plus supportable ; les conjurés sentent aussi qu'il y a des éclairs dans les nues. Mais ils hésitent encore à attaquer l'homme le plus puissant de France, et qui a dans ses mains tous les pouvoirs, la municipalité parisienne et l'armée, les Jacobins et le peuple, ainsi que la gloire et la force d'un nom sans tache. Ils ne se jugent pas encore assez sûrs d'eux-mêmes, assez nombreux, assez résolus, assez hardis, pour affronter à découvert ce géant de la Révolution, et déjà plus d'un esquisse un prudent mouvement de recul, parle de retraite et de réconciliation. La conjuration péniblement échafaudée menace de s'écrouler.

À ce moment, le destin, plus génial que tous les poètes, lance un poids décisif dans l'oscillante balance. C'est justement Fouché qui est choisi pour mettre le feu aux poudres. En ces jours où le traque la meute du désespoir, où le menace à chaque instant le tranchant fulgurant de la hache, il éprouve, en effet, à côté de ses malheurs politiques, une dernière infortune, une infortune suprême dans sa vie privée. Cet homme étrange, qui en public et dans la politique est dur, froid, intrigant et renfermé, est, chez lui, le plus touchant des époux, le plus tendre des pères de famille. Il aime passionnément sa femme, qui est d'une laideur épouvantable, et surtout cette petite fille qu'elle lui a donnée aux jours de son proconsulat et que, de sa propre main, sur la place du marché de Nevers, il a baptisée du nom de « Nièvre ». Ce petit enfant délicat et pâle, qu'il chérit tendrement, tombe soudain gravement malade pendant ces journées de Thermidor ; aux soucis qu'il a pour sa propre vie s'ajoute maintenant l'atroce tourment que lui cause la santé de sa fille. Épreuve cruelle entre toutes : il sait que cet être faible, atteint de la poitrine et qu'il aime tant, se meurt auprès de sa femme, et lui, chassé par Robespierre, il ne peut le veiller puisqu'il est obligé, la nuit, de se cacher chez des étrangers jusque sous les combles. Au lieu de s'occuper de sa fille et de surveiller son souffle déclinant, il faut qu'il coure d'un député à l'autre, les semelles brûlantes ; il est obligé de mentir, de mendier, de conspirer, de défendre sa propre vie. L'esprit troublé, le cœur déchiré, l'infortuné erre ainsi par ces jours torrides de juillet (les plus chauds qu'il y ait eu depuis des années), inlassablement, de gauche à droite, dans les coulisses politiques, et il ne peut assister aux derniers moments de son enfant chérie.

Les 5 et 6 Thermidor, cette épreuve est terminée. Fouché accompagne un petit cercueil au cimetière : l'enfant est morte. De tels malheurs endurcissent. Ayant devant les yeux la mort de son enfant, Fouché ne craint plus la sienne. Une intrépidité nouvelle, celle du désespoir, trempe sa volonté. Et comme maintenant les conjurés hésitent et veulent encore ajourner la lutte, Fouché, qui n'a plus rien à perdre sur terre que sa vie, prononce enfin le mot décisif : « C'est demain qu'il faut frapper. » Et ce mot est dit le 7 Thermidor.

Le matin du 8 Thermidor se lève, journée historique. Dès la première heure, une chaleur de juillet, sans aucun nuage, pèse sur la ville qui ne se doute de rien. Et c'est seulement à la Convention que règne, de bonne heure, une singulière excitation : dans les coins, des députés se groupent et murmurent entre eux ; jamais on n'a vu autant d'étrangers et de curieux dans les couloirs et les tribunes. Il semble qu'un esprit mystérieux anime ces lieux, car le bruit s'est répandu, d'une manière inexplicable, qu'aujourd'hui Robespierre va régler leur compte à ses ennemis. Peut-être quelqu'un a-t-il épié et surpris Saint-Just au moment où il sortait, le soir, de la fameuse chambre close, et l'on connaît trop bien, à la Convention, l'effet de ces consultations secrètes. Ou bien Robespierre de son côté a-t-il été informé des plans belliqueux de ses adversaires ?

Tous les conjurés, tous ceux qui se savent menacés, examinent anxieusement les visages de leurs collègues : l'un d'eux, et lequel, a laissé échapper le dangereux secret. Robespierre va-t-il les devancer, ou bien pourront-ils l'étouffer avant qu'il ne prenne la parole ? Et la masse lâche et incertaine de la majorité, le « Marais », va-t-il les sacrifier ou les protéger ? Chacun est en proie au frisson de l'incertitude. Semblable à la lourdeur du ciel d'un gris de plomb, une inquiétude morale pèse menaçante sur l'assemblée.

Effectivement, la séance à peine ouverte, Robespierre demande la parole. Il est vêtu solennellement, comme pour la fête de l'Être Suprême ; il porte l'habit bleu ciel déjà historique, avec les bas de soie blancs, et lentement, avec une gravité voulue, il monte à la tribune. Mais, cette fois-ci, il n'a plus, comme alors, un flambeau dans les mains ; il a seulement quelque chose de rond, qui ressemble au manche de la hache des licteurs, un gros rouleau de papier : son discours. Savoir que son nom est dans ces feuillets roulés équivaut à la mort ; c'est pourquoi soudain, comme tranchés, les propos et les chuchotements s'arrêtent sur les bancs. Du jardin et des tribunes les députés accourent occuper leurs sièges. Chacun étudie avec angoisse l'expression de cette étroite figure, trop connue. Mais, glacial, renfermé en lui-même, impénétrable à toute curiosité, Robespierre déroule maintenant, avec lenteur, son discours. Avant de commencer sa lecture, de ses yeux de myope, il regarde la salle, afin d'accroître la tension, et son regard, allant de droite à gauche et de gauche à droite, de bas en haut et de haut en bas, enveloppe lentement, froidement, comme une menace, l'assemblée qui a l'air hypnotisée. Ils sont là tous assis : ses quelques amis, le grand nombre des incertains et ces lâches conjurés qui guettent sa perte. Il les regarde les yeux dans les yeux. Il n'y en a qu'un qui échappe à son examen. Un seul de ses ennemis manque en cette heure décisive : Joseph Fouché.

Mais, chose étrange, le nom de cet absent, le nom de Joseph Fouché est le seul qui soit cité dans le débat. C'est précisément à propos de ce nom que s'allume la lutte dernière et suprême.

Robespierre parle longuement avec emphase et d'une manière fatigante ; selon sa vieille habitude, il fait, à plusieurs reprises, tournoyer la hache sur des gens qu'il ne nomme pas ; il parle de conjurations et de conspirations, d'infâmes et de criminels, de traîtres et de machinations, mais il ne cite personne. Il lui suffit de magnétiser l'assemblée : demain Saint-Just portera le coup mortel aux victimes paralysées. Pendant trois heures d'horloge il laisse son discours, vague et souvent creux, se prolonger dans le vide et, lorsqu'il termine enfin, l'assemblée est plus énervée qu'effrayée.

D'abord pas une main ne bouge. Tout le monde est en proie à l'incertitude. Personne ne peut dire si ce silence est une défaite ou une victoire : ce n'est que le débat qui l'indiquera.

Enfin un des satellites de Robespierre demande à la Convention de voter l'impression du discours et, par conséquent, de l'approuver. Personne ne s'y oppose. Lâchement, servilement, et en quelque sorte soulagée en voyant qu'aujourd'hui on ne lui réclame plus de nouvelles têtes, de nouvelles arrestations, la majorité donne son acquiescement. Voici qu'à la dernière minute un des conjurés (son nom appartient à l'histoire), Bourdon (de l'Oise), se dresse et parle contre l'impression du discours. Et cette seule voix délivre toutes les autres. La lâcheté se concentre peu à peu et se solidifie en un courage désespéré ; l'un après l'autre, ils accusent Robespierre de formuler trop peu nettement ses déclarations et ses menaces ; qu'il indique enfin avec précision qui il accuse. Au bout d'un quart d'heure la scène a changé de face ; Robespierre, l'assaillant, en est réduit à se défendre ; il atténue son discours, au lieu de le renforcer, et il déclare qu'il n'a accusé ni visé personne.

À ce moment-là s'élève soudain une voix, celle d'un petit député sans importance, qui lui crie : « Et Fouché ? » Le nom est enfin prononcé, le nom de celui qu'il a déjà flétri une fois comme chef de la conspiration, comme traître à la Révolution. C'est maintenant que Robespierre pourrait et devrait frapper. Mais, chose singulière, tout à fait incompréhensible, il recule : « Je ne veux pas m'en occuper actuellement : je n'écoute que mon devoir… »

Cette réponse évasive fait partie des secrets que Robespierre a emportés avec lui dans la tombe. Pourquoi ménage-t-il son ennemi le plus acharné, alors qu'il sent déjà que c'est là une question de vie ou de mort ? Pourquoi ne l'écrase-t-il pas, pourquoi n'attaque-t-il pas l'absent, le seul absent ? Pourquoi ne libère-t-il pas ainsi tous les autres, qui se sentent inquiets et qui incontestablement sacrifieraient Fouché pour se sauver eux-mêmes ? Ce soir-là, à ce que prétend Saint-Just, Fouché aurait encore une fois essayé de se rapprocher de Robespierre. Était-ce feint ou sincère ? Différents témoins déclarent l'avoir vu, alors, assis sur un banc avec Charlotte Robespierre, son ancienne fiancée : a-t-il réellement cherché à persuader encore une fois cette vieille fille d'intercéder pour lui auprès de son frère ? Avait-il vraiment l'intention, dans son désespoir, pour sauver sa propre tête, de trahir les conjurés ? Ou bien voulait-il, pour donner le change à Robespierre et masquer la conjuration, feindre, auprès de lui, le repentir et le dévouement ? Cet homme à deux faces a-t-il joué, en cet instant, comme il le fera mille fois, un double jeu ? Et l'incorruptible Robespierre, également menacé, était-il disposé à épargner, à cette heure, le plus exécré de ses ennemis pour maintenir simplement son pouvoir ? Ce refus d'accuser Fouché était-il le signe d'une convention secrète, ou bien une échappatoire ?

On ne le sait pas. Autour de la figure de Robespierre plane aujourd'hui encore, après tant d'années, l'ombre d'un secret ; jamais l'histoire ne sondera le fond de cet homme impénétrable. Jamais on ne connaîtra ses dernières pensées ; voulait-il véritablement la dictature pour lui, ou bien la République pour tous ? Voulait-il sauver la révolution, ou en recueillir l'héritage, comme Napoléon ? Personne n'a jamais connu ses pensées les plus secrètes, celles de sa dernière nuit du 8 au 9 Thermidor.

Car c'est sa dernière nuit ; c'est cette nuit-là que tout se décide. Au clair de lune de cette étouffante nuit de juillet luit le spectre de la guillotine. Demain son froid tranchant va-t-il couper la tête de Robespierre ou bien celles du trio Tallien, Barras, Fouché ? Aucun des six cents députés ne va dormir, cette nuit ; les deux partis s'arment pour la lutte finale. Robespierre, au sortir de la Convention, court aux Jacobins ; à la lumière vacillante des flambeaux, il leur lit, tremblant d'émotion, son discours, qui n'a pas eu l'approbation des députés. Des applaudissements insensés l'acclament encore une fois, pour la dernière fois ; mais lui, plein d'un amer pressentiment, ne s'illusionne pas parce que trois mille assistants se pressent autour de lui en criant, et il appelle ce discours son testament. Cependant, son séide, Saint-Just, lutte au Comité, comme un désespéré, jusqu'à l'aube, contre Collot, Carnot et les autres conjurés ; en même temps, dans les couloirs de la Convention se tresse le filet qui le lendemain doit étouffer Robespierre. Deux fois, trois fois, comme la navette sur le métier, les fils vont de droite à gauche, du parti de la Montagne à l'ancienne réaction, jusqu'à ce qu'enfin, à la lumière du matin, ils soient bien tendus pour le pacte solide et indéchirable. C'est ici que, soudain, Fouché reparaît, car la nuit est son élément, l'intrigue sa véritable sphère. Son visage couleur de plomb, que l'anxiété rend encore plus terne, passe comme un spectre dans les salles à demi éclairées. Il murmure, flatte, promet, inquiète, effraie et menace l'un après l'autre et il n'a de cesse que le pacte ne soit conclu. À deux heures du matin, tous les adversaires de Robespierre sont, enfin, décidés à abattre l'ennemi commun. Alors seulement Fouché peut aller se reposer.

Joseph Fouché n'assiste pas non plus à la séance du 9 Thermidor. Mais il peut être tranquille, car son œuvre est achevée, le filet est bien noué, et enfin, la majorité est résolue à ne plus laisser échapper vivant cet homme trop dangereux et trop puissant. À peine Saint-Just, le porte-glaive de Robespierre, commence-t-il le discours mortel qu'il a préparé contre les conjurés, que Tallien l'interrompt, car la veille ils ont pris la décision de ne pas laisser parler ces puissants orateurs que sont Saint-Just et Robespierre. Tous deux doivent être étranglés avant de pouvoir prononcer de discours et lancer des accusations ; et c'est ainsi que maintenant, habilement guidés par le président complaisant, les orateurs s'élancent, l'un après l'autre, à la tribune et, lorsque Robespierre veut se défendre, on étouffe sa voix sous les cris, les hurlements et les trépignements. La lâcheté contenue de six cents âmes inquiètes, la haine et l'envie accumulées depuis des semaines et des mois se jettent maintenant sur l'homme devant qui chacun a tremblé. À six heures du soir tout est décidé, Robespierre est mis hors la loi et conduit en prison ; c'est en vain que ses amis, que les véritables révolutionnaires, qui admirent en lui l'âme dure et passionnée de la République, le délivrent et l'amènent, pour le sauver, à l'hôtel de ville : pendant la nuit, les troupes de la Convention emportent d'assaut cette citadelle de la Révolution et, à deux heures du matin, vingt-quatre heures après la conclusion par Fouché et les siens du pacte destiné à l'abattre, Maximilien Robespierre, – l'ennemi de Fouché et la veille encore l'homme le plus puissant de France, – est étendu, couvert de sang et la mâchoire fracassée, en travers de deux sièges, dans le vestibule de la Convention. Le grand fauve est capturé, Fouché est sauvé. Le lendemain, dans l'après-midi, la charrette se dirige en grinçant vers le lieu de l'exécution. – La Terreur est finie, mais aussi l'esprit enflammé de la Révolution est éteint ; l'ère héroïque est terminée. Maintenant arrive l'heure des héritiers, des chevaliers d'industrie et des profiteurs, des faiseurs de butin et des âmes à double visage, des généraux et des financiers, l'heure de la guilde nouvelle. Maintenant, pouvait-on penser, vient l'heure de Joseph Fouché.

Tandis que la charrette emporte lentement vers la guillotine Maximilien Robespierre et les siens, par la rue Saint-Honoré, en suivant le chemin tragique de Louis XVI, de Danton, de Desmoulins et de six mille autres victimes, les acclamations des curieux retentissent avec enthousiasme. L'exécution est encore une fois devenue une fête populaire ; des drapeaux et des oriflammes flottent aux toits des maisons ; des cris d'allégresse jaillissent de toutes les fenêtres et une vague de joie déferle sur Paris. Lorsque la tête de Robespierre tombe dans le panier, l'immense place fait entendre, tel un coup de tonnerre, un unique son d'allégresse extatique. Les conjurés s'étonnent : Pourquoi le peuple applaudit-il si passionnément à l'exécution de cet homme que, la veille encore, Paris et la France révéraient comme un dieu ? Et Tallien et Barras s'étonnent encore davantage de voir maintenant, à l'entrée de la Convention, une foule tumultueuse les accueillir avec des cris d'admiration, pour avoir tué le tyran et lutté contre la Terreur. Ils s'étonnent. Car, en supprimant cet homme supérieur, ils ont voulu simplement se débarrasser d'un incommode fanfaron de vertus qui surveillait trop étroitement leurs agissements douteux ; mais aucun d'eux n'a songé à laisser la guillotine se rouiller et à mettre fin à la Terreur. Or, ils s'aperçoivent maintenant combien sont devenues impopulaires les exécutions en masse et combien ils peuvent se faire aimer en substituant, après coup, à leur vengeance personnelle, des motifs d'humanité ; c'est pourquoi ils décident, rapidement, de profiter de ce malentendu. Ils prétendront donc désormais que seul Robespierre (car il ne pourra pas leur répondre de sa fosse) a sur la conscience toutes les violences de la Révolution, tandis qu'eux ont toujours été des apôtres de la douceur et opposés à toutes les rigueurs et à toutes les exagérations.

Ce n'est pas l'exécution de Robespierre, mais bien uniquement cette lâche et mensongère position prise par ses successeurs, qui donne au 9 Thermidor son sens historique. Car jusqu'alors la Révolution avait revendiqué pour elle tous les droits et assumé tranquillement toutes les responsabilités ; mais, depuis ce jour-là, elle avoue anxieusement avoir, elle aussi, commis des injustices et ses chefs commencent à la renier. Or, toute foi spirituelle, toute conception de l'univers, dès qu'elle renie son droit inconditionnel, son infaillibilité, est déjà brisée dans sa force la plus intime. Et tandis que les tristes vainqueurs, Tallien et Barras, insultent les cadavres de leurs grands prédécesseurs, Danton et Robespierre, en les qualifiant d'assassins, et s'asseyent avec anxiété sur les bancs de la droite, à côté des modérés, des ennemis secrets de la République, ils trahissent non seulement ainsi l'histoire et l'esprit de la Révolution, mais encore ils se trahissent eux-mêmes.

Chacun s'attend à voir auprès d'eux Fouché, le principal conjuré, l'ennemi le plus acharné de Robespierre. Il a été le plus menacé, le « chef de la conspiration », et aurait pourtant bien droit à la principale part du butin. Mais, chose singulière, Fouché ne s'assied pas avec les autres sur les bancs de la droite, il s'assied à son ancienne place de « la Montagne », auprès des extrémistes et il se renferme dans le silence. Pour la première fois (et l'on s'en étonne), il ne se met pas avec la majorité.

Pourquoi Fouché agit-il d'une manière si indépendante, s'est-on demandé alors et plus tard ? La réponse est simple : c'est parce qu'il pense avec plus d'intelligence et de clairvoyance que les autres, parce que, avec son sens politique supérieur, il juge la situation plus sérieusement que ces faibles têtes de Tallien et de Barras, à qui le danger seul a donné une énergie poussive. L'ancien professeur de physique connaît la loi des forces en mouvement, d'après laquelle une onde ne peut rester immobile dans l'air. Il sait qu'il faut qu'elle avance ou qu'elle recule. Si donc la marche en arrière commence, si maintenant une réaction se produit, elle ne s'arrêtera pas davantage que la Révolution ; elle se déroulera, exactement comme l'autre, jusqu'au bout, jusqu'à l'extrême, jusqu'à la violence. Mais alors cette alliance hâtivement nouée se rompra forcément et, si la réaction triomphe, tous les pionniers de la Révolution seront perdus. Car, avec les idées nouvelles, changeront aussi, non sans danger, les étalons qui servaient à juger les actions de la veille. Ce qui la veille était considéré comme un devoir républicain et comme une vertu (par exemple, mitrailler mille six cents hommes et piller les églises) passera nécessairement pour un crime et les accusateurs d'hier seront les accusés de demain. Fouché, qui a toutes sortes de choses sur la conscience, ne partage pas l'immense erreur des autres Thermidoriens (ainsi se nomment maintenant les vainqueurs de Robespierre), qui s'accrochent anxieusement à la roue de la réaction ; il sait que cela ne leur servira à rien : une fois que la réaction sera en marche, elle les écrasera tous. Ce n'est que par prudence et par prévoyance que Fouché reste fidèle à la gauche et aux extrémistes, car, il le sent, ce seront précisément les plus hardis qui seront bientôt pris à la gorge.

Et Fouché a raison. Pour se rendre populaires, pour confirmer en eux une humanité qui n'y a jamais existé, les Thermidoriens sacrifient les plus énergiques des proconsuls, ils laissent exécuter Carrier qui a fait noyer six mille hommes dans la Loire, Joseph Lebon, le tribun d'Arras, ainsi que Fouquier-Tinville. Ils rappellent, pour faire plaisir à la droite, les soixante-treize membres de la Gironde qui ont été expulsés, et ils s'aperçoivent trop tard qu'en renforçant ainsi la réaction ils se sont mis eux-mêmes sous sa dépendance. Ils sont obligés maintenant d'accuser docilement leurs propres auxiliaires dans la lutte contre Robespierre, c'est-à-dire Billaud-Varenne et Collot d'Herbois, le collègue de Fouché à Lyon. La réaction menace Fouché toujours de plus près. Cette fois-ci il se sauve encore, en reniant lâchement le rôle qu'il a joué à Lyon (bien qu'il ait signé tous les actes, conjointement avec Collot) et en prétendant non moins faussement qu'il n'a été poursuivi par le tyran Robespierre qu'à cause de sa trop grande modération. Effectivement, cette astuce trompe pour un moment la Convention. Il lui est permis de rester librement sur son siège, tandis que Collot est envoyé à la « guillotine sèche », c'est-à-dire aux îles fiévreuses des Indes occidentales, où il périt au bout de quelques mois. Mais Fouché est trop intelligent pour se sentir en sûreté, après cette première attaque repoussée ; il connaît l'implacabilité des passions politiques ; il sait que la réaction, comme la Révolution, tant qu'on ne lui brise pas les dents, a toujours besoin pour se rassasier de nouvelles victimes ; elle ne s'arrêtera dans sa soif de vengeance que lorsque le dernier des Jacobins aura été jugé et la République anéantie. Ainsi il ne voit qu'un salut pour la Révolution à laquelle il est indissolublement lié par le sang qu'il a répandu : c'est de la renouveler. Et il ne voit qu'un salut pour lui : la chute du gouvernement. De nouveau le plus menacé de tous, exactement comme six mois auparavant, il engage seul contre des forces supérieures une lutte désespérée où sa vie est en jeu.

Chaque fois qu'il s'agit du pouvoir et de sa propre existence, Fouché déploie des efforts étonnants. Il s'aperçoit que par la voie légale on ne peut plus empêcher la Convention de poursuivre les anciens terroristes ; il ne reste aucun autre moyen que celui qui a si souvent été mis à l'épreuve pendant la Révolution : la terreur. Déjà autrefois, lors de la condamnation des Girondins, lors de celle du roi, on avait intimidé les députés lâches et prudents (parmi lesquels Joseph Fouché, qui était alors encore conservateur), en mobilisant la rue contre le parlement, en allant chercher dans les faubourgs les bataillons d'ouvriers avec leur force prolétarienne, avec leur élan irrésistible, et en hissant à l'Hôtel de Ville le drapeau rouge de la révolte. Pourquoi ne pas lancer encore cette vieille garde de la Révolution, les assaillants de la Bastille et les hommes du 10 Août, sur la Convention devenue lâche et, avec l'aide de leurs poings, briser la puissance de celle-ci ? Seul l'effroi de la révolte, de l'irritation prolétarienne pourrait intimider les Thermidoriens : aussi Fouché décide-t-il d'agiter le peuple de Paris, les masses profondes, et de les lancer sur ses ennemis, ses accusateurs.

À vrai dire, Fouché est trop prudent pour aller dans les faubourgs y tenir des discours révolutionnaires et enflammés, ou bien pour distribuer au peuple, comme Marat au péril de sa vie, des pamphlets séditieux. Il n'aime pas à se démasquer ; il recule volontiers devant les responsabilités : son art magistral n'est pas celui du discours bruyant et entraînant, mais celui qui consiste à chuchoter aux oreilles des gens et à se cacher derrière quelqu'un. Et, cette fois encore, il trouve un homme approprié qui, se mettant lui-même en avant avec hardiesse et résolution, le couvrira de son ombre.

À Paris erre alors, proscrit et opprimé, un républicain sincère et passionné, François Babeuf, lequel se fait appeler Gracchus Babeuf. Cœur débordant, mais intelligence médiocre. De basse extraction, cet homme, ancien géomètre et imprimeur, n'a que peu d'idées, des idées primitives, mais qu'il nourrit d'une passion virile et qu'il réchauffe à la flamme d'une conviction véritablement républicaine et socialiste. Avec prudence les républicains bourgeois, et même Robespierre, ont écarté les idées socialistes et parfois communistes de Marat sur la répartition égale de la fortune ; ils ont préféré parler beaucoup, beaucoup, de liberté, beaucoup aussi de fraternité, mais très peu d'égalité, en ce qui concerne l'argent et la propriété. Babeuf reprend les idées de Marat, à demi foulées au pied ; ils les anime de son souffle et les porte, comme un flambeau, à travers les quartiers ouvriers de Paris. Et voici que cette flamme peut soudain jaillir, consumer en quelques heures tout Paris, tout le pays, car, peu à peu, le peuple comprend la trahison que les Thermidoriens, pour leur propre avantage, ont commise à l'égard de sa révolution, la révolution prolétarienne. Or Fouché se cache derrière ce Gracchus Babeuf. Il ne se montre pas publiquement avec lui, bras dessus, bras dessous, mais en secret il lui suggère d'exciter le peuple. Il le décide à écrire des brochures séditieuses et il en corrige lui-même les épreuves. Car, pense-t-il, ce n'est que si les ouvriers se lèvent et si de nouveau les faubourgs s'avancent avec leurs tambours et leurs piques, que cette lâche Convention se ressaisira. Ce n'est que par la terreur, par la crainte et l'intimidation que la République pourra être sauvée ; ce n'est que par une énergique impulsion venue de gauche que cette dangereuse inclination vers la droite pourra être arrêtée. Et cet homme honnête, loyal, et de bonne foi, lui paraît une admirable tête de file pour ce mouvement téméraire, où vraiment il y va de la vie : derrière son large dos de prolétaire on peut se cacher. Quant à Babeuf, qui se pare fièrement des noms de Gracchus et de tribun du peuple, il se sent très honoré d'être conseillé par le célèbre député Fouché. « Oui, se dit-il, il y a encore un républicain honnête, demeuré sur les bancs de la Montagne, et n'ayant pas fait cause commune avec la Jeunesse dorée et les fournisseurs des armées. » Il se laisse conseiller avec plaisir et, secrètement poussé par la main habile de Fouché, se dresse contre Tallien, les Thermidoriens et le gouvernement.

Mais ce bonhomme franc du collier qu'est Babeuf est le seul à qui Fouché fasse illusion. Le gouvernement reconnaît bientôt la main qui charge l'arme contre lui, et en séance publique Tallien accuse Fouché d'être l'inspirateur de Babeuf. Comme toujours, Fouché renie aussitôt son allié (tout comme il l'a fait pour Chaumette, aux Jacobins, et pour Collot, à Lyon) ; non, il ne connaît Babeuf que superficiellement ; il condamne ses exagérations ; bref, il bat en retraite avec la plus grande rapidité. Et de nouveau le contrecoup atteint le chef de file : sans tarder Babeuf sera arrêté et fusillé dans une cour de caserne (c'est toujours un autre qui paie de son sang les paroles et la politique de Fouché).

Cette offensive hardie de Fouché échoue ; il ne fait qu'attirer de nouveau l'attention sur lui, ce qui est mauvais. Car voici qu'on se souvient une fois de plus de Lyon et de la plaine des Brotteaux abreuvée de sang. Sans cesse, avec une énergie redoublée, la réaction suscite des accusateurs, dans les provinces où Fouché a exercé son autorité. À peine a-t-il repoussé péniblement les attaques venues de Lyon que déjà Nevers et Clamecy entrent en lice. Joseph Fouché est accusé à la barre de la Convention toujours plus haut, toujours plus bruyamment, de terrorisme. Il se défend avec astuce, énergiquement et non sans bonheur ; Tallien, son adversaire, s'efforce même maintenant de le protéger, car lui aussi a peur devant la puissance de la réaction et commence à songer à sa propre tête. Mais il est déjà trop tard : le 22 Thermidor 1795, un an et douze jours après la chute de Robespierre, Joseph Fouché, après un long débat, est mis en accusation, pour ses actes de terrorisme. Et le 23 Thermidor son arrestation est décidée. Comme l'ombre de Danton entraîna Robespierre, c'est maintenant l'ombre de Robespierre qui entraîne Fouché.

Mais (et l'habile politique a compté là-dessus avec raison) Thermidor fait partie de la quatrième année de la République, et non plus de la troisième. En 1793, la mise en accusation équivalait à l'ordre d'arrestation et l'arrestation équivalait à la mort : amené la veille au soir à la Conciergerie, on était interrogé dès le lendemain et l'après-midi on se trouvait dans la charrette. En 1794, la main d'acier de l'Incorruptible ne tient plus les rênes du tribunal ; les lois se sont relâchées : on peut se glisser entre elles, si l'on a de la souplesse. Et Fouché ne serait pas Fouché si, ayant déjà été si souvent dangereusement cerné, il ne réussissait à échapper à des filets aussi peu serrés. Par des intrigues et des ruses, il obtient de n'être pas arrêté immédiatement, et qu'on lui laisse le temps d'une riposte, d'une réponse, d'une justification : à cette époque-là, le temps c'était tout. On n'avait qu'à se plonger dans l'obscurité, et l'on était oublié ; on n'avait qu'à rester muet pendant que les autres criaient, et nul ne vous inquiétait. Suivant la célèbre recette de Sieyès, qui pendant toutes les années de la Terreur avait siégé à la Convention sans ouvrir la bouche et qui, lorsqu'on lui demanda ensuite ce qu'il avait fait durant tout ce temps-là, donna en souriant cette réponse géniale : « J'ai vécu », Fouché maintenant, à l'exemple de plus d'un animal, fait le mort, – précisément pour éviter la mort. Pourvu qu'on échappe pendant la courte période de transition, on peut se considérer comme sauvé. Cet homme perspicace a deviné, senti, que toute la magnificence et la puissance de la Convention ne vont durer que quelques mois, quelques semaines.

Joseph Fouché s'en tire ainsi, et, en ce temps-là, c'était beaucoup. À vrai dire, il ne sauve que sa vie, mais ni son titre ni sa situation, car il n'est plus élu à la nouvelle assemblée. Ses prodigieux efforts ont été vains, et c'est inutilement qu'il a dépensé une somme énorme de passion et de ruse, d'audace et de trahison : il ne parvient à sauver que sa vie. Il n'est plus Joseph Fouché de Nantes, représentant du peuple ; il n'est plus professeur à l'Oratoire ; il n'est plus qu'un individu oublié et méprisé, sans titre, sans fortune, sans importance, une ombre misérable qui a besoin de l'ombre pour se protéger.

Et, pendant trois ans, personne en France ne prononcera son nom.

IV

MINISTRE DU DIRECTOIRE ET DU
CONSULAT

1799-1802

Quelqu'un a-t-il déjà composé un hymne à l'exil, cette puissance créatrice du destin qui élève l'homme dans sa chute et qui, sous la dure contrainte de la solitude, concentre à nouveau et d'une manière différente les forces ébranlées de l'âme ? Les artistes n'ont toujours fait qu'accuser l'exil, comme une interruption apparente de l'essor, comme un intervalle sans utilité, comme une cruelle rupture. Mais le rythme de la nature veut ces césures violentes. Car celui-là seul connaît toute la vie qui connaît l'infortune. Seuls les revers donnent à l'homme sa pleine force d'attaque.

Le génie créateur surtout a besoin, de temps en temps, d'une telle solitude forcée, afin de mesurer, de la profondeur du désespoir, des lointains de l'exil, l'horizon et l'étendue de sa véritable mission. Les messages les plus importants de l'humanité sont venus de l'exil ; les créateurs des grandes religions, Moïse, le Christ, Mahomet, Bouddha, tous ont été obligés de pénétrer d'abord dans le silence du désert, loin des hommes, avant de pouvoir faire entendre une parole décisive. La cécité de Milton, la surdité de Beethoven, la geôle de Dostoïevsky, le cachot de Cervantès, le séjour forcé de Luther à la Wartbourg, l'exil de Dante et le bannissement volontaire de Nietzsche au milieu des zones glacées de l'Engadine, tout cela ne fut qu'une exigence secrète de leur propre génie, opposée au désir superficiel de l'être humain.

Or, même dans le monde politique, lequel est plus bas et plus terrestre, une retraite momentanée procure à l'homme d'État une nouvelle finesse de perception, un meilleur moyen de réfléchir et de calculer le jeu des forces en présence. Par conséquent, il ne peut rien arriver de plus heureux à une carrière d'homme politique qu'une interruption momentanée, car celui qui ne voit le monde que du haut d'une nuée impériale, du sommet d'une tour d'ivoire et du faîte de la puissance, ne connaît que le sourire des inférieurs et leur empressement dangereux : celui qui tient toujours les poids dans ses mains oublie sa véritable importance. Rien n'affaiblit plus l'artiste, le capitaine, l'homme d'action que la vue continuelle de nécessités conformes à sa volonté et à son désir ; ce n'est que par l'échec que l'artiste prend un contact direct avec son œuvre ; ce n'est que par la défaite que le capitaine apprend ses fautes, comme ce n'est que par la disgrâce que l'homme d'État acquiert la véritable clairvoyance politique. Une richesse constante rend efféminé, des applaudissements continus engourdissent l'esprit ; seule l'interruption donne au rythme se déroulant à vide un nouveau ressort et une élasticité créatrice. Seul le malheur procure une vision large et profonde des réalités de ce monde. L'exil est une dure école, mais c'est une école où l'on apprend bien : il pétrit de nouveau et concentre la volonté du faible ; il rend résolu l'homme indécis et accroît la fermeté de celui qui en avait déjà. L'exil est toujours, pour l'homme véritablement fort, non pas une diminution, mais une augmentation de force.

L'exil de Joseph Fouché dura plus de trois ans, et l'île solitaire et inhospitalière où il fut relégué s'appelle la pauvreté. La veille encore proconsul et codirigeant des destins de la Révolution, il tombe des plus hauts échelons de la puissance dans une obscurité, une misère et une détresse telles qu'on ne retrouve plus ses traces. Le seul qui l'ait vu alors, Barras, donne un tableau émouvant de la misérable mansarde, de cet antre sous un toit, où Fouché loge avec son affreuse femme et deux petits enfants aux cheveux roux, maladifs, albinos et d'une rare laideur. À un cinquième étage, dans un lieu malpropre, renfermé, chauffé par le soleil, se cache cet être déchu, dont les paroles ont fait trembler des dizaines de milliers de gens et qui, dans quelques années, devenu duc d'Otrante, reparaîtra au gouvernail des destinées européennes ; pour l'instant, il ne sait avec quel argent il achètera demain du lait pour ses enfants ou paiera son triste loyer, et il est en outre obligé de défendre sa misérable vie contre d'innombrables ennemis invisibles, contre les vengeurs de Lyon.

Personne, pas même M. Madelin, son biographe le plus fidèle et le plus exact, ne peut indiquer avec précision de quoi Joseph Fouché a vécu pendant ces années de misère. Il ne touche plus d'indemnité parlementaire ; il a perdu la fortune de sa famille lors de la révolte de Saint-Domingue ; personne n'ose employer ou occuper publiquement le « mitrailleur de Lyon » ; tous ses amis l'ont quitté ; chacun s'écarte de lui. On prétend qu'il se livra aux besognes les plus singulières et les plus obscures ; en vérité, ce n'est pas une fable, le futur duc d'Otrante s'occupe alors d'engraisser des porcs. Mais bientôt il choisit un métier encore moins reluisant, celui d'espion pour le compte de Barras, le seul des nouveaux gouvernants qui reçoive encore ce misérable, avec une compassion remarquable. Certes, non pas dans le salon d'audience du ministère, mais quelque part, dans l'ombre ; là il jette à cet infatigable quémandeur, de temps en temps, une petite affaire malpropre, une fourniture frauduleuse aux armées, un voyage d'inspection, quelque menu profit de ce genre, qui permet à l'importun de se remettre à flot pour une quinzaine. Mais dans ces multiples tentatives le véritable talent de Fouché se révèle. Car Barras, dès cette époque, a toutes sortes de projets politiques ; il se défie de ses collègues et il peut fort bien utiliser un espion particulier, un rapporteur et informateur secret, n'appartenant pas à la police officielle, une espèce de détective privé. Fouché est merveilleusement apte à ce rôle. Il guette et épie, pénètre dans les maisons par les escaliers de service, se fait raconter diligemment par tous les gens qu'il connaît les potins du jour et il apporte secrètement à Barras cette vile écume de l'opinion publique. Et plus Barras devient ambitieux, plus ses projets tendent avec ardeur au coup d'État, plus Fouché lui est nécessaire. Depuis longtemps, au Directoire, au conseil des Cinq qui maintenant gouverne la France, il est gêné par les deux honnêtes gens qui s'y trouvent, surtout par Carnot, l'homme le plus droit de la Révolution, et il cherche à se débarrasser d'eux. Mais qui projette un coup d'État et forme des conjurations a surtout besoin de gens sans scrupules, allant d'un parti à l'autre, d'hommes à tout faire, de *bravis* et de *bulos,* comme les appellent les Italiens, – d'individus qui, d'une part, sont sans caractère, mais à qui, malgré ce manque de caractère, on peut se fier ; Fouché est, mieux que quiconque, propre à cette fonction. L'exil lui sert à préparer sa carrière et il y déploie déjà son futur talent de grand maître de la police.

Enfin, enfin, après une longue, très longue nuit passée dans les ténèbres glacées de la pauvreté, Fouché flaire l'air du matin. Il y a dans le pays un nouveau souverain ; une nouvelle puissance naît et il prend la résolution de se mettre à son service. Cette nouvelle puissance, c'est l'argent. À peine Robespierre et les siens sont-ils couchés sur le billot que l'argent ressuscite, omnipotent, avec de nouveau mille courtisans et valets. On revoit dans les rues des équipages aux chevaux bien étrillés et bridés de neuf et, à l'intérieur, assises demi-nues comme des déesses grecques, des femmes ravissantes, en taffetas et mousseline de prix. Au Bois, la Jeunesse dorée se promène à cheval, avec des culottes collantes de nankin blanc et des fracs jaunes, bruns et rouges. De leur main garnie de bagues ils tiennent d'élégantes cravaches à manche doré, qu'ils emploient aussi volontiers contre les anciens terroristes ; on fait de bonnes affaires dans les magasins de parfumerie et chez les joailliers ; cinq cents, six cents, mille salles de danses et cafés surgissent soudain ; on bâtit des villas et on achète des maisons ; on va au théâtre, on spécule et parie, on achète et vend, on joue des milliers de francs, derrière les rideaux de damas du Palais-Royal. L'argent est revenu, souverain, impertinent et audacieux.

Mais où était donc l'argent, en France, entre 1791 et 1795 ? Il était toujours là ; seulement il se cachait ; exactement comme en Allemagne et en Autriche, à l'époque de la peur des communistes, en 1919, les gens riches ont soudain fait les morts et se sont répandus en lamentations, dans leurs vêtements tout usés. Car celui qui, du temps de Robespierre, tolérait autour de lui le moindre luxe, et même celui qui ne faisait que s'en approcher, était tenu pour « mauvais riche » (selon l'expression de Fouché) et passait pour suspect : être considéré comme riche était funeste. À présent, seul celui qui est riche est considéré. Et voici que par bonheur (comme toujours, dans une période de chaos) l'époque devient admirable pour gagner de l'argent ! Les fortunes changent de mains ; des propriétés foncières sont vendues : on gagne là-dessus ; les biens des émigrés sont mis aux enchères : on gagne là-dessus. La fortune des condamnés est confisquée : on gagne là-dessus. La valeur des assignats baisse de jour en jour ; une fièvre sauvage d'inflation secoue le pays : on gagne là-dessus. On peut gagner sur tout, pourvu que l'on ait des mains lestes et effrontées, ainsi que des relations avec le gouvernement. Et puis il y a surtout une source d'enrichissement, magnificence incomparable : la guerre. Déjà en 1791, tout au commencement, quelques-uns (exactement comme en 1914) avaient découvert que l'on pouvait trouver aussi du profit dans la guerre dévoreuse d'hommes et destructrice de valeurs ; seulement Robespierre et Saint-Just, ces incorruptibles, avaient farouchement sauté à la gorge des « accapareurs ». Maintenant, Dieu merci ! ces Catons sont éliminés, et la guillotine se rouille dans son grenier ; les mercantis et les fournisseurs des armées sentent que l'âge d'or est venu. On peut à présent fournir tranquillement de mauvaises chaussures pour du bon argent ; on peut se remplir abondamment les poches grâce aux emprunts et aux réquisitions. À condition, bien entendu, qu'on ait des fournitures à livrer. Des petites affaires de ce genre exigent toujours un intermédiaire approprié, quelqu'un de bien accrédité et qui, cependant, ne soit pas trop scrupuleux, pour faire les démarches et ouvrir aux spéculateurs la porte de derrière de l'écurie conduisant à la mangeoire bien garnie de l'État et de la guerre.

Joseph Fouché est l'homme idéal pour ces affaires malpropres. La misère lui a fait perdre sa conscience républicaine ; il a tranquillement mis au rancart la haine de l'argent ; on peut acheter à bon marché cet homme à demi affamé. Et, d'autre part, il a les meilleures « relations » ; n'entre-t-il pas à son gré (comme espion) dans l'antichambre de Barras, le président du Directoire ? Ainsi, du jour au lendemain, le communiste extrémiste de 1793, qui voulait absolument faire pétrir le « pain de l'égalité », devient l'intime des banquiers républicains nouvellement nés et, moyennant de bons pourcentages, prend en main tous leurs désirs et toutes leurs affaires. Par exemple, le « profiteur » Hinguerlot, l'un des faiseurs d'argent les plus insolents et les plus dénués de scrupules de la République (Napoléon lui en voulut terriblement), se trouve précisément en face d'une accusation gênante : il a agi un peu trop impudemment et s'est rempli trop égoïstement les poches dans des marchés de fournitures. Voici qu'il a maintenant sur le dos un procès qui peut lui coûter beaucoup d'argent et peut-être la tête. Que fait-on en pareille occurrence (alors comme aujourd'hui) ? On s'adresse à quelqu'un ayant de bonnes relations avec le pouvoir, une influence politique ou particulière, et pouvant « arranger » la fâcheuse affaire. On s'adresse donc au rabatteur de Barras, Fouché, qui aussitôt graisse ses souliers et va trouver le tout-puissant chef du Directoire (la lettre est imprimée dans les Mémoires de Barras) ; et, effectivement, l'affaire malpropre est étouffée silencieusement et sans douleur. Moyennant quoi Hinguerlot associe Fouché à des marchés de fournitures pour les armées, à des affaires de bourse, et « l'appétit vient en mangeant ». Fouché découvre en 1797 que l'argent a bien meilleure odeur que le sang de 1793 et, grâce, d'une part, à ses « relations » récentes avec la nouvelle haute finance et, d'autre part, avec le gouvernement corrompu, il fonde une société pour approvisionner l'armée Scherer. Les soldats du brave général auront de mauvaises bottes et gèleront dans leurs minces manteaux ; ils seront battus dans les plaines d'Italie ; mais l'important, c'est que la société Fouché-Hinguerlot, et probablement aussi Barras lui-même, en retire de gras profits. Disparue l'horreur du « métal méprisable et pernicieux » que l'ultra-jacobin et super-communiste Fouché proclamait il y a trois ans à peine avec tant d'éloquence ; oubliées aussi les explosions de haine contre les « mauvais riches » ; oubliée la déclaration que « du pain, du fer et quarante écus de rente suffisent aux républicains » : maintenant il s'agit de s'enrichir soi-même, enfin. Car pendant son exil Fouché a reconnu la puissance de l'argent et il la sert comme il sert toute puissance. Il a souffert trop longtemps, trop douloureusement de sa bassesse, de l'atroce bassesse d'une existence se déroulant dans la boue du mépris et des privations ; maintenant il tend toutes ses forces pour s'élever, pour accéder à ce monde où l'on achète la puissance avec de l'argent, et où, ensuite, avec la puissance on fait de l'argent. La première galerie est creusée dans cette mine, la plus lucrative de toutes, le premier pas est fait dans la voie fantastique qui mène d'une mansarde de cinquième étage à une résidence ducale, et du néant à une fortune de vingt millions de francs.

À présent que Fouché a rejeté foncièrement le ballast gênant des principes révolutionnaires, il a acquis de l'agilité et, du jour au lendemain, il a de nouveau le pied à l'étrier. Son ami Barras fait non seulement d'obscures opérations financières, mais aussi de louches affaires politiques. Il veut, tout doucement, vendre la République à Louis XVIII, moyennant un titre de duc et une grosse somme d'argent. En cela, il est gêné uniquement par la présence de collègues honnêtes, à l'esprit républicain, comme Carnot, lesquels croient toujours à la République et ne veulent pas comprendre que les principes idéaux ne sont plus là que pour permettre de gagner de l'argent. Et, lorsque par le coup d'État du 18 Fructidor Barras se débarrasse de ces surveillants importuns, Fouché a probablement aidé puissamment par des manœuvres souterraines son compère et protecteur. Car à peine Barras est-il devenu maître absolu du Conseil des Cinq, du Directoire renouvelé, que Fouché, qui, pourtant, craint la lumière, se présente déjà impétueusement pour réclamer son salaire. Il faut que Barras l'occupe, dans la politique, dans l'armée, à n'importe quel endroit, dans n'importe quelle mission où l'on puisse se remplir les poches et prendre sa revanche sur les années de misère. Barras, qui a besoin de cet homme, ne saurait dire non à l'instrument de ses affaires troubles ; mais, malgré tout, le nom de Fouché, du mitrailleur de Lyon, sent encore trop le sang répandu pour qu'on puisse se commettre publiquement avec lui, à Paris, en ces semaines qui sont la lune de miel de la réaction. Aussi est-il envoyé par Barras comme représentant du gouvernement, d'abord en Italie, auprès de l'armée, et ensuite auprès de la république Batave, afin d'y mener des négociations secrètes. En effet, Barras sait déjà par expérience que Fouché est un maître dans le jeu des intrigues cachées : il l'apprendra bientôt d'une manière encore plus précise, à ses propres dépens.

En 1798, Fouché est donc représentant de la République française. Tout comme autrefois dans sa mission sanglante, il déploie maintenant dans la diplomatie le même sang-froid tenace ; en Hollande, particulièrement, il obtient des résultats très rapides. Instruit par des expériences tragiques, mûri par des temps orageux, éprouvé à la dure forge de la misère, Fouché affirme sa vieille énergie, en y joignant une prudence nouvelle. Les nouveaux maîtres s'en aperçoivent bientôt ; c'est là quelqu'un qu'on peut employer, qui danse avec le vent et qui saute avec l'argent, complaisant pour les gens d'en haut, implacable à l'égard des gens d'en bas ; c'est tout à fait l'habile marin qu'il faut lorsque la mer est grosse. Et, comme le navire du gouvernement tangue toujours plus dangereusement et menace à chaque instant de faire naufrage dans sa course incertaine, le Directoire prend, le 3 Thermidor 1799, une résolution inattendue : Joseph Fouché, qui est en mission secrète en Hollande, est nommé soudain, du jour au lendemain, ministre de la police de la République française.

Joseph Fouché ministre ! Paris sursaute de frayeur, comme au bruit d'un coup de canon. La terreur va-t-elle recommencer, qu'on détache de sa chaîne ce chien sanguinaire, le mitrailleur de Lyon, le profanateur d'hosties et le pilleur d'églises, l'ami de l'anarchiste Babeuf ? Va-t-on maintenant aussi (plaise à Dieu que non !) rappeler des îles fiévreuses de la Guyane Collot d'Herbois et Billaud, et rétablir la guillotine sur la place de la Révolution ? Va-t-on pétrir de nouveau le « pain de l'égalité » et faire fonctionner les comités philanthropiques qui extorquent aux riches leur argent ? Paris, qui depuis longtemps avait retrouvé sa tranquillité, avec ses mille cinq cents salles de danse, ses magasins éblouissants, sa jeunesse dorée, s'épouvante ; les riches et les bourgeois tremblent de nouveau, comme en 1792. Il n'y a plus que les Jacobins qui soient satisfaits, eux, les derniers républicains. Enfin après de terribles persécutions, l'un d'entre eux est de nouveau au pouvoir, le plus hardi, le plus extrémiste, le plus inflexible ; maintenant enfin la réaction va être mise en échec et la République purgée des royalistes et des conspirateurs.

Mais, chose étrange, les deux partis, l'un comme l'autre, se demandent au bout de quelques jours : « Ce ministre de la police est-il réellement Joseph Fouché ? » Une fois de plus s'est réalisée la sage parole de Mirabeau (qui vaut encore aujourd'hui pour les socialistes), à savoir que des Jacobins devenus ministres ne sont pas des ministres jacobins : en effet, voyez comme ces lèvres autrefois ruisselantes de sang répandent onctueusement, maintenant, des mots de conciliation. Ordre, repos, sûreté, ces phrases reviennent inlassablement dans les proclamations policières de l'ex-terroriste, et combattre l'anarchie est sa première devise. Il faut restreindre la liberté de la presse, mettre fin aux perpétuels discours des agitateurs. Ordre, ordre, repos et sûreté – aucun Metternich, aucun Seldnitzki, aucun archi-réactionnaire de l'empire autrichien ne prend des arrêtés plus conservateurs que Joseph Fouché, le « mitrailleur de Lyon ».

Les bourgeois respirent : quel saint Paul est devenu ce Saül ! Mais les véritables républicains sont fous d'indignation dans leurs salles de réunion. Ils n'ont pas appris grand-chose au cours de ces dernières années ; ils tiennent toujours des discours furieux, des discours et des discours, et ils menacent le Directoire, les ministres de la Constitution avec des citations de Plutarque. Ils sont aussi sauvages que lorsque Danton et Marat vivaient encore, comme si le tocsin pouvait toujours ameuter des faubouriens par centaines de mille. Néanmoins, leurs criailleries importunes finissent par inquiéter le Directoire. Que faire contre eux ? demandent avec insistance au nouveau ministre de la police ses collègues.

Fermez le club, répond imperturbablement cet homme.

Les autres le regardent d'un air incrédule et lui demandent quand il procédera à cette mesure audacieuse.

– Demain, répond tranquillement Fouché.

Et, en effet, le lendemain soir, Fouché, l'ancien président des Jacobins, se rend au Club extrémiste de la rue du Bac. C'est là que pendant toutes ces dernières années a battu le cœur de la Révolution. Les mêmes hommes sont toujours là devant qui Robespierre, Danton, Marat, et Fouché lui-même, ont prononcé des discours passionnés : après la chute de Robespierre, après la défaite de Babeuf, c'est uniquement dans ce Club du Manège que survit encore le souvenir des jours orageux de la Révolution.

Mais la sentimentalité n'est pas l'affaire de Fouché ; il peut, quand il veut, oublier son passé d'une façon incroyablement rapide. L'ancien professeur de mathématiques de l'Oratoire trace toujours, simplement, le parallélogramme des forces réelles. Il sait que c'en est fait de l'idée républicaine, que les meilleurs chefs, les hommes d'action, sont enterrés : aussi tous les clubs sont-ils devenus, depuis longtemps, des parlotes où l'on se tire mutuellement les phrases de la bouche. En l'année 1799, les citations de Plutarque et les paroles patriotiques ont vu baisser leurs cours, à la manière des assignats : on a forgé trop de phrases et imprimé trop de billets de banque. La France (qui le sait mieux que le ministre de la police, lui qui contrôle l'opinion publique ?) est fatiguée des avocats, des orateurs et des innovateurs ; elle est excédée de décrets et de lois ; elle ne veut plus que le repos, l'ordre, la paix et des finances claires ; de même qu'après quelques années de guerre, après quelques années de révolution, après toute une période d'extase communiste, l'irrépressible égoïsme de l'individu et de la famille reprend toujours ses droits.

Un des républicains, l'un de ceux qui sont depuis longtemps finis, tient précisément un discours enflammé ; voici que l'on pousse la porte et Fouché entre, en uniforme de ministre, accompagné de gendarmes. D'un froid regard il dévisage l'assemblée, qui a sursauté : quels lamentables adversaires ! Il y a belle lurette que les hommes d'action, les guides intellectuels de la Révolution, ses héros et ses *desperados* n'existent plus ! Seuls les bavards sont restés, et contre les bavards un geste résolu suffit. Sans hésiter, Fouché monte à la tribune ; pour la première fois depuis six ans les Jacobins entendent de nouveau sa voix sobre et glacée, mais ce n'est pas, comme précédemment, pour lancer des appels à la liberté et à la haine des tyrans ; cet homme maigre se contente de déclarer tranquillement et tout bonnement que le club est désormais fermé. La surprise est si grande que personne ne résiste. Ils ne se démènent pas, ils ne s'élancent pas avec des poignards, comme ils l'ont toujours juré, sur le destructeur de la liberté. Ils se contentent de murmurer, se glissent vers la sortie et quittent la salle d'un air consterné. Fouché a vu juste : contre des hommes il faut lutter, mais des bavards, on les abat d'un geste.

Ainsi la salle est évacuée ; Fouché s'avance tranquillement vers la porte, la ferme et en met la clé dans sa poche. À proprement parler, ce tour de clé met fin à la Révolution française.

Une fonction est toujours ce qu'en fait celui qui l'occupe. Lorsque Joseph Fouché prend le ministère de la Police, il ne reçoit là qu'un poste tout à fait subalterne, une sorte de sous-préfecture du ministère de l'Intérieur. Il est chargé de surveiller et de renseigner, de recueillir et de transporter, – à la manière d'un charretier, – les matériaux concernant la politique intérieure et extérieure, matériaux avec lesquels ensuite ces messieurs du Directoire élaboreront leurs constructions, – à la façon des rois. Mais à peine Fouché a-t-il depuis trois mois le pouvoir entre les mains que ses protecteurs s'aperçoivent avec autant d'effroi que de surprise, déjà désarmés, qu'il exerce une surveillance non seulement en bas mais aussi en haut, que le ministre de la Police contrôle les autres ministres, le Directoire, les généraux, toute la politique. Ses filets s'étendent à tous les emplois et à toutes les charges ; dans ses mains convergent toutes les nouvelles ; il fait de la politique, à côté de la politique ; il s'occupe des affaires de guerre, à côté du ministère de la Guerre ; partout il étend les limites de son pouvoir, au point que, finalement, Talleyrand est obligé de définir de nouveau, avec dépit, la position du ministre de la Police : « Le ministre de la Police est un homme qui se mêle de ce qui le regarde, et ensuite de ce qui ne le regarde pas. »

Cette machine compliquée, cet appareil de contrôle universel de tout un pays est établi d'une façon grandiose. Mille nouvelles affluent chaque jour dans la maison du quai Voltaire, car au bout de quelques mois ce maître a couvert tout le pays d'espions, d'agents secrets et de mouchards. Mais qu'on ne se représente pas tous les informateurs de Fouché comme les vulgaires détectives de la petite bourgeoisie qui épient les bruits du jour auprès des concierges et dans les cabarets, dans les maisons closes et les églises : les agents de Fouché portent parfois des galons d'or et des habits de diplomate, ou de délicates robes de dentelle ; ils causent dans les salons du faubourg Saint-Germain et, d'autre part, ils s'introduisent, déguisés en patriotes, dans les réunions secrètes des Jacobins. Sur la liste de ses mercenaires se trouvent des marquis et des duchesses portant les noms les plus éclatants de France, et Fouché peut même se vanter (chose fantastique !) d'avoir à son service la plus grande dame de l'État, Joséphine Bonaparte, la future impératrice. Il a acheté le secrétaire particulier de son futur maître et empereur ; il a corrompu le cuisinier du roi Louis XVIII, à Hartwell, en Angleterre. On lui rapporte toute conversation, il fait ouvrir toutes les lettres. Dans l'armée, chez les commerçants, chez les députés, au cabaret et dans les assemblées, le ministre de la Police, invisible, est aux écoutes ; et ces mille nouvelles prennent chaque jour la direction de sa table de travail. Là les dénonciations, dont certaines sont exactes et importantes, et d'autres, un simple bavardage, sont examinées, passées au crible et comparées, jusqu'à ce que le recoupement de mille chiffres fournisse une information claire.

Car l'information, c'est tout, à la guerre comme pendant la paix, dans la politique comme dans la finance. Ce n'est plus la Terreur, mais uniquement la connaissance des choses qui, en 1799, gouverne la France. Savoir comment vit chacun de ces tristes Thermidoriens, combien d'argent il reçoit, par qui il est acheté, à quel prix il est à vendre, afin de le tenir en échec et de faire ainsi du supérieur un inférieur ; connaître les complots, en partie pour les réprimer, en partie pour les favoriser et louvoyer ainsi toujours du bon côté politique ; avoir avant les autres des nouvelles du théâtre des hostilités et des négociations de paix, afin d'opérer à la Bourse avec des financiers complaisants ; à la longue, on s'assure ainsi une fortune. L'appareil à renseigner, dans les mains de Fouché, lui procure continuellement de l'argent et à son tour l'argent est comme une huile qui permet à l'appareil de fonctionner sans bruit. Des maisons de jeux, des mauvais lieux, des banques, affluent vers lui, sous forme de discrètes redevances, des millions qui, entre ses mains, se transforment en moyens de corruption, sources, à leur tour, d'informations nouvelles : ainsi jamais ne s'arrête et ne se dérègle ce mécanisme extraordinaire et raffiné qu'est la police, créé de toutes pièces, en quelques mois, grâce à l'énorme puissance de travail et au génie psychologique d'un seul homme.

Mais ce qu'il y a de plus génial dans l'incomparable machine montée par Fouché, c'est qu'elle ne fonctionne qu'entre les mains d'un seul. Elle possède, quelque part, une vis dissimulée : si on l'enlève, le mouvement s'arrête aussitôt. Dès le premier moment, Fouché a songé à l'éventualité d'une disgrâce. Il sait que, si on le congédie, un tour de main suffit pour mettre aussitôt hors d'usage la machine construite par lui. Car ce n'est pas pour l'État, ni pour le Directoire, ni pour Napoléon que cet homme avide de pouvoir a créé son œuvre, mais uniquement pour lui. Il est bien loin de songer à transmettre à ses supérieurs, comme ce serait son devoir, le produit de la distillation opérée dans ses cornues ; de tous les renseignements, il ne leur communique, avec un égoïsme intransigeant, que ce qu'il veut bien ; pourquoi éclairer ces nigauds du Directoire et leur laisser voir ses cartes ? Il ne laisse sortir de son laboratoire que ce qui le sert, que ce qui lui est absolument favorable ; il conserve soigneusement dans son arsenal particulier, pour sa vengeance personnelle et ses assassinats politiques, toutes les autres flèches et poisons. Fouché en sait toujours plus que le Directoire ne le suppose et par là il devient dangereux pour chacun et en même temps indispensable. Il connaît les négociations de Barras avec les royalistes, les prétentions de Bonaparte à la couronne, les menées tantôt des Jacobins, tantôt des réactionnaires, mais jamais il ne dévoile ses secrets ; il ne le fait qu'au moment où la révélation lui en paraît avantageuse. Parfois il favorise les conjurations, parfois il les entrave ; parfois il les provoque artificiellement ; parfois, il les démasque bruyamment (tout en avertissant les intéressés de se mettre en sûreté) ; il joue toujours un jeu double, triple, quadruple ; tromper et duper tout le monde, à toutes les tables, devient peu à peu sa passion. Pour cela il faut, à vrai dire, beaucoup de force et de temps et Fouché, qui travaille dix heures par jour, ne ménage ni l'un ni l'autre. Plutôt que de permettre à quelqu'un de pénétrer les secrets de la police, il reste assis du matin au soir dans son bureau, examinant personnellement tous les papiers et s'occupant de tous les dossiers. Il interroge seul, à huis clos, dans son cabinet, tout accusé important, pour être seul à connaître les détails essentiels et pour que ceux-ci restent ignorés, même de ses subalternes ; c'est ainsi que, peu à peu, il a en main les secrets de tous les individus, en qualité de confesseur officieux de tout le pays. De nouveau il règne par la terreur, comme autrefois à Lyon ; seulement ce n'est plus par la hache brutale, au grincement mortel, mais par le poison moral de l'anxiété, du sentiment de la culpabilité qui s'éveille en celui qui se sent épié et se sait découvert. La machine de 1792, la guillotine, inventée pour réprimer toute résistance contre l'État, est un instrument grossier, comparée au mécanisme policier raffiné et supérieurement combiné dont dispose Joseph Fouché en 1799.

Fouché joue en artiste consommé de cet instrument qu'il a lui-même fabriqué pour son usage. Il connaît le secret suprême du pouvoir : en jouir secrètement, et s'en servir avec ménagement. Les temps de Lyon sont loin, où des gardes farouches interdisaient, en brandissant la baïonnette, l'accès de l'appartement du tout-puissant. Maintenant les dames du faubourg Saint-Germain se pressent dans son antichambre et il les reçoit volontiers. Il sait ce qu'elles veulent. L'une implore pour un parent la radiation de la liste des émigrés ; l'autre voudrait procurer un bon poste à un cousin ; la troisième désire arrêter un procès désagréable. Fouché se montre également aimable pour toutes. Pourquoi se faire détester par un parti, que ce soient les Jacobins ou les royalistes, les modérés ou les bonapartistes, tant qu'on ne sait pas qui demain montera au pouvoir ? Ainsi le terroriste, autrefois si redouté, joue à l'homme conciliant, d'une façon charmante ; publiquement, il est vrai, dans ses discours et proclamations, il fulmine violemment contre les royalistes et les anarchistes, mais en secret il les avertit ou les achète. Il évite les procès bruyants, les sentences féroces qui font couler le sang : le geste de la puissance lui importe plus que la puissance, et l'exercice d'un pouvoir caché mais effectif dans l'État, plus que de vains insignes comme Barras et ses collègues en portent sur leurs chapeaux à plumes.

Par ce moyen, au bout de quelques mois, ce démon de Fouché est devenu le favori de tous. Quel ministre, quel homme d'État aime-t-on davantage, en tout temps et en tous lieux, que celui à qui l'on peut parler, qui regarde tranquillement, quand il ne les y aide pas, les gens gagner de l'argent, qui leur fait obtenir de petites fonctions, qui fait à chacun des concessions et ferme volontiers les yeux, pourvu qu'on ne mette pas le nez trop profondément dans la politique ou qu'on ne le gêne pas dans ses propres desseins ? Ne vaut-il pas mieux acheter les gens ou les gagner par la flatterie que de faire avancer des canons ? Ne suffit-il pas d'appeler les têtes remuantes dans son cabinet secret et de leur montrer, tout prêt dans un tiroir, le jugement les condamnant à mort, que de les faire exécuter ? Il est vrai que là où gronde une révolte réelle, sa vieille et dure main agit implacablement. Mais l'ancien terroriste exerce sa patience de prêtre, laquelle est encore plus ancienne, à l'égard de celui qui se tient silencieux et qui ne regimbe pas. Il connaît le faible de l'humanité pour l'argent, pour le luxe, pour les petits vices, pour les plaisirs personnels. Soit ! Qu'on en jouisse, mais qu'on se tienne tranquille ! Les gros banquiers qui, jusqu'alors sous la République, étaient traqués de toutes parts, peuvent maintenant frauder et s'enrichir sans crainte. Fouché leur glisse des renseignements, et, en revanche, ils l'intéressent à leurs bénéfices. La presse qui, sous Marat et Desmoulins, était une chienne hargneuse et avide de sang, fait maintenant la belle à ses pieds ; elle aussi préfère des sucreries au fouet. Au bout de très peu de temps, les clameurs des patriotes privilégiés cèdent la place au silence de celui qui fait bonne chère ; Fouché a jeté un os à chacun, ou bien il les a chassés dans un coin au moyen de quelques coups bien appliqués. Et, déjà, ses collègues savent, ainsi que tous les partis, qu'il est aussi agréable et avantageux d'avoir Fouché pour ami que désagréable de l'obliger à montrer ses griffes sous sa patte de velours ; de telle sorte que, soudain, celui qui était le plus méprisé de tous, possède une infinité de bons amis, parce qu'il sait tout et qu'il rend service à chacun par son silence. La ville par lui détruite au bord du Rhône n'est pas encore rebâtie que déjà les mitraillades de Lyon sont oubliées et que Joseph Fouché est universellement aimé.

Joseph Fouché a les plus fraîches, les meilleures nouvelles sur tout ce qui se passe dans le pays : personne ne connaît aussi exactement que lui, grâce à une vigilance aux mille têtes et aux mille oreilles, chaque repli des événements, personne ne sait mieux la force ou la faiblesse des partis et des hommes que cet observateur, ce calculateur aux nerfs glacés, posté devant son appareil enregistreur qui indique les plus petites oscillations de la politique.

Aussi ne faut-il pas plus de quelques semaines, de quelques mois, pour que Joseph Fouché reconnaisse clairement que le Directoire est perdu. Les cinq directeurs sont désunis ; ils se tirent dans le dos et n'attendent que le moment de pouvoir s'éliminer mutuellement. Les armées battues, les finances en désordre, le pays inquiet, – cela ne peut plus durer. Fouché flaire un prochain changement de vent. Des agents l'informent que Barras est déjà en pourparlers secrets avec Louis XVIII pour vendre la République à la dynastie des Bourbons, moyennant une couronne de duc. D'autre part, ses collègues font les yeux doux au duc d'Orléans ou rêvent du rétablissement de la Convention. Mais tous, tous le savent bien : cela ne peut plus durer. En effet, la nation est ébranlée par des soulèvements intestins, les assignats ne sont plus que des feuilles de papier sans valeur ; déjà les soldats refusent d'obéir : si une force nouvelle ne groupe les forces dispersées, la République tombera.

Seul un dictateur peut trancher la question, et tous les regards interrogent le vide pour en trouver un. « Nous avons besoin d'une tête et d'un sabre », déclare Barras à Fouché, tout en croyant, dans son for intérieur, être lui-même cette tête, tandis qu'il cherche le sabre qui convient à la situation. Mais Hoche et Joubert, ces soldats victorieux, sont morts bien mal à propos pour leur carrière ; Bernadotte se montre encore trop jacobin, et le seul dont tous savent qu'il serait à la fois l'un et l'autre : le sabre et la tête, Bonaparte, le héros d'Arcole et de Rivoli, ils l'ont envoyé, sous l'effet de la peur, aussi loin d'eux que possible ; il manœuvre stérilement dans le sable du désert égyptien. On pense qu'il est impossible de compter sur lui, car il se trouve à une distance trop éloignée.

De tous les ministres Fouché, seul, sait déjà qu'à ce moment même le général Bonaparte, que les autres supposent encore au pied des Pyramides, n'est pas si éloigné que ça et qu'il rentrera très prochainement en France. Ils l'ont envoyé à mille lieues de Paris, cet homme trop ambitieux, trop populaire, trop autoritaire ; ils ont peut-être même respiré tout bas lorsque Nelson a détruit la flotte française à Aboukir ; qu'importe à des intrigants et à des politiciens quelques milliers de morts, pourvu qu'un concurrent soit écarté ? Maintenant ils dorment tranquilles ; ils le croient rivé à son armée et ils se gardent bien de le rappeler. Ils n'osent supposer un seul instant qu'il puisse avoir l'audace de confier, de sa propre autorité, le commandement à un autre général, et venir les secouer dans leurs fauteuils : ils prévoient toutes les éventualités, sauf celle du retour de Bonaparte.

Mais Fouché en sait davantage et cela de la meilleure source. Car l'espion qui lui découvre tout, qui lui fait part de chaque lettre et de chaque mesure, le meilleur, le mieux informé et le plus fidèle de ses salariés, n'est autre que la propre femme de Bonaparte, Joséphine Beauharnais. Corrompre cette créole écervelée n'a pas été difficile, car, folle dépensière, elle a toujours des embarras d'argent, et bien que Napoléon, avec la plus grande libéralité, lui assigne des centaines de mille francs sur les caisses de l'État, ils s'évaporent, comme des gouttes d'eau, chez cette femme qui achète par an trois cents chapeaux et sept cents costumes, qui ne sait ménager ni son argent, ni son corps, ni sa réputation et qui, en outre, à ce moment-là, n'est pas précisément très à son aise. Mon Dieu ! pendant que le petit général au sang brûlant faisait campagne, et voulait absolument l'avoir avec lui dans cet ennuyeux pays des Mameluks, elle a couché avec un gentil et joli garçon, peut-être aussi avec quelques autres, et probablement, même, avec son ancien amant, Barras. Les sots intrigants que sont ses beaux-frères Joseph et Lucien ont vu cela d'un mauvais œil et, immédiatement, ils ont rapporté la chose à son ardent époux, jaloux comme un tigre. C'est pourquoi elle a besoin de quelqu'un qui l'aide, qui surveille ces mouchards de beaux-frères, qui contrôle toutes les correspondances. Donnant, donnant (et aussi pour quelques rouleaux de ducats, – Fouché dans ses Mémoires dit lui-même carrément mille louis d'or) la future impératrice livre à Fouché tous les secrets et surtout le plus important et le plus redoutable, celui du prochain retour de Bonaparte.

Il suffit à Fouché d'être informé. Il va de soi que le citoyen ministre de la police ne pense pas à en avertir à leur tour ses supérieurs. Pour le moment, il se borne à resserrer son amitié avec la femme du prétendant ; en silence, il fait son profit des renseignements, et il n'a plus qu'à attendre – prêt comme toujours à y faire face – l'événement qui, comme il le sait maintenant, ne tardera plus guère.

Le 11 octobre 1799, le Directoire fait appeler Fouché en toute hâte. Le télégraphe optique annonce une nouvelle incroyable : Bonaparte est revenu d'Égypte et a abordé à Fréjus, de son propre mouvement, sans avoir été rappelé. Que faut-il faire ? Arrêter aussitôt le général qui, sans ordre, comme un déserteur, a quitté son armée, ou bien le recevoir poliment ? Fouché, qui affecte d'être encore plus surpris que les autres ne le sont réellement, conseille l'indulgence. Il faut attendre, attendre. Car il n'a pas encore décidé s'il sera pour ou contre Bonaparte ; il veut d'abord laisser les événements se dérouler tranquillement. Mais, tandis que les cinq têtes sans tête du Directoire discutent encore avec animation afin de savoir s'il faut pardonner à Bonaparte, malgré l'abandon de son drapeau, ou bien l'arrêter, la voix du peuple a depuis longtemps parlé. Avignon, Lyon, Paris le reçoivent en triomphateur ; sur son chemin toutes les villes sont illuminées ; dans les théâtres on annonce la nouvelle aux auditeurs débordants d'enthousiasme : ce n'est pas un sous-ordre qui revient, mais un maître, une grande puissance. À peine est-il à Paris dans son appartement, rue Chantereine (bientôt on l'appellera en son honneur rue de la Victoire), que tous ses amis se pressent autour de lui et aussi ceux qui jugent utile de passer pour tels le plus tôt possible. Généraux, députés, ministres, et Talleyrand lui-même font à l'homme du sabre leur révérence obéissante, et il ne faut pas longtemps pour que le ministre de la police prenne aussi la peine d'aller en personne lui rendre visite. Il arrive rue Chantereine et se fait annoncer chez Bonaparte. Mais ce M. Fouché semble à Bonaparte un visiteur assez indifférent et sans importance. Il le fait donc attendre pendant une bonne heure comme un quémandeur importun. Fouché, ce nom ne lui dit pas grand-chose : personnellement, il ne le connaît pas ; tout au plus se rappelle-t-il peut-être que quelqu'un de ce nom a joué à Lyon un rôle assez triste à l'époque de la Terreur ; il est possible aussi qu'il ait rencontré, dans l'antichambre de son ami Barras, un petit mouchard, tout mal fichu et déchu. En tout cas, ce n'est pas un homme qui compte ; c'est quelque vague faiseur d'affaires qui, maintenant, a obtenu en rampant un petit ministère. Avec des gens de cette sorte, on en prend à son aise ; et, effectivement, Joseph Fouché attend avec patience pendant une heure dans l'antichambre du général et peut-être resterait-il encore là une heure ou deux de plus sur le siège qu'un domestique lui a tendu par compassion, si, par hasard, Réal, l'un des futurs complices de Bonaparte lors de son coup d'État, n'avait remarqué dans une position si désagréable le tout-puissant personnage, aux audiences de qui tout Paris accourt. Effrayé de cette dangereuse impolitesse, il se précipite dans le bureau du général, lui explique rapidement la faute monstrueuse qui consiste à faire attendre d'une manière si blessante cet homme qui, d'une pression de sa main, peut précisément faire éclater, comme une bombe, toute la conjuration. Aussitôt Bonaparte sort vivement, prie Fouché, très poliment et en insistant, d'entrer dans son cabinet, tout en s'excusant, et il s'entretient avec lui, sans témoin, pendant deux heures de temps.

C'est la première fois que les deux hommes sont en présence : ils s'examinent soigneusement et cherchent à se rendre compte de quelle utilité ils peuvent être l'un pour l'autre dans la réalisation de leurs visées personnelles. Et toujours les gens supérieurs en voie d'ascension se reconnaissent. Fouché découvrit bientôt, dans le dynamisme inouï de cet homme d'action, l'incoercible génie de la domination ; avec son regard aigu de fauve, Bonaparte reconnaît bientôt, dans Fouché, l'homme utile, qu'on peut employer à tout faire, l'auxiliaire qui comprend tout rapidement et qui sait avec énergie tout mettre en œuvre. Personne alors (raconta-t-il plus tard à Sainte-Hélène) ne lui a exposé aussi brièvement et clairement que Fouché toute la situation de la France et du Directoire dans ce premier entretien de deux heures. Que Fouché, qui, d'ordinaire, ne brille pas par la franchise, dise aussitôt la vérité au prétendant au trône, voilà qui le montre déjà résolu à se mettre également à la disposition de Bonaparte. Dès la première heure les rôles sont établis : celui du maître et celui du serviteur ; le rôle de celui qui crée un univers et le rôle du politique qui connaît bien son temps : désormais leur jeu commun peut commencer.

Fouché se confie à Bonaparte avec un extraordinaire empressement dès cette première rencontre, mais, malgré tout, ne se livre pas entre ses mains. Il ne prend pas publiquement part à la conjuration qui doit renverser le Directoire et faire de Bonaparte le maître unique : il est trop prudent. Il tient trop strictement, trop fidèlement, à son principe fondamental : ne jamais se décider définitivement, tant que la victoire n'est pas acquise. Seulement il se produit quelque chose de singulier : dans les semaines qui suivent, le ministre de la Police de l'État français, qui habituellement a les oreilles si fines et les yeux si perçants, est atteint d'une pénible infirmité ; il devient soudain aveugle et sourd. Il n'entend rien de tous les bruits qui se murmurent en ville au sujet d'un coup d'État en préparation ; il ne voit rien des lettres qu'on lui glisse dans les mains. Toutes ses informations, d'une exactitude toujours impeccable, semblent magiquement taries et, tandis que, sur les cinq membres du Directoire, deux sont déjà dans le complot et un troisième à moitié gagné, le ministre de la Police ne se doute pas le moins du monde qu'une conjuration militaire est en préparation, – ou plutôt il fait semblant de ne pas s'en douter. Ses rapports quotidiens au Directoire ne contiennent pas une ligne sur le général Bonaparte ni sur sa clique, dont les sabres retentissent déjà avec impatience ; mais il faut dire que, d'autre part, il ne donne à Bonaparte ni une seule ligne ni un seul mot écrit de sa main. Il ne trahit le Directoire que par son silence ; ce n'est qu'en se taisant qu'il rend service à Bonaparte, et il attend, il attend, il attend. C'est dans de tels moments de tension, deux minutes avant la décision, que sa nature amphibie se sent le mieux à l'aise. Être craint par deux partis et être en même temps l'objet des avances de chacun d'eux tout en sentant trembler dans sa propre main le fléau de la balance, c'est toujours pour cet intrigant passionné la volupté des voluptés. C'est le plus merveilleux de tous les jeux, – auquel ne sauraient se comparer quant à la tension celui du tapis vert ou celui d'Éros, – que ce jeu de quelques secondes où le monde court vers des décisions essentielles. Savoir dans ces instants-là qu'on peut accélérer les événements ou les entraver et, cependant, par le fait même qu'on le sait, se dominer ; bien que les mains brûlent d'intervenir, ne rien faire, se contenter de regarder avec la curiosité chatouillée, jouisseuse et presque vicieuse du psychologue, – cette volupté est la seule qui enflamme l'esprit froid de Fouché ; elle est la seule qui émeuve son sang triste, pauvre et presque aqueux. Seule cette sorte de plaisir, psychologiquement pervers et fait de passion intellectuelle, arrive à enivrer l'homme calme et sans nerfs qu'est Joseph Fouché. Dans de telles secondes chargées de nervosité, à la veille du coup décisif, une espèce de gaieté cruelle et cynique donne toujours des ailes à sa gravité chagrine. Comment la volupté intellectuelle se détendrait-elle autrement que sous forme de gaieté, de joie ironique, bonne ou mauvaise ? Et ainsi Fouché plaisante précisément quand les autres sont au plus fort du péril ; il plaisante, comme le juge d'instruction de Raskolnikov, de la manière la plus spirituelle et la plus diabolique, au moment précis où le coupable sent déjà passer sur sa nuque le frisson de l'épouvante. C'est dans ces secondes-là qu'il aime à mystifier les gens et, cette fois encore, à l'instant le plus dangereux, il arrange une gentille comédie, dont la scène est, en quelque sorte, placée sur un baril de poudre.

Quelques jours avant l'explosion du coup d'État (naturellement, il en connaît la date), il donne une petite réception. Bonaparte, Réal et les autres conjurés sont invités à cette soirée intime et, tout à coup, pendant qu'ils sont à table, ils remarquent que la liste est complète, que le ministre de la Police du Directoire a, dans sa maison, toute la camarilla qui conspire contre ce Directoire. Que signifie cela ? Bonaparte et les siens se regardent avec inquiétude. Y a-t-il déjà des gendarmes devant la porte, pour prendre d'un seul coup de filet tout ce nid de guêpes conjurées ? Quelqu'un d'entre eux se rappelle peut-être le fatal repas que Pierre le Grand donna aux Strelitz et où le bourreau servit leurs têtes comme dessert. Mais point de ces cruautés chez un Fouché ; au contraire, lorsque, à la surprise générale des conjurés, entre encore un dernier invité, qui (la plaisanterie est vraiment d'une invention diabolique) est précisément le président Gohier contre qui est dirigée leur conspiration, ils sont témoins d'un dialogue extraordinaire. Le président demande au ministre de la Police quels sont les événements nouveaux : « Oh ! toujours la même chose, répond Fouché, en levant nonchalamment ses paupières, sans fixer personne, toujours ces bruits de conspiration. Mais je sais ce que je dois en penser. S'il y en a véritablement une, nous en aurons bientôt la preuve sur la place de la Révolution. »

Cette délicate allusion à la guillotine frappe les conjurés effrayés, comme un coup de couteau dans le dos. Ils ne savent pas si Fouché plaisante avec eux, ou avec Gohier, s'il se moque d'eux, ou du président du Directoire. Ils ne le savent pas, et probablement Fouché lui-même ne le sait pas, car il n'a qu'une seule jouissance sur la terre : la joie de l'ambiguïté, l'attrait brûlant et l'émoustillant danger de la duplicité.

Après cette joyeuse plaisanterie, le ministre de la Police retombe, jusqu'à l'heure de l'explosion, dans sa singulière léthargie ; il reste aveugle et sourd, tandis que déjà la moitié du Sénat est achetée et que l'armée est gagnée à la cause de Bonaparte. Et, phénomène étrange, Joseph Fouché, qui est connu pour se lever de bonne heure, pour être le premier à son bureau, le 18 Brumaire, jour du coup d'État napoléonien, dort précisément d'un sommeil magnifique, admirable et profond comme un sommeil de mort. Il voudrait bien dormir toute la journée, mais deux émissaires du Directoire viennent du lit et annoncent au ministre stupéfait les événements singuliers qui se sont produits au Sénat, le rassemblement des troupes et le coup d'État qui est déjà manifeste. Joseph Fouché se frotte les yeux et montre une surprise conforme à son devoir (bien que, la veille encore, il ait conféré longuement avec Bonaparte). Mais maintenant, malheureusement, on ne peut plus dormir ou en avoir l'air. Le ministre de la Police est obligé de s'habiller et de se rendre au Directoire, où le président Gohier le reçoit avec brusquerie, sans lui laisser jouer plus longtemps la comédie de la surprise. « Vous aviez le devoir, lui dit-il impérieusement, de nous informer d'une telle conspiration, et il est certain que votre police aurait pu être renseignée sur elle. » Fouché encaisse tranquillement cette semonce et il demande des instructions, comme le plus fidèle des serviteurs. Mais Gohier refuse énergiquement d'en donner : si le Directoire a des ordres à faire exécuter, il en chargera ceux qui sont dignes de sa confiance. Fouché sourit intérieurement : ce fou ne sait même pas que son Directoire n'a depuis longtemps plus rien à ordonner, que deux des directeurs sur cinq sont déjà contre lui et que le troisième est vendu ! Mais à quoi bon instruire les fous ? il s'incline froidement et va rejoindre son poste. Où se trouve ce poste, à vrai dire, Fouché ne le sait pas encore exactement, – lui qui veut être ministre de la Police soit de l'ancien, soit du nouveau gouvernement, suivant la victoire de l'un ou de l'autre. Les vingt-quatre heures qui vont suivre décideront entre le Directoire et Bonaparte. À la vérité, la première journée s'annonce bien pour Bonaparte : le Sénat, fortement nanti de promesses et encore mieux pourvu d'argent, comble tous ses désirs, lui donne le commandement des troupes et transfère le lieu des séances de la Chambre basse, du Conseil des Cinq Cents, à Saint-Cloud, où il n'y a pas de bataillons d'ouvriers, d'opinion publique, de « peuple », mais seulement un beau parc que l'on peut fermer hermétiquement avec deux compagnies de grenadiers. Cependant, la partie n'est pas encore gagnée, car parmi ces cinq cents députés, il y a quelques douzaines de gaillards gênants, qui ne se laissent ni corrompre ni intimider, et peut-être même (qui sait ?) l'un d'eux défendra-t-il la République contre le prétendant au trône, à l'aide du poignard ou du pistolet. Il s'agit donc de retenir ses nerfs, de ne pas se laisser entraîner, d'une part, par des sympathies, d'autre part, par une bagatelle comme un serment de fidélité, de rester tranquille, d'attendre, d'être sur ses gardes, jusqu'à ce que les décisions soient prises.

Et Fouché maîtrise ses nerfs. À peine Bonaparte, à la tête de sa cavalerie, est-il parti pour Saint-Cloud, à peine les grands complices de la conjuration, Talleyrand, Sieyès et une douzaine d'autres l'ont-ils suivi dans des carrosses, que soudain, sur l'ordre du ministre de la Police, les barrières sont fermées tout autour de Paris. Personne ne peut quitter la ville, personne ne peut y entrer, à l'exception des messagers du ministre de la Police. Par conséquent, pas un des huit cent mille habitants de Paris ne peut savoir si le coup réussit ou échoue, sauf cet homme unique par sa force de résolution.

Toutes les demi-heures, un messager lui rapporte les événements du coup d'État, mais il ne prend encore aucune décision. Si Bonaparte triomphe, il va de soi que ce soir Fouché sera son ministre et serviteur fidèle ; s'il éprouve une défaite, Fouché restera le fidèle serviteur du Directoire, tout prêt à arrêter froidement le « rebelle ». Les nouvelles qu'il reçoit sont assez contradictoires, car, tandis que Fouché reste magnifiquement maître de ses nerfs, un plus grand que lui, Bonaparte, perd complètement le contrôle des siens : ce 18 Brumaire, qui lui donne l'autocratie en Europe, est peut-être, par un phénomène d'ironie, le jour le plus faible dans la vie de ce grand homme. Résolu en face des canons, Bonaparte est toujours troublé lorsqu'il doit gagner par la parole des hommes à sa cause ; depuis des années habitué à commander, il a désappris l'art de solliciter les gens. Il peut saisir un drapeau et s'élancer à la tête de ses grenadiers ; il peut détruire des armées ; mais ce soldat de fer est incapable d'intimider, du haut d'une tribune, quelques avocats républicains. On a souvent décrit cette scène dans laquelle le capitaine invincible, rendu nerveux par les protestations et les attaques des députés, bégaie des phrases niaises et creuses, comme « le Dieu des batailles est avec moi... » ; et il s'empêtre si lamentablement dans ce qu'il dit que ses amis doivent au plus vite le faire descendre de la tribune. Seules les baïonnettes de ses soldats sauvent le héros d'Arcole et de Rivoli d'une honteuse défaite devant quelques bruyants rhéteurs. Ce n'est que lorsqu'il est remonté à cheval, chef et dictateur, et qu'il ordonne à ses soldats de s'élancer et de faire évacuer la salle que, de nouveau, la force qui lui vient de son sabre afflue à son esprit ébranlé.

À sept heures du soir tout est réglé ; Bonaparte est Consul et seul maître de la France. S'il avait été vaincu ou repoussé par un vote, Fouché aurait aussitôt fait afficher sur tous les murs de Paris une pathétique proclamation disant : « Un vil complot est démasqué, etc. » Mais, puisque Bonaparte est vainqueur, il exploite immédiatement la victoire. Et ce n'est pas par Bonaparte, mais par M. le ministre de la Police Fouché que le lendemain Paris apprend la fin réelle de la République, le commencement de la dictature napoléonienne. « Le ministre de la Police annonce à ses concitoyens, est-il dit dans ce récit mensonger, que le conseil était rassemblé à Saint-Cloud pour délibérer sur les intérêts de la République, lorsque le général Bonaparte, venu au Conseil des Cinq Cents pour dévoiler les manœuvres révolutionnaires, a failli être assassiné. Mais le génie de la République a sauvé le général. Tous les républicains peuvent se tranquilliser… car désormais leurs désirs seront remplis… Les faibles peuvent se tranquilliser, ils sont avec les forts… Et seuls ont à craindre ceux qui fomentent des agitations, égarent l'opinion publique et préparent le désordre. Toutes les mesures sont prises pour les réduire à l'impuissance. »

Une fois de plus Fouché a, de la façon la plus heureuse, changé son manteau d'épaule suivant la direction du vent. Et son passage du côté du vainqueur s'accomplit si effrontément, si impudemment à la lumière du grand jour, que peu à peu, dans les milieux les plus étendus, on commence à le connaître. Quelques semaines après paraît sur un théâtre de faubourg parisien une plaisante comédie « La girouette de Saint-Cloud », comprise par tous, acclamée par tous et dans laquelle, sous des noms transparents, sa conduite, tournant à tous les vents et pourtant prudente, est parodiée de la manière la plus amusante. Naturellement, Fouché, comme préfet, aurait pu interdire un tel persiflage de sa personne ; mais, heureusement, il a assez d'esprit pour n'en rien faire. Il ne cache même pas son manque absolu de caractère ; au contraire, il affiche sa versatilité et son instabilité, parce que cela lui donne une auréole spéciale. On peut rire de lui, pourvu qu'on lui obéisse, pourvu qu'on le craigne.

Bonaparte est le vainqueur de la journée ; Fouché est son auxiliaire secret, par sa défection ; la véritable victime, c'est Barras, le maître du Directoire. Cette journée lui donne une leçon d'une portée historique sur ce qu'est l'ingratitude. En effet, ces deux hommes qui l'évincent d'un commun accord et qui le renvoient, comme un mendiant importun, avec un pourboire de quelques millions, étaient, pourtant, il y a deux ans ses créatures, ses obligés, tirés par lui du néant. Brave homme, d'esprit léger et jouisseur, laissant volontiers à chacun sa part, il a, au sens le plus vrai du mot, ramassé dans la rue ce petit officier d'artillerie au teint olivâtre, chassé de partout et presque proscrit, qu'était alors Napoléon Bonaparte, et il a cousu des galons de général sur ce manteau rapiécé et non encore payé ; il l'a, du jour au lendemain, fait commandant de Paris, en passant par-dessus la tête de tous les autres ; il lui a livré sa propre maîtresse ; il lui a rempli les poches d'argent ; il a obtenu pour lui le commandement supérieur de l'armée d'Italie et, par conséquent, lui a ouvert la route de l'immortalité. Quant à Fouché, c'est également Barras qui est allé le chercher dans sa crasseuse mansarde du cinquième étage, qui l'a sauvé, qui l'a empêché de mourir de faim alors que tous l'évitaient, et qui finalement l'a remis en selle remplissant d'or ses poches. Et voici que ces deux hommes, qui lui doivent la vie, s'unissent deux ans plus tard pour le jeter dans la boue d'où il les a sortis : l'histoire universelle, qui n'est nullement un code de morale, ne connaît guère d'exemple plus accusé d'ingratitude absolue que la conduite de Napoléon et de Fouché envers Barras, au 18 Brumaire.

Mais l'ingratitude de Napoléon à l'égard de son protecteur a, au moins, l'excuse du génie. Sa force lui donne des droits particuliers ; l'action de celui qui vise les étoiles peut, quand c'est nécessaire, ne pas tenir compte des humains ; elle peut ne pas s'embarrasser de ces contingences éphémères pour réaliser le sens profond, la loi invisible de l'histoire. L'ingratitude de Fouché, au contraire, n'est que celle, beaucoup plus fréquente, de l'amoraliste absolu, qui tout naïvement ne pense qu'à lui et à son propre avantage. Fouché peut, s'il le veut, oublier tout son passé d'une manière stupéfiante, avec une rapidité incroyable ; la suite de sa carrière donnera des preuves toujours plus étonnantes de cette maîtrise spéciale. Quinze jours plus tard, il expédie déjà lui-même à Barras, l'homme qui l'a sauvé de la guillotine sèche et de l'exil, l'ordre formel de s'exiler et il fait saisir tous ses papiers : il est probable qu'il y avait parmi ceux-ci ses propres lettres de quémandeur et ses rapports délateurs.

Barras, blessé à mort, serre les dents ; on les entend grincer encore aujourd'hui dans ses Mémoires, lorsqu'il cite les noms de Bonaparte et de Fouché. Une seule chose le console, c'est que Bonaparte prend Fouché avec lui. Il le pressent prophétiquement : l'un le vengera de l'autre. Ils ne seront pas longtemps amis.

D'abord, il faut le dire, dans les premiers mois de leur collaboration, le citoyen ministre de la Police se met de la façon la plus dévouée au service du citoyen consul. Car l'on emploie toujours à cette époque, pour les documents officiels, l'appellation de « citoyen » ; il suffit encore à l'ambition de Bonaparte d'être le premier citoyen d'une république. Ayant devant lui une tâche formidable qui dépasserait les forces de tout autre, il manifeste, pendant ces années-là, la plénitude et la multiplicité de son génie resplendissant de jeunesse ; jamais la figure de Bonaparte n'apparaîtra plus grandiose, plus créatrice et plus humaine qu'à cette époque de réorganisation. Traduire la Révolution en principes, conserver ses résultats, tout en modérant ses exagérations, terminer la guerre par la victoire et donner ensuite à cette victoire son véritable sens par une paix forte et loyale, telle est l'idée sublime que poursuit le héros, avec la clairvoyance d'un esprit qui pénètre tout, et avec l'énergie tenace et appliquée de quelqu'un qui travaille passionnément dix heures par jour. Ce ne sont pas les années célébrées sans cesse par la légende, qui, elle, ne considère comme prouesses que des attaques de cavalerie et comme réalisations que des pays conquis, ce ne sont pas Austerlitz, Eylau et Valladolid qui constituent les travaux d'Hercule de Napoléon Bonaparte, mais bien ces années pendant lesquelles il refait de la France bouleversée et déchirée par les partis un État puissant, ces années mémorables où les assignats sans valeur sont remplacés par une bonne monnaie, où le Code Napoléon soumet le Droit et les mœurs à des formes rigides et pourtant humaines, – ce sont les années pendant lesquelles ce puissant génie d'homme d'État assainit le pays avec une égale perfection dans tous les domaines de l'administration et pacifie l'Europe. Ces années-là, et non celles de guerre, sont sa période véritablement créatrice, et jamais ses ministres ne travailleront à ses côtés avec plus de loyauté, d'énergie et de fidélité que pendant cette époque. En Fouché lui-même Bonaparte trouve un serviteur parfait, entièrement d'accord avec lui pour terminer la guerre civile plutôt en négociant et en faisant montre d'indulgence que par des exécutions et des condamnations violentes. Quelques mois suffisent à Fouché pour rétablir dans le pays une paix complète ; il fait disparaître à la fois les derniers nids de terroristes et de royalistes, il débarrasse les rues des attaques à main armée et son énergie bureaucratique s'exerçant avec précision dans les plus petits détails se subordonne volontairement aux grands plans politiques de Bonaparte. Les œuvres importantes et fécondes unissent toujours les hommes : ici le serviteur a trouvé son maître et le maître a rencontré le serviteur qu'il lui fallait.

Chose étrange, on peut indiquer nettement le jour et l'heure où naquit la première méfiance de Bonaparte envers Fouché, bien que cet épisode soit resté caché aux yeux de presque tout le monde, parmi les innombrables événements de ces années surchargées ; seul le regard de faucon du psychologue Balzac, habitué à reconnaître la chose importante dans ce qui paraît insignifiant et la cause efficiente dans le « petit détail », a découvert ce moment-là (à vrai dire il l'a aussitôt quelque peu orné de fiction). La petite scène a lieu pendant la campagne d'Italie, qui doit décider entre l'Autriche et la France. Le 20 janvier 1800, les ministres sont réunis à Paris, avec les conseillers ayant voix délibérative, dans un singulier état d'esprit. Un messager est arrivé du champ de bataille de Marengo avec de mauvaises nouvelles ; il a annoncé que Bonaparte était battu à plate couture et l'armée française en pleine retraite. Chacun des membres de cette assemblée pense aussitôt en lui-même la même chose : il est impossible de conserver comme Premier Consul un général battu ; tous pensent immédiatement à un successeur. On n'a jamais su avec quelle netteté certains d'entre eux ont pu exprimer cette nécessité, mais il est incontestable que les préparatifs d'un changement de pouvoir ont été discutés tout bas et les frères de Napoléon l'ont remarqué. Sans doute est-ce Carnot qui s'est avancé le plus loin, en voulant rétablir aussitôt l'ancien Comité de Salut public ; et vraisemblablement, d'après son caractère, Fouché, au lieu de soutenir fidèlement le Consul que l'on prétendait vaincu, est resté prudemment muet, afin de ne pas se compromettre aussi bien à l'égard de l'ancien maître qu'à l'égard du nouveau. Mais dès le lendemain arrive une seconde estafette ; elle annonce exactement le contraire, l'éclatante victoire de Marengo : à la dernière heure, le général Desaix, avec le génie de l'intuition militaire, est venu au secours de Bonaparte et a transformé la défaite en triomphe. Le Premier Consul Bonaparte revient quelques jours après, cent fois plus fort qu'à son départ, tout à fait assuré maintenant du pouvoir. Incontestablement, il apprend vite que tous ses ministres et familiers l'ont jeté par-dessus bord, dès la première nouvelle d'une défaite, et Carnot, qui s'est, lui, trop avancé, est la première victime : il perd son ministère. Les autres, y compris Fouché, gardent leurs postes : on ne peut pas plus prouver d'ailleurs l'infidélité de cet homme si prudent que sa fidélité. Il ne s'est pas compromis, mais il n'a pas non plus fait preuve de mérite ; ce qui revient à dire qu'il s'est montré une fois de plus ce qu'il a toujours été : digne de confiance dans la fortune, mais non dans le malheur. Bonaparte ne le congédie pas, il ne le blâme pas, il ne le punit pas. Mais depuis ce jour-là il ne se fie plus à lui.

Ce petit épisode, presque entièrement caché dans l'ombre de l'histoire, est gros de conséquences psychologiques. Il montre avec une extrême netteté qu'un gouvernement fondé uniquement sur le sabre et la victoire tombe toujours à la première défaite, et qu'un souverain à qui manque la légitimité naturelle du sang et des ancêtres est obligé de s'en créer rapidement une autre. Bonaparte lui-même, dans la conscience de sa force, animé de cet optimisme inflexible que les natures géniales possèdent toujours dans leur ascension, peut bien être enclin à oublier un tel avertissement donné tout bas, mais ses frères n'oublient pas. Car (c'est une chose omise trop souvent dans tous les récits) Napoléon n'est pas venu en France tout seul, mais bien entouré d'un clan familial affamé et avide de pouvoir.

D'abord il aurait suffi à la mère et aux quatre frères sans emploi que leur démarcheur, leur Napoléon, épousât une fille de riche fabricant, pour procurer à ses sœurs quelques toilettes. Mais maintenant qu'il a atteint à une puissance si haute et si inattendue, tous s'accrochent à lui, afin que la famille entière profite de son élévation ; ils veulent, eux aussi, avoir leur part de splendeur ; ils veulent faire de toute la France et plus tard du monde entier un fidéicommis de la famille Bonaparte ; et leur grossière avidité, insatiable, sans décence, et que n'excuse aucune lueur de génie, presse constamment et vigoureusement leur frère pour qu'il transforme son pouvoir, dépendant de la faveur populaire, en un pouvoir indépendant et durable, en une souveraineté héréditaire. Ils exigent qu'il fonde pour eux tous une dynastie, qu'il devienne roi ou empereur ; ils veulent qu'il répudie Joséphine, pour épouser une princesse badoise ; aucun n'ose encore penser à la sœur du tsar ou à une fille des Habsbourg ! Et, par leurs intrigues perpétuelles, ils l'écartent de plus en plus de ses anciens compagnons, de la république, pour le pousser vers la réaction, et de la liberté, pour le pousser vers le despotisme.

En face de ce clan antipathique, insatiable et toujours remuant, Joséphine, la femme du Consul, est seule et bien désemparée. Elle sait que chaque pas vers la hauteur, vers l'autocratie, éloigne d'elle Bonaparte, parce qu'elle ne peut pas donner au roi, ou à l'empereur, ce que l'idée dynastique exige comme premier et unique devoir : l'héritier du trône, et par là, la stabilité du pouvoir. Elle n'a pour elle (toujours accablée de dettes, sans argent à distribuer) que très peu de conseillers de Bonaparte, et Fouché en est actuellement le plus fidèle. Il observe depuis déjà longtemps, avec méfiance, la façon extraordinaire dont l'ambition de Bonaparte croît avec ses succès extraordinaires, la façon dont sans cesse il élimine, et veut qu'on poursuive, comme anarchiste et terroriste, tout esprit sincèrement républicain. Il voit, de son œil aigu et défiant, que, pour employer le mot de Victor Hugo, « déjà Napoléon perce sous Bonaparte », que l'empereur apparaît redoutable derrière le général, et le César sous le citoyen. Or, lui-même, enchaîné à la république à la vie et à la mort par son vote contre le roi, a tout intérêt au maintien de la république et d'une forme d'État républicaine. C'est pourquoi il craint tout ce qui est monarchique ; c'est pourquoi il combat secrètement et publiquement aux côtés de Joséphine.

Cela, le clan ne le lui pardonne pas, et, avec une haine corse, épie chacun des pas de Fouché, pour jeter aussitôt dans le fossé, dès le premier manquement, l'incommode personnage qui gêne ses affaires.

Il attend longtemps et impatiemment. Soudain se présente une occasion de donner à Fouché un croc-en-jambe. Le 24 décembre 1800, Bonaparte se rend à l'Opéra pour assister à la première représentation à Paris de *La Création,* de Haydn ; voici que dans l'étroite rue Nicaise jaillit, juste derrière sa voiture, un geyser de projectiles, de poudre et de balles hachées menu ; la violence de l'explosion est telle que des débris volent au-dessus des maisons : c'est un attentat, c'est la fameuse machine infernale. Seule la vitesse folle de son cocher, soi-disant ivre, a sauvé le Premier Consul ; mais quarante personnes ensanglantées sont étendues dans la rue, et la voiture, soulevée par le déplacement d'air, s'est cabrée comme un cheval blessé. Pâle, avec un visage de marbre, Bonaparte poursuit sa route jusqu'à l'Opéra, afin de montrer son sang-froid au public enthousiaste. D'un air calme et assuré, tandis que près de lui Joséphine, secouée par une crise de nerfs, est impuissante à cacher ses larmes, il écoute les tendres mélodies du père Haydn, et il remercie le public, avec une tranquillité forcée, de ses bruyantes acclamations.

Cependant les ministres et les conseillers d'État s'aperçoivent dès le retour de l'Opéra combien ce sang-froid n'était qu'une comédie, bonne pour la rampe. C'est surtout contre Fouché que se décharge la colère de Bonaparte ; comme un furieux, il s'attaque à cet homme blême et immobile : oui, lui, ministre de la Police, aurait dû, depuis longtemps découvrir un tel complot, mais il ménage avec une indulgence criminelle ses amis, ses anciens complices, les Jacobins. Fouché exprime tranquillement l'opinion contraire, en disant que jusqu'alors il n'est nullement démontré que cet attentat ait pour auteurs des Jacobins et que, personnellement, il est convaincu que des conspirateurs royalistes et l'argent anglais jouent ici le principal rôle. Mais le calme de cette réponse irrite encore davantage le Premier Consul :

« *Ce sont les Jacobins, les terroristes, ces brigands en révolte permanente, qui se dressent en masse serrée contre tous les gouvernements. Ce sont les mêmes scélérats qui, pour me tuer, n'hésitent pas à faire périr des milliers de gens. Mais j'exercerai sur eux une justice que l'on verra de loin.* »

Fouché ose une seconde fois exprimer son doute. Alors le Corse au sang brûlant se livre presque à des voies de fait sur le ministre, au point que Joséphine est obligée d'intervenir et de prendre son époux par le bras pour l'apaiser. Bonaparte se dégage et, dans un flux de paroles, il reproche à Fouché tous les assassinats et tous les crimes des Jacobins, les journées de septembre à Paris, les noces républicaines à Nantes, le massacre des prisonniers de Versailles, allusion très nette au mitrailleur de Lyon, montrant qu'il se rappelle très bien aussi le passé de Fouché. Mais plus Bonaparte crie et plus est obstiné le silence de Fouché. Aucun muscle ne bouge sur son masque d'airain, tandis que les accusations s'accumulent, tandis que les frères de Napoléon et les courtisans tournent des regards ironiques vers le ministre de la Police, qui a enfin donné prise sur lui. Froid comme la pierre, il repousse toutes les suspicions ; froid comme la pierre, il quitte les Tuileries.

Sa chute paraît inévitable, car Napoléon reste sourd à toute intercession de Joséphine en faveur de Fouché. « N'a-t-il pas été un de leurs chefs ? Ne sais-je pas ce qu'il a fait à Lyon et dans la Loire ? Eh bien ! c'est la Loire et Lyon qui m'expliquent la conduite de Fouché », s'écrie-t-il avec irritation. Déjà on cherche à deviner quel sera le nouveau ministre de la Police, déjà les courtisans commencent à tourner le dos au ministre tombé en disgrâce, déjà Joseph Fouché semble (comme si souvent !) définitivement abattu.

Les jours suivants, la situation ne s'améliore pas. Bonaparte ne démord pas de son idée que ce sont les Jacobins qui ont organisé cet attentat ; il exige des mesures, des châtiments sévères. Et quand Fouché insinue devant lui et devant d'autres qu'il poursuit une autre piste, il est traité avec mépris et raillerie. Tous les imbéciles rient et se moquent de ce nigaud de ministre de la Police qui ne veut pas reconnaître un fait patent. Ses ennemis triomphent parce qu'il persiste avec entêtement dans son erreur.

Fouché ne répond à personne. Il ne discute pas, il se tait. Il se tait pendant quinze jours ; il se tait et il obéit sans répliquer, même lorsqu'on lui ordonne d'établir une liste de cent trente révolutionnaires et anciens Jacobins destinés à être envoyés à la Guyane, c'est-à-dire à la « guillotine sèche ». Sans sourciller, il exécute ce décret, faisant leur procès aux derniers Montagnards, aux disciples de son ami Babeuf, à Topino et Arena, qui n'ont commis d'autre crime que d'avoir dit publiquement que Napoléon avait volé en Italie quelques millions, afin d'acquérir un trône d'autocrate. Malgré sa conviction, il regarde en silence déporter les uns et exécuter les autres ; il se tait, comme un prêtre qui, lié par le secret de la confession, assiste les lèvres closes à la condamnation de l'innocent. Car depuis longtemps déjà Fouché est sur la bonne piste et, tandis que les autres le raillent, tandis que Bonaparte lui-même lui reproche chaque jour avec ironie un fol entêtement, s'accumulent dans son inaccessible cabinet des preuves concluantes montrant qu'en fait l'attentat a été préparé par les Chouans, par le parti royaliste. Et, tandis qu'au Conseil d'État et dans les antichambres des Tuileries il affecte une indifférence nonchalante pour tous les reproches qu'on lui adresse, dans le secret de son bureau il travaille fiévreusement, avec ses meilleurs agents. On répand en masse des primes en argent ; tous les espions et détectives de France sont alertés ; tout Paris est appelé en témoignage. Déjà la jument mise en pièces, et attelée devant la machine infernale, est identifiée et son ancien propriétaire reconnu ; déjà on possède la description exacte de ceux qui l'ont achetée ; déjà, grâce à cette « biographie chouannique » magistralement établie (ce lexique inventé par Fouché contenant l'état signalétique de tous les émigrés royalistes, de tous les « Chouans »), les noms des auteurs de l'attentat sont connus, – et Fouché se tait toujours. Il se laisse héroïquement railler et il laisse triompher ses ennemis. Les derniers fils se nouent enfin plus étroitement en un réseau indéchirable ; encore quelques jours et l'araignée venimeuse sera prise. Encore quelques jours ! Car Fouché, excité dans son ambition et humilié dans sa fierté, ne veut pas de victoire petite ou moyenne sur Bonaparte et sur tous ceux qui lui reprochent d'être mal renseigné ; lui aussi veut un Marengo, un triomphe décisif et écrasant.

Soudain, au bout de quinze jours, il démasque ses batteries. Le complot est entièrement découvert, toutes les traces sont nettement mises au jour. Comme Fouché l'avait prédit, le plus redouté de tous les Chouans, Cadoudal, était le chef du complot ; et des royalistes jurés, soudoyés par de l'argent anglais, étaient ses auxiliaires. Cette nouvelle tombe sur ses ennemis comme un coup de foudre. Car, ils s'en aperçoivent, on a condamné avec iniquité cent trente personnes ; on a raillé trop tôt, avec trop d'insolence, un homme impénétrable ; l'infaillible ministre de la Police se dresse maintenant devant le public, plus fort, plus estimé et plus redouté que jamais. Avec un mélange de colère et d'admiration, Bonaparte regarde ce calculateur de fer, qui, une fois de plus, avec sa froide raison, a vu juste. Malgré lui, il est obligé d'avouer : « Fouché a mieux jugé que beaucoup d'autres. Il a raison, il faut avoir l'œil sur les émigrés rentrés en France, sur les Chouans et tous les gens de ce parti. » Mais, dans cette affaire, Fouché ne gagne auprès de Bonaparte que la considération et non pas l'amour. Les autocrates ne sont jamais reconnaissants envers un homme qui attire leur attention sur une faute ou une injustice commise par eux ; elle reste éternelle l'histoire de ce soldat de Plutarque qui a sauvé, dans la bataille, la vie du roi et qui, au lieu de s'enfuir aussitôt, comme un sage le lui a conseillé, espère que le roi lui en saura gré, et y laisse sa tête. Les rois n'aiment pas ceux qui les ont vus au moment de leur faiblesse et les natures despotiques n'aiment pas davantage les conseillers, lorsque ceux-ci se sont montrés, ne fût-ce qu'une seule fois, plus intelligents qu'elles.

Dans un cercle aussi étroit que celui de la police, Fouché a donc remporté le plus grand des triomphes. Mais comme ce triomphe est petit par rapport à ceux de Bonaparte dans les deux dernières années du Consulat ! Le dictateur a couronné une série de victoires par la plus belle de toutes, par la paix définitive avec l'Angleterre, par le Concordat avec l'Église : les deux plus grandes puissances de l'univers, grâce à son énergie, à sa supériorité méthodique et créatrice, ne sont plus les ennemies de la France. Le pays est pacifié, les finances sont en ordre, les luttes intestines sont terminées et les oppositions apaisées : la richesse recommence à s'épanouir, l'industrie se développe de nouveau, les arts s'animent, un âge pareil à celui d'Auguste pointe à l'horizon, et l'heure n'est plus éloignée où Auguste aura le droit de s'appeler César. Fouché, qui connaît chaque nerf et chaque pensée de Bonaparte, remarque avec justesse à quoi tend l'ambition du Corse : le premier poste de la république ne lui suffit plus, mais il veut que ce pays qu'il a sauvé lui appartienne, à lui et à sa famille, sa vie durant et pour l'éternité. Il est vrai qu'en public le Consul de la république n'exprime jamais une ambition si peu républicaine, mais, secrètement, il fait comprendre à ses familiers que le Sénat pourrait bien lui exprimer sa gratitude par un acte spécial de confiance, par un « témoignage éclatant ». Au plus profond de son cœur il soupire après un Marc Antoine, après un serviteur fidèle et sûr qui réclamerait pour lui la couronne impériale ; et, Fouché, lui si astucieux et si souple, pourrait maintenant s'assurer sa reconnaissance pour toujours.

Mais Fouché se refuse à jouer ce rôle, ou plutôt il ne s'y refuse pas ouvertement. Mais, dans l'obscurité, avec une complaisance apparente, il cherche à contrecarrer ces desseins. Il est contre les frères de Napoléon, contre le clan des Bonaparte, il est du parti de Joséphine, qui tremble d'inquiétude et d'anxiété devant ce dernier pas de son époux vers la monarchie, car, elle le sait, s'il en est ainsi, elle ne restera plus longtemps l'épouse. Fouché lui déconseille la résistance ouverte : « Tenez-vous tranquille, lui dit-il. Vous gênez inutilement la route de votre mari. Vos soucis l'ennuient, mes conseils le blesseraient. » Il essaie donc plutôt, fidèle à sa méthode, de faire échouer par des manœuvres souterraines ces ambitieux désirs, et alors que Bonaparte, par une fausse modestie, n'ose parler ouvertement, et que, d'autre part, le Sénat veut lui voter un « témoignage éclatant », Fouché est de ceux qui murmurent aux sénateurs que le grand homme, en loyal républicain, ne désire qu'une chose : voir prolonger pour dix ans ses fonctions de Premier Consul. Les sénateurs, croyant ainsi honorer Bonaparte et lui faire plaisir, prennent solennellement cette décision. Mais Bonaparte, perçant cette intrigue et reconnaissant ceux qui en ont tiré les ficelles, écume de rage lorsqu'on lui apporte ce cadeau misérable, et qui est si loin de ce qu'il désire. Il congédie les envoyés avec de froides paroles. Lorsqu'on sent déjà l'or d'une couronne impériale rafraîchir ses tempes, dix misérables années de prolongation de fonctions sont une noix vide que l'on écrase du pied dédaigneusement.

Alors Bonaparte rejette enfin le masque de la modestie. Il fait connaître nettement et distinctement ce qu'il veut : le Consulat à vie. Et sous le voile léger de ses paroles luit déjà, visible pour tout esprit clairvoyant, la future couronne impériale. Or, Bonaparte est, à cette époque, devenu si puissant que, par des millions de voix de majorité, le peuple fait une loi de son désir et le choisit pour souverain à vie – du moins tout le monde le pense comme lui-même. La

République est finie, la monarchie commence.

La séquelle des frères et des sœurs de Napoléon, le clan familial corse ne pardonnera jamais à Joseph Fouché d'avoir mis de tels bâtons dans les roues de l'impatient prétendant à la couronne, afin de l'empêcher de réaliser son désir essentiel. Aussi insistent-ils impatiemment auprès de Bonaparte : pourquoi, maintenant qu'il est bien en selle, conserver encore le fâcheux qui lui a tenu l'étrier ? Pourquoi, puisque le pays s'est prononcé à l'unanimité pour le Consulat à vie, puisque les différends sont heureusement résolus et les dissensions éliminées, pourquoi garder encore un surveillant zélé à l'excès, qui contrôle, en même temps que le pays, leurs propres menées obscures ? Il faut donc se débarrasser de lui, l'évincer, enlever sa fonction à cet éternel intrigant et faiseur de difficultés. Continuellement, avec ténacité et persévérance, ils insistent auprès de leur frère encore indécis.

Au fond Bonaparte est de leur avis. Lui aussi est gêné par cet homme qui en sait trop et qui veut en savoir toujours davantage, par cette ombre rampante et grise qu'il traîne derrière sa lumière. Mais il faudrait un prétexte pour renvoyer précisément le ministre qui s'est si spécialement distingué et qui jouit dans le pays d'une estime illimitée. Et puis cet homme est devenu fort avec Napoléon : il vaut mieux donc ne pas faire de lui un adversaire déclaré. Il connaît tous les secrets, il est d'une façon inquiétante au courant de tous les agissements intimes, – qui ne sont pas très propres, – du clan corse ; c'est pourquoi il ne convient pas de le brusquer et de l'offenser. Aussi invente-t-on un moyen adroit et plein de ménagement qui fait qu'aux yeux du monde le départ de Fouché ne paraîtra pas une disgrâce : en effet, on ne renvoie pas le ministre Joseph Fouché, mais on déclare qu'il a si parfaitement et si magistralement exercé ses fonctions que, désormais, un organe de surveillance des citoyens, un ministère de la Police est devenu complètement inutile. Par conséquent, on ne congédie pas le ministre, mais on supprime sa fonction, le ministère, et par là on se débarrasse de lui d'une manière déguisée.

Afin d'épargner à cet homme sensible la rudesse du coup par lequel on le met à la porte, l'acte de congédiement est soigneusement enveloppé de ouate. Il est dédommagé de la perte de ses fonctions par un siège au Sénat et dans une lettre par laquelle Bonaparte annonce cette nomination, il est dit littéralement :

« Le citoyen Fouché, ministre de la Police dans des circonstances difficiles, a répondu par ses talents et par son activité, par son attachement au gouvernement, à tout ce que les circonstances exigeaient de lui. Placé dans le sein du Sénat, si d'autres circonstances demandaient encore un ministre de la Police, le gouvernement n'en trouverait point qui fût plus digne de sa confiance. »

En outre, Bonaparte, qui a remarqué combien le communiste de jadis est réconcilié avec son ancien ennemi, l'argent, lui fait un magnifique pont d'or, pour entrer dans la retraite. Lorsque le ministre, au moment de la reddition des comptes, lui remet deux millions quatre cent mille francs, comme solde du trésor disponible de la Police, Bonaparte lui en donne carrément la moitié, c'est-à-dire un million deux cent mille francs. Qui plus est, l'ex-contempteur de l'argent, qui, il y a à peine dix ans, tempêtait furieusement contre le « métal vil et corrupteur », reçoit, avec son titre de sénateur, la sénatorerie d'Aix, une petite principauté, qui va de Marseille à Toulon et dont la valeur est évaluée à dix millions de francs. Bonaparte le connaît ; il sait que Fouché a les mains remuantes d'un intrigant qui aime le jeu ; comme on ne peut pas les lui lier, on se contente de les charger d'or. C'est pourquoi rarement au cours de l'histoire un ministre a été congédié avec plus d'honneurs et surtout avec plus de prudence que Joseph Fouché.

V

MINISTRE DE L'EMPEREUR

1 8 0 4 - 1 8 1 1

En 1802, Joseph Fouché, ou plutôt Son Excellence le Sénateur Joseph Fouché, sur le désir doucement catégorique du Premier Consul, se retire dans la vie privée, d'où il était sorti il y a dix ans. Incroyable période, tueuse d'hommes et lourde de destins, l'univers s'y transforme au sein du péril ; mais Joseph Fouché sait bien utiliser ce temps-là. Il ne se réfugie pas, comme en 1794, dans une mansarde misérable et sans feu ; tout au contraire, il achète une belle maison, bien installée, dans la rue Cerutti, laquelle pourrait bien avoir appartenu autrefois à l'un de ces « vils aristocrates » ou de ces « riches infâmes ». À Ferrières, la future résidence des Rothschild, il aménage le plus magnifique des séjours d'été, et sa principauté de Provence, la sénatorerie d'Aix, lui envoie régulièrement de bons revenus. D'autre part, il pratique en maître le noble art de l'alchimie qui consiste à tirer de l'or de toute chose. Ses protégés du monde de la Bourse l'intéressent à leurs affaires ; il étend avantageusement ses biens fonciers. Quelques années encore, et l'homme du premier manifeste communiste sera quant à la fortune le deuxième citoyen de France et le plus grand propriétaire foncier du pays. Le tigre de Lyon est devenu un parfait accapareur, un capitaliste habile et économe, un maître usurier.

Mais cette richesse fantastique du parvenu politique ne change rien à la sobriété qui est en lui et qu'il a constamment pratiquée dans la discipline du cloître. Avec ses quinze millions, Joseph Fouché, personnellement, ne vit guère autrement que lorsqu'il avait beaucoup de peine à se procurer les quinze sous quotidiens qu'il lui fallait dans sa mansarde ; il ne fume pas, il ne boit pas, il ne joue pas, il ne dépense pas d'argent, ni avec les femmes ni pour satisfaire des vanités. Tout comme un brave hobereau de campagne, il va se promener tranquillement dans ses prairies avec ses enfants (il en a eu trois autres, les deux premiers étant morts de privations) ; il donne, à l'occasion, de petites réceptions ; il écoute les amis de sa femme faire de la musique ; il lit des livres et il prend plaisir à d'intelligentes conversations : sa passion démoniaque du jeu de hasard qu'est la politique, des émotions et du péril de l'art de gouverner, se cache, profonde et invisible, dans les replis les plus secrets de ce bourgeois positif et osseux. Ses voisins n'en aperçoivent rien du tout ; ils ne voient que le bon administrateur de ses propriétés, l'excellent père de famille, le tendre époux. Et aucun de ceux qui ne l'ont pas connu dans ses fonctions officielles ne se doute qu'il éprouve le désir passionné, et refoulé toujours plus impatiemment derrière un mutisme enjoué, de reparaître au premier rang et de se mêler aux affaires publiques.

Car le pouvoir est comme la tête de Méduse : celui qui en a vu la figure ne peut plus en détourner son regard, reste fasciné et charmé. Celui qui, une fois, a goûté l'ivresse de la domination et du commandement ne peut plus s'en passer. Qu'on cherche dans l'histoire universelle des exemples de renoncement volontaire : en dehors de Sylla et de Charles Quint, on en trouve à peine dix, parmi des milliers et des dizaines de milliers, qui, le cœur rassasié et l'esprit apaisé, aient pu renoncer à la volupté presque sacrilège de diriger les destins de millions d'hommes. Pas plus qu'un joueur ne peut quitter le jeu, un buveur la boisson et un braconnier la chasse, Joseph Fouché ne peut se passer de la politique. Le repos le tourmente et, tandis que d'un air serein, avec une indifférence bien jouée, il mime le rôle de Cincinnatus à sa charrue, les doigts lui brûlent déjà et les nerfs lui démangent de reprendre le jeu de cartes de la politique. Bien que n'étant plus en service, il continue bénévolement à faire le policier et, pour exercer sa plume, pour ne pas se laisser complètement oublier, il envoie, toutes les semaines, au Premier Consul des informations secrètes ; cela l'amuse, cela occupe son esprit d'intrigant, sans toutefois le satisfaire véritablement ; et sa façon apparente de se tenir à l'écart n'est qu'une attente fiévreuse en vue de reprendre enfin les rênes et de sentir de nouveau sa puissance sur les hommes, et sur les destinées de l'univers, – cette chose divine, la puissance !

Bonaparte remarque, à beaucoup d'indices, l'impatience croissante de Fouché, mais il ne daigne pas en tenir compte. Tant qu'il pourra tenir loin de lui ce gaillard d'une intelligence et d'une force de travail inquiétantes, il le laissera dans l'obscurité ; dès qu'on a commencé à connaître la force de volonté de cet homme souterrain, on ne le prend à son service que si l'on en a absolument besoin et pour le travail le plus dangereux. Le Premier Consul lui fait toute espèce d'amabilités, l'emploie dans toute sorte d'affaires, le remercie de ses bons renseignements, l'invite de temps en temps au Conseil des ministres et surtout lui laisse gagner de l'argent, le laisse s'enrichir, pour qu'il se tienne tranquille. Mais il y a une chose à laquelle il se refuse obstinément, tant que c'est possible ; c'est de lui redonner ses fonctions, de rétablir le ministère de la Police. Tant que Bonaparte est fort, tant qu'il ne commet pas de fautes, il n'a pas besoin d'un serviteur si inquiétant et trop habile.

Mais, par bonheur pour Fouché, Bonaparte commet des fautes. Avant tout, la faute historique et impardonnable de ne plus se contenter d'être Bonaparte, de désirer, en dehors de l'assurance qu'il trouve en lui-même et en dehors du triomphe de sa personnalité unique, le fade éclat de légitimité, le faste d'un titre. Celui qui, grâce à sa puissance, à son individualité d'une force sans pareille, n'aurait personne à craindre, a peur des ombres du passé, de l'auréole impuissante des Bourbons exilés. Et c'est ainsi qu'il se laisse aller, sur les conseils désastreux de Talleyrand, à faire enlever par des gendarmes sur un territoire neutre, en violant le droit des gens, le duc d'Enghien, et à le faire fusiller, acte au sujet duquel Fouché a dit le mot célèbre : « C'est plus qu'un crime, c'est une faute. » Cette exécution crée autour de Bonaparte un vide, fait de crainte et d'effroi, d'hostilité et de haine. Et bientôt il lui paraîtra opportun de se replacer sous la protection de l'Argus aux cent yeux, sous la garde de la police.

Et puis, et cela surtout en 1804, le Consul Bonaparte a besoin, une fois de plus, d'un auxiliaire adroit et sans scrupules pour son ascension suprême. Il a besoin de nouveau de quelqu'un qui lui tienne l'étrier. Ce qui, il y a deux ans, lui paraissait encore la plus haute satisfaction de son ambition, le Consulat à vie, ne semble déjà plus suffisant à cet homme porté par toutes les ailes du succès. Il ne veut plus être simplement le premier des citoyens, mais bien seigneur et maître parmi des sujets ; il désire rafraîchir son front brûlant par le cercle d'or d'une couronne impériale. Or qui veut devenir César a besoin d'un Antoine et, bien que Fouché ait pendant longtemps joué le rôle de Brutus (et autrefois même celui de Catilina) affamé par deux années de jeûne politique, il est tout disposé à pêcher cette couronne impériale dans le marais qu'est devenu le Sénat. L'argent et les promesses servent d'appât à l'hameçon et ainsi le monde assiste à cet étrange spectacle de l'ancien président du Club des Jacobins, devenu Excellence, échangeant dans les couloirs du Sénat des poignées de main suspectes, insistant et chuchotant tant et si bien qu'à la fin quelques byzantins complaisants déposent la résolution de créer « des institutions qui détruisent l'espérance des conspirateurs, en assurant l'existence du gouvernement au-delà de la vie de son chef ». Si l'on fait abstraction de l'emphase de cette formule, on y trouve essentiellement l'intention de faire de Bonaparte, consul à vie, l'empereur héréditaire que va être Napoléon. Et c'est probablement de la plume de Fouché (qui écrit aussi bien avec de l'huile qu'avec du sang) qu'émane cette pétition, d'une incroyable servilité, par laquelle le Sénat invite Bonaparte « à achever son œuvre en lui donnant une forme immortelle ». Peu de gens ont plus gaillardement travaillé à enterrer définitivement la République que Joseph Fouché, de Nantes, ex-député à la Convention, ex-président du Club des Jacobins, mitrailleur de Lyon, autrefois ennemi des tyrans et le plus républicain des républicains.

La récompense ne se fait pas attendre. De même qu'autrefois le citoyen Fouché avait été démis de son poste par le citoyen Consul Bonaparte, de même aujourd'hui, en 1804, après deux années d'exil doré, Son Excellence M. le Sénateur Fouché est renommé ministre par Sa Majesté l'Empereur Napoléon. Pour la cinquième fois, Joseph Fouché prête serment de fidélité : la première fois, c'était encore au gouvernement royal, la deuxième à la République, la troisième au Directoire, la quatrième au Consulat. Mais Fouché n'a que quarante-cinq ans : que de temps ne lui reste-t-il pas pour de nouveaux serments, de nouvelles fidélités et infidélités ! Et, avec des forces fraîches, il se relance dans le vieil élément battu par le vent et les vagues, qu'il aime tant, – obligé par serment de servir le nouvel empereur et, cependant, n'obéissant qu'à sa propre et troublante passion.

Pendant dix ans ces deux personnages, Napoléon et Fouché, vont se trouver en face l'un de l'autre, sur la scène (ou plutôt dans la coulisse) de l'histoire universelle, fatidiquement liés l'un à l'autre, malgré une clairvoyante opposition réciproque. Napoléon n'aime pas Fouché et Fouché n'aime pas Napoléon : pleins d'une antipathie secrète, ils se servent l'un de l'autre, uniquement attachés par l'attraction des pôles contraires. Fouché connaît exactement le caractère démoniaque, grandiose et dangereux de Napoléon ; il sait qu'il faudra des dizaines d'années avant que l'univers ne produise un génie aussi grand, aussi digne d'être servi. De son côté, Napoléon sait qu'il n'est jamais mieux compris que par cet œil d'espion, positif, clair, aux limpides reflets, que par ce laborieux talent politique, qu'on peut employer à tout, aux meilleures besognes comme aux pires, auquel il ne manque, pour être un serviteur parfait, que l'absolu de l'attachement, la fidélité.

Car Fouché n'est jamais le serviteur de personne et encore moins le laquais. Jamais il ne sacrifie entièrement à une chose étrangère son indépendance d'esprit, sa volonté propre. Au contraire, plus les anciens républicains, déguisés en nouvelle noblesse, subissent le prestige de l'Imperator, plus, de conseillers qu'ils devraient être, ils deviennent des flatteurs et des adulateurs, et plus l'échine de Fouché se redresse et se raidit. Il est vrai qu'on ne peut plus contredire ouvertement, par une opinion franchement opposée, l'Empereur, de plus en plus césarien et voulant toujours avoir raison, car depuis longtemps, au palais des Tuileries, la camaraderie sincère, la liberté de parole de citoyen à citoyen n'existent plus ; l'empereur Napoléon, qui ne se fait plus appeler que « Sire » par ses anciens camarades de guerre, et même (comme ils ont dû en sourire !) par ses propres frères, et qui ne permet plus à un seul être humain de le tutoyer, en dehors de sa femme, ne désire pas être conseillé par ses ministres. Ce n'est plus comme autrefois, c'est-à-dire en jabot sans raideur, avec un col ample et une démarche sans contrainte, le citoyen ministre Fouché qui va trouver le citoyen Consul Bonaparte ; c'est maintenant le ministre Joseph Fouché, avec un col brodé d'or, roide, et haut autour du cou, ficelé dans le pompeux uniforme de cour, avec des bas de soie noire et des chaussures étincelantes de reflets, constellé de décorations, le chapeau à la main, qui va, pour ainsi dire en audience, auprès de l'empereur Napoléon : « Monsieur » Fouché est obligé, tout d'abord, de s'incliner respectueusement devant son ancien camarade et complice, avant de pouvoir l'appeler « Votre Majesté ». Il lui faut s'incliner en arrivant et s'incliner en partant ; il lui faut recevoir sans réplique les ordres donnés avec brusquerie au lieu de se livrer à des entretiens intimes. Il n'y a pas à résister à l'opinion du plus impétueux de tous les esprits volontaires.

Du moins ouvertement. Fouché connaît trop bien Napoléon pour essayer, lorsque leurs idées sont opposées, de lui faire partager les siennes. Il se laisse commander et il accepte les ordres, comme tous les autres flatteurs et serviles ministres de l'époque impériale, – seulement avec cette petite différence qu'il n'obéit pas toujours. S'il est chargé de procéder à des arrestations qu'il n'approuve pas, il sait au préalable avertir doucement les intéressés, ou bien, s'il est obligé de punir, il souligne partout le fait que cela a lieu expressément sur l'ordre de l'empereur, et non pas d'après son désir. Au contraire, il présente les complaisances et les actes d'amabilité comme des faveurs venant de lui-même. Plus Napoléon devient autoritaire (et, en fait, il est étonnant de voir combien son tempérament, qui dès les débuts était avide de pouvoir, devient toujours plus intransigeant et autocrate, à mesure que sa puissance augmente), plus Fouché se montre aimable et conciliant. Et ainsi, sans un seul mot dirigé contre l'empereur, seulement avec de petits signes, sourires et silences, il constitue, à lui tout seul, une opposition, visible et pourtant jamais tangible, au nouveau régime de la souveraineté de droit divin. Il y a longtemps qu'il ne prend plus la peine, d'ailleurs dangereuse, de suggérer lui-même des vérités ; auprès des empereurs et des rois, même quand ils se sont appelés d'abord Bonaparte, il sait qu'on n'en a pas l'emploi. Ce n'est que sous main, et parfois malicieusement, qu'il insère dans ses rapports quotidiens, comme une marchandise de contrebande, des choses sincères. Au lieu de dire « je crois », « je pense » et de se faire rabrouer à cause de cette indépendance d'esprit et de pensée, il écrit dans ses comptes rendus : « on raconte », ou bien « un ambassadeur aurait dit » ; de cette manière il glisse presque toujours dans le pâté truffé quotidien des nouvelles piquantes, quelques grains de poivre sur la famille impériale. Les lèvres pâles, Napoléon est obligé d'avaler la lecture, ainsi présentées comme « de mauvais bruits » de toutes les souillures et de toute la honte de ses sœurs, et, par-dessus le marché, de cuisantes méchancetés sur son propre compte, de nouvelles incisives et caustiques dont la main adroite de Fouché assaisonne à dessein le bulletin. Sans prononcer lui-même une parole, ce maudit serviteur sert de temps en temps à son maître peu commode des vérités désagréables et, assistant poliment et avec indifférence à cette lecture, il voit le dur souverain sur le point d'en étouffer. Ainsi Fouché exerce une petite vengeance sur l'ex-sous-lieutenant Bonaparte, qui, depuis qu'il a revêtu un costume d'empereur, ne désire voir devant lui ses anciens conseillers que tremblants et courbant l'échine.

Donc, pour ces deux hommes, il n'est pas de climat amical. De même que Fouché n'est point pour Napoléon un serviteur agréable, de même Napoléon n'est point pour Fouché un maître agréable : pas une seule fois il n'accepte avec confiance et tranquillité un rapport de police. Il sonde, de son regard de faucon, chaque ligne pour y trouver la plus petite inexactitude, la moindre erreur ; alors il tempête, il réprimande son ministre comme un écolier, se laissant emporter complètement par l'outrance de son tempérament corse. Les huissiers, ceux qui regardent par les trous de serrure, ses collègues du Conseil des ministres sont tous unanimes à faire remarquer combien, précisément par contraste, le sang-froid de Fouché, dans sa résistance, irritait l'empereur. Mais, même sans leur témoignage (car il ne faut lire tous les Mémoires de ce temps qu'avec une loupe), on serait renseigné, car l'on entend retentir jusque dans les lettres la rude et dure voix de commandement : « Je trouve que la police ne surveille pas la presse avec la vigueur nécessaire », écrit Napoléon en faisant la leçon au vieux maître expérimenté ; ou bien il le tance ainsi : « On pourrait croire qu'au ministère de la Police on ne sait pas lire : on n'y prévoit rien du tout. » Ou encore : « Je vous invite à vous cantonner dans le cadre de vos fonctions et à ne pas vous mêler des affaires de la politique étrangère. » Napoléon, on le sait par cent relations, le semonce aussi devant témoins, devant les aides de camp et devant le Conseil d'État, sans aucun ménagement, et, quand la colère écume sur ses lèvres, il n'hésite même pas à lui rappeler Lyon, sa période terroriste, et à le qualifier de régicide et de traître. Mais Fouché, observateur glacé, qui, depuis dix ans, connaît tout le clavier de ces accès de colère, et sait que parfois ce n'est là qu'une explosion involontaire due à l'ardeur du sang, mais aussi que quelquefois Napoléon joue la comédie avec une parfaite lucidité d'esprit, ne se laisse pas intimider par ces tempêtes, soit authentiques, soit théâtrales, comme, par exemple, le ministre autrichien Cobenzl, qui trembla d'effroi lorsque l'empereur lui jeta aux pieds un vase de porcelaine précieuse ; il ne se laisse égarer ni par la colère apparente ni par la fureur véritable de l'empereur. Avec son visage sans couleur, qui ressemble à un masque de plâtre, sans le moindre mouvement des yeux, sans qu'un de ses nerfs trahisse son émotion, il reste tranquillement debout sous ce déluge de paroles ; seul, peut-être, lorsqu'il quitte la pièce, un sourire ironique ou méchant ride ses lèvres minces. Il ne tremble même pas lorsque l'empereur lui crie : « Vous êtes un traître, duc d'Otrante, je devrais vous faire couper la tête » ; mais il répond, sans modifier l'accent de sa voix et comme s'il s'agissait d'une affaire quelconque : « Ce n'est pas mon avis, Sire. » Cent fois il s'entend congédier, menacer de proscription et de destitution, et il n'en quitte pas moins la salle avec tranquillité, sachant parfaitement que le lendemain l'empereur le rappellera. Et toujours il a raison. Car malgré sa défiance, sa colère et sa haine secrète, pendant dix ans, jusqu'à la dernière heure, Napoléon ne pourra absolument pas se passer de lui.

Cette puissance de Fouché sur Napoléon, qui était une énigme pour tous les contemporains, ne doit rien à la magie ou à l'hypnotisme. C'est une puissance acquise avec science et assurée par le travail, l'habileté et l'observation systématique. Fouché sait beaucoup, – il sait même trop de choses. Non seulement par les confidences de l'empereur, mais aussi contre le gré du maître ; il connaît tous les secrets impériaux et il tient en échec l'empereur, – comme, du reste, tout l'empire, – par ses informations parfaites et presque surnaturelles. Par l'impératrice elle-même, par Joséphine, il connaît les plus intimes détails du lit conjugal, et par Barras toutes les marches de l'escalier tournant de l'ascension ; il contrôle, au moyen de ses relations personnelles avec les hommes d'argent, tout ce qui concerne la fortune particulière de l'empereur ; aucune des cent affaires malpropres de la famille Bonaparte, des histoires de jeu des frères et des aventures messaliniennes de Pauline ne lui échappe. Et les écarts conjugaux de son maître ne lui restent pas cachés non plus. Lorsque Napoléon, à onze heures du soir, enveloppé d'un manteau étrange, et presque complètement déguisé, sort par une porte secrète des Tuileries pour se rendre chez une maîtresse, Fouché sait le lendemain où la voiture est allée, combien de temps l'empereur est resté dans la maison, quand il est rentré ; il peut même, un jour, rendre tout honteux le souverain du monde en lui apprenant que cette femme qu'il a choisie le trompe, lui Napoléon, avec un grimaud de comédie moins bien choisi. Une copie de tout écrit important issu du cabinet de l'empereur est remise à Fouché par un secrétaire corrompu par lui, et plus d'un serviteur de rang supérieur ou inférieur reçoit de la caisse secrète du ministre de la Police une mensualité pour lui rapporter authentiquement tout ce qui se dit au palais : de jour et de nuit, à table et au lit, Napoléon est surveillé par son ministre trop zélé. Impossible de lui cacher un secret : ainsi, l'empereur est obligé, bon gré mal gré, de se confier à lui. Et cette connaissance de tout et de chacun procure à Fouché cette puissance unique sur les hommes que Balzac admirait tant.

Avec le même soin mis à surveiller toutes les affaires, idées, et paroles de l'empereur, Fouché s'efforce de lui celer les siennes. Fouché ne confie jamais ni à l'empereur ni à personne ses véritables desseins, ses travaux ; il ne communique de ses renseignements gigantesques que tout juste ce qu'il lui plaît. Le reste demeure enfermé dans le tiroir du ministre de la Police ; Fouché ne permet à personne de jeter un coup d'œil dans cette citadelle suprême ; il met même sa passion, toute sa passion, son unique passion dans la volupté magnifique de rester impénétrable et de constituer un élément que personne ne peut avec exactitude faire entrer en ligne de compte. C'est en vain que Napoléon attache à la personne de Fouché quelques espions ; celui-ci se moque d'eux ou même les utilise pour renvoyer, par leur intermédiaire, à leur mandant ainsi dupé, des rapports complètement faux et ridicules. Avec les années ce jeu d'espionnage et de contre-espionnage entre les deux compères deviendra toujours plus insidieux et haineux, et ils manquent ainsi presque ouvertement de sincérité l'un envers l'autre. Non, vraiment, il n'y a pas d'atmosphère claire et limpide entre ces deux hommes, dont l'un veut être trop le maître et dont l'autre ne veut pas être assez le serviteur. Plus Napoléon devient puissant, plus Fouché le gêne. Plus Fouché devient fort, plus il hait Napoléon.

Peu à peu, toute l'opposition du temps, qui augmente considérablement, se place derrière cette hostilité personnelle due à des tempéraments différents. Car d'année en année se dessinent toujours plus nettement en France une volonté et une contre-volonté : le pays veut enfin avoir la paix, mais Napoléon veut continuellement avoir la guerre. Le Bonaparte de l'année 1800, héritier et ordonnateur de la Révolution, était encore pleinement d'accord avec son pays, avec son peuple, avec ses ministres ; le Napoléon de 1804, l'empereur du nouveau *decennium*, ne pense plus depuis longtemps à son pays, à son peuple, mais uniquement à l'Europe, à l'univers, à l'immortalité. Après avoir magistralement accompli la mission à lui confiée, il s'impose, dans l'excès de sa force, de nouvelles missions, bien plus difficiles, et celui qui a mis en ordre le chaos remet à l'état de chaos ses propres réalisations et l'ordre par lui-même créé. Ce n'est pas que son intelligence, limpide et incisive comme le diamant, se soit troublée, loin de là ; en dépit de ses démons intérieurs, l'intellect de Napoléon, d'une exactitude et d'une précision mathématiques, reste d'une lucidité grandiose jusqu'à cette dernière seconde, où, mourant, il écrit d'une main tremblante son testament, l'œuvre des œuvres. Mais son intelligence a depuis longtemps perdu la mesure terrestre, et comment pourrait-il en être autrement, après l'accomplissement de choses invraisemblables ? Comment, après des gains si inouïs contre toutes les règles du jeu de ce monde, l'âme, habituée à un enjeu ainsi démesuré, n'éprouverait-elle pas l'envie de surpasser l'incroyable par plus d'incroyable encore ? Napoléon n'a pas l'esprit plus troublé, même dans ses aventures les plus folles, qu'Alexandre, Charles XII ou Cortez. Il a simplement, comme eux, à la suite de victoires sans précédent, perdu la mesure réelle du possible, et précisément cette ardeur furieuse jointe à une intelligence d'une lucidité extrême produit – magnifique spectacle élémentaire du domaine de l'esprit, grand comme une tempête de mistral sous un ciel clair, – ces actes qui, tout en étant des crimes commis par un seul individu contre des centaines de mille autres, n'en constituent pas moins un enrichissement légendaire de l'humanité. L'expédition d'Alexandre, de la Grèce à l'Inde (qui est encore aujourd'hui fabuleuse, lorsqu'on la suit du doigt sur la carte), la conquête de Cortez, la marche de Charles XII de Stockholm à Pultava, la caravane de six cent mille hommes que Napoléon traîne d'Espagne jusqu'à Moscou, ces prouesses à la fois du courage et de la présomption sont dans l'histoire ce que représentent les combats de Prométhée et des Titans contre les dieux dans la mythologie antique : de l'héroïsme et de l'« hybris », mais, dans tous les cas, le maximum, déjà sacrilège, de tout ce qu'il est possible d'atteindre humainement. Et à peine sent-il la couronne impériale sur ses temps que c'est vers cette limite extrême que tend irrésistiblement Napoléon. Ses desseins grandissent avec les succès et son audace avec les victoires, – de même qu'avec les triomphes qu'il remporte sur le destin croît son envie de le provoquer d'une manière toujours plus hardie. Par conséquent, rien de plus naturel que ceux qui sont autour de lui, si les fanfares des bulletins de victoire ne les ont pas rendus sourds et si le succès ne les a pas aveuglés, rien de plus naturel que ceux qui sont en même temps intelligents et réfléchis, comme Talleyrand et Fouché, commencent à frémir. Ils pensent à leur époque, au présent, à la France, tandis que Napoléon pense uniquement à la postérité, à la légende, à l'histoire.

Ce contraste entre la raison et la passion, entre le caractère logique et le caractère démoniaque, qui se renouvelle constamment dans l'histoire, se dessine bientôt en France au-delà des personnalités, dès le début du nouveau siècle. La guerre a fait la grandeur de Napoléon, elle l'a tiré du néant pour l'élever sur un trône d'empereur. Quoi de plus naturel qu'il veuille toujours une nouvelle guerre, et des adversaires toujours plus grands et plus puissants. Déjà, au point de vue simplement numérique, ses enjeux augmentent fantastiquement. À Marengo, en 1800, il a vaincu avec trente mille hommes ; cinq années plus tard, il met en campagne trois cent mille hommes et, après cinq nouvelles années, il extrait du pays fatigué de la guerre et saigné à blanc presque un million de soldats. On pourrait faire comprendre, en comptant sur les doigts, au dernier goujat de son armée, au paysan le plus stupide, qu'une telle guerromanie et courromanie (c'est Stendhal qui a forgé ces mots) doivent finalement aboutir à une catastrophe ; et Fouché dit un jour prophétiquement, au cours d'un entretien avec Metternich, cinq années avant Moscou : « Quand on vous aura fait la guerre, il restera la Russie et puis la Chine. » Un seul homme ne comprend pas cela, ou bien met la main devant les yeux pour ne pas le voir : Napoléon. Pour celui qui a vécu les instants d'Austerlitz et puis ceux de Marengo et d'Eylau, – c'est-à-dire l'histoire du monde condensée en deux heures, – il ne peut plus y avoir d'intérêt ou de satisfaction à recevoir dans les bals de la cour des courtisans en uniforme, à s'asseoir à l'Opéra solennellement décoré, ou à entendre parler des députés ennuyeux ; non, depuis longtemps, il ne sent plus ses nerfs vibrer que lorsqu'il traverse à marches forcées des pays entiers à la tête de ses troupes, que lorsqu'il met en pièces des armées, que lorsque d'un mouvement nonchalant des doigts il déplace les rois, comme des figures d'échecs, et les remplace par d'autres, que lorsque le dôme des Invalides devient une bruissante forêt de drapeaux et que le Trésor nouvellement créé se remplit du précieux butin de toute l'Europe. Il ne pense plus que par régiments, par corps d'armée, par armées. Il ne considère plus, depuis longtemps, la France, tout le pays, le monde entier que comme un enjeu, comme un bien lui appartenant sans réserve (« La France, c'est moi »). Mais quelques-uns parmi les siens continuent en eux-mêmes à penser que la France appartient d'abord à elle-même, que ses enfants, ses citoyens, ne sont pas là pour donner des royaumes à la clique corse et pour faire de toute l'Europe un fidéicommis des Bonaparte. Avec une mauvaise humeur croissante ceux-là voient chaque année placarder aux portes des villes les listes de conscription ; les jeunes gens de dix-huit ans et de dix-neuf ans sont arrachés à leurs foyers pour aller périr aux frontières du Portugal, dans les déserts de neige de la Pologne et de la Russie, sans but, ou tout au moins, pour atteindre ce qui ne peut plus être atteint. Ainsi naît une opposition toujours plus acharnée entre celui qui ne regarde que son étoile, et les hommes clairvoyants qui constatent la fatigue et l'impatience de leur propre pays. Et comme l'empereur, à l'esprit autocratique, devenu intransigeant, ne veut même plus se laisser conseiller par ses proches, ceux-ci commencent à réfléchir en secret aux moyens d'arrêter cette roue à la course insensée et de l'empêcher de se précipiter dans l'abîme. Car le moment doit forcément venir où la raison et la passion s'opposent définitivement et se combattent ouvertement, le moment où la lutte éclate entre Napoléon et les plus intelligents de ses serviteurs.

Cette résistance secrète contre la passion guerrière et le manque de mesure de Napoléon finit même par rapprocher les adversaires les plus acharnés entre eux, parmi ses conseillers : Fouché et Talleyrand. Ces deux ministres de Napoléon, les plus capables de tous, – les figures psychologiquement les plus intéressantes de cette époque, – ne s'aiment pas, probablement parce qu'ils se ressemblent trop à beaucoup d'égards. Tous deux sont des cerveaux clairs, positifs, réalistes, des cyniques et des disciples consommés de Machiavel. Tous deux sont passés par l'école de l'Église et par la brûlante école supérieure de la Révolution ; tous deux ont le même sang-froid dénué de toute conscience, pour ce qui est l'argent et l'honneur ; tous deux servent avec la même infidélité, la même absence de scrupules, la République, le Directoire, le Consulat, l'Empire et la Monarchie. Continuellement ces deux joueurs typiques de la versatilité se rencontrent, déguisés en révolutionnaires, en sénateurs, en ministres, en serviteurs du roi, sur la même scène de l'histoire universelle et, précisément, parce qu'ils sont de la même race spirituelle et qu'ils ont le même rôle diplomatique, ils se haïssent avec le fiel et la connaissance froide de rivaux fieffés.

Ils appartiennent tous deux au même type amoral ; mais, s'ils sont semblables de caractère, ils sont différents d'origine. Talleyrand, seigneur de Périgord, évêque d'Autun, d'une vieille famille noble, porte déjà la soutane violette comme chef ecclésiastique de toute une province, alors que Joseph Fouché, fils d'un commerçant sans prestige, fait avaler encore, en qualité de petit professeur religieux sans importance, des mathématiques et du latin à des dizaines d'écoliers, pour quelques sous par mois. L'un est déjà chargé d'affaires de la République française à Londres et célèbre orateur des États généraux, lorsque l'autre cherche à pêcher dans les clubs un mandat, par la flatterie et par un besogneux empressement. Talleyrand vient d'en haut à la Révolution ; comme un souverain sort de son carrosse, salué par des acclamations respectueuses, il descend quelques marches pour rejoindre le tiers état, tandis que Fouché intrigue péniblement pour s'élever jusqu'à lui. Cette différence d'origine donne à leur caractère fondamental, qui est le même, une couleur particulière. Talleyrand, homme de haute allure, sert avec la condescendance froide et indifférente d'un grand seigneur et Fouché avec l'activité empressée et astucieuse d'un fonctionnaire qui veut arriver. Ils diffèrent aussi par les points mêmes où ils se ressemblent ; si tous les deux aiment l'argent, Talleyrand l'aime à la manière d'un gentilhomme, pour le dépenser, pour faire rouler abondamment les pièces d'or sur une table de jeu ou dans la compagnie des femmes, mais Fouché, fils de commerçants, l'aime en capitaliste, afin d'en obtenir des intérêts et pour l'accumuler en épargnant. Chez Talleyrand la puissance n'est qu'un moyen de jouissance ; elle lui fournit l'occasion la meilleure et la plus noble de se procurer tous les biens sensuels de cette terre, le luxe, les femmes, l'art et une table exquise, tandis que Fouché, même devenu multimillionnaire, reste un grigou, vivant comme un Spartiate ou comme un moine. Aucun d'eux ne peut renier complètement son origine sociale : jamais, même aux jours les plus sauvages de la Terreur, Talleyrand, seigneur de Périgord, n'a été un véritable homme du peuple, un véritable républicain ; jamais, même quand il deviendra duc d'Otrante, malgré son uniforme étincelant d'or, Joseph Fouché ne sera réellement un aristocrate.

Le plus éblouissant, le plus charmant et peut-être aussi le plus important des deux est Talleyrand. Issu d'une culture littéraire et très ancienne, assoupli par la finesse d'esprit du XVIIIe siècle, il aime le jeu de la diplomatie comme l'un des nombreux autres jeux excitants que comporte l'existence, mais il hait le travail. Il déteste écrire une lettre de sa main ; il préfère, ce voluptueux achevé, ce jouisseur raffiné, faire faire par un autre tout le dur travail ; et il se contente ensuite d'en extraire nonchalamment les résultats, de ses doigts minces et couverts de bagues ; son intuition qui lui fait percer d'un regard fulgurant les situations les plus compliquées lui suffit. Psychologue d'instinct et d'éducation, il pénètre, comme le dit Napoléon, toutes les pensées et, sans donner de conseils, il confirme chacun dans les idées qui sont intérieurement les siennes. Ses prouesses sont des volte-face hardies, des conceptions rapides, de souples changements de front chaque fois que le moment est dangereux ; il refuse dédaigneusement de s'occuper des détails, de travailler avec application et avec peine. À cet amour du moindre effort, de la forme la plus concentrée donnée aux décisions de l'esprit, correspond aussi son aptitude particulière aux jeux de mots les plus éblouissants, aux aphorismes. Il n'écrit pas de longs rapports ; il juge une situation ou un homme d'un seul mot, brillamment ciselé. Quant à Fouché, il est complètement dépourvu de cette aptitude à la vision rapide de l'univers ; il accumule, à la manière des abeilles, au moyen de laborieuses allées et venues, mille et mille observations qui ensuite, ajoutées et combinées, donnent des résultats sûrs et irréfutables. Sa méthode est analytique, celle de Talleyrand est intuitive ; son talent est l'application, celui de Talleyrand l'agilité de l'esprit : aucun artiste ne pourrait inventer un couple plus opposé que celui placé par l'histoire à côté de Napoléon, et formé de ces deux personnages ; l'improvisateur paresseux et génial, Talleyrand, et le calculateur lucide, pourvu de mille yeux, Fouché, – à côté du génie complet qui unit en lui les dons des deux autres, à savoir l'aptitude à voir de loin et de près, la passion et l'application, la connaissance et la vision du monde.

Or rien ne se hait avec plus d'acharnement que les espèces différentes d'une même race. C'est pourquoi

Talleyrand et Fouché s'abominent mutuellement, par le plus profond des instincts et par une exacte connaissance issue de leur sang même. Depuis le premier jour, le petit travailleur laborieux compilateur de rapports et ramasseur de nouvelles, le froid espion qu'est Fouché est antipathique au grand seigneur, et Fouché, de son côté, s'irrite de la légèreté, de la prodigalité, de l'indolence dédaigneuse et noble, de la paresse féminine de Talleyrand. Aussi n'échangent-ils sur le compte l'un de l'autre que des paroles pareilles à des coups de poignard empoisonné. Talleyrand sourit : « M. Fouché méprise les hommes, sans doute cet homme s'est-il beaucoup étudié. » À son tour, Fouché raille lorsque Talleyrand est nommé vice-chancelier : « Il ne lui manquait que ce vice-là. » Dès qu'ils peuvent se mettre des bâtons dans les roues, ils le font avec empressement ; dès qu'ils peuvent se nuire, ils en saisissent avidement la première occasion. Le fait que tous deux, l'homme agile et l'homme laborieux, se complètent par leurs qualités, les rend, comme ministres, précieux à Napoléon, enchanté qu'ils se haïssent avec tant de fureur contenue, car, par suite de cette haine, ils se surveillent l'un l'autre mieux que ne le feraient cent espions empressés. Fouché lui annonce avec zèle toute corruption, toute nouvelle débauche ou négligence de Talleyrand, et Talleyrand lui « sert » au plus vite toute nouvelle intrigue, toute machination de Fouché ; ainsi Napoléon se sent à la fois servi et surveillé par cet étrange couple. En psychologue consommé, il profite le plus heureusement du monde de la rivalité de ses deux ministres, pour les exciter l'un contre l'autre et en même temps pour les tenir en bride.

Tout Paris s'amuse pendant des années de cette hostilité opiniâtre des deux rivaux, Fouché et Talleyrand. On assiste, comme à une scène de Molière, aux inlassables variantes de cette comédie qui se joue au pied du trône, et l'on rit en voyant sans cesse les deux serviteurs du souverain se jouer mutuellement des tours et se jeter l'un à l'autre des traits d'esprit blessants, cependant que leur maître, sur sa cime olympienne, regarde de haut cette lutte qui lui est si profitable. Mais, tandis que Napoléon et tous les autres attendent de ces deux personnages la continuation de ce jeu réjouissant de chien et chat, les deux subtils acteurs changent soudain de rôle et commencent à s'entendre sérieusement. Pour la première fois, leur mécontentement commun à l'égard du maître devient plus fort que leur rivalité. On est en 1808 et Napoléon recommence une guerre, la plus inutile et la plus insensée de toutes, la campagne contre l'Espagne. En 1805, il a vaincu l'Autriche et la Russie ; en 1807, il a écrasé la Prusse, il a réduit au vasselage les États allemands et italiens et il n'y a pas le moindre motif pour entrer en lutte avec l'Espagne. Mais Joseph, son nigaud de frère (dans quelques années Napoléon avouera lui-même « s'être sacrifié pour des imbéciles »), voudrait, lui aussi, une couronne, et, comme aucune n'est disponible, on décide de ravir tout bonnement la sienne à la dynastie espagnole, au mépris du droit des gens ; de nouveau les tambours battent, les bataillons marchent ; de nouveau l'argent péniblement amassé sort des caisses et de nouveau Napoléon s'enivre de la volupté dangereuse des victoires. Cette indomptable fureur guerrière devient maintenant peu à peu insupportable, même à ceux qui ont la peau la plus dure ; Fouché aussi bien que Talleyrand désapprouve cette guerre qui n'a aucune raison d'être et qui, pendant sept années encore, fera perdre à la France tout son sang ; mais comme l'empereur ne les écoute ni l'un ni l'autre, ils se rapprochent insensiblement. Leurs lettres, leurs conseils, ils le savent, l'empereur les écarte avec irritation ; depuis longtemps les hommes d'État ne peuvent plus rien contre les maréchaux, les généraux, les porteurs de sabres et encore moins contre la clique corse, dont chaque membre veut cacher au plus vite sous l'hermine un passé mesquin. Aussi essaient-ils de protester publiquement et ils décident, puisque la parole leur est enlevée, de se livrer à une pantomime politique, à un véritable coup de théâtre, c'est-à-dire de s'unir ostensiblement.

On ignore si c'est Fouché ou Talleyrand qui a réglé cette scène avec un art de dramaturge si parfait. Voici en tout cas ce qui se passe : tandis que Napoléon combat en Espagne Paris est continuellement animé de fêtes et de mondanités ; on est déjà habitué à avoir tous les ans la guerre, comme la neige en hiver et les orages en été. Et voici que, rue Saint-Florentin, dans la maison du Grand-Chancelier étincellent, par un soir de décembre 1808, mille flambeaux et que la musique joue mélodieusement, pendant que Napoléon dans un logis crasseux de Valladolid rédige des ordres pour ses armées. De belles femmes, – Talleyrand les aime tant, – une société éblouissante, de hauts conseillers d'État et les ambassadeurs étrangers sont rassemblés. On cause avec vivacité, on danse et on s'amuse. Soudain s'élèvent de tous les coins de légers murmures et chuchotements ; la danse s'arrête ; les invités forment des groupes étonnés : un homme vient d'entrer, celui de tous qu'on se fût le moins attendu à voir là, le maigre Cassius, Fouché, que, comme chacun sait, Talleyrand hait et méprise violemment et qui n'a encore jamais mis le pied dans cette maison. Mais, regardez donc : avec une politesse choisie, le ministre des Relations extérieures va, en boitant, au-devant du ministre de la Police, le salue gentiment comme un hôte et ami très cher, et le prend aimablement par le bras. Avec des flatteries ostensibles, il le conduit à travers le salon ; puis tous deux entrent dans une pièce voisine, s'asseyent sur un canapé et s'entretiennent à voix basse, provoquant dans toute l'assistance une curiosité sans mesure. Le lendemain matin tout Paris est au courant de ce grand événement. Partout on ne parle que de cette réconciliation soudaine, affichée avec tant d'emphase, et chacun en comprend la signification. Si le chien et le chat s'unissent avec tant de feu, ce ne peut être que contre le cuisinier : l'amitié de Fouché et Talleyrand, ce ne peut être que la désapprobation publique des ministres à l'égard de leur maître, de Napoléon. Aussitôt tous les espions sont sur pied pour tâcher de savoir ce que signifie ce complot. Dans toutes les ambassades les plumes sont occupées à rédiger des rapports immédiats ; Metternich annonce à Vienne par courrier spécial que « cette union répond aux désirs d'une nation fatiguée à l'excès » ; mais les frères et les sœurs de Napoléon, eux aussi, sonnent l'alarme et à leur tour font part d'extrême urgence à l'empereur de cette étourdissante nouvelle.

La nouvelle file à toute vitesse vers l'Espagne, et plus vite encore, si c'est possible, Napoléon, comme cinglé d'un coup de fouet, accourt à Paris. Dès la réception de la lettre il n'appelle même pas auprès de lui ses familiers. Il serre et mord ses lèvres et fait aussitôt ses préparatifs de départ : ce rapprochement de Talleyrand et de Fouché a sur lui un effet plus terrible qu'une bataille perdue. La rapidité de son retour est, pour ainsi dire, diabolique : le 17, il part de Valladolid ; le 18 il est à Burgos, le 19 à Bayonne ; nulle part il ne s'arrête ; partout les chevaux harassés sont relayés en toute hâte ; le 22, il entre comme un ouragan dans les Tuileries et dès le 23 il riposte à la spirituelle comédie de Talleyrand par une scène également dramatique. Toute la troupe chamarrée d'or des courtisans, les ministres et les généraux sont postés là soigneusement, comme des comparses : il faut qu'on s'aperçoive publiquement de la manière dont l'empereur réprime du poing la moindre rébellion contre sa volonté. La veille déjà il a fait venir Fouché et, à huis clos, lui a lavé la tête, cette tête que, habituée à de pareilles douches, Fouché tient immobile, s'excusant par d'adroites et insinuantes paroles et jetant du lest avec à-propos. L'empereur pense que, pour cet homme servile, un rapide coup de pied sera suffisant ; mais Talleyrand, précisément parce qu'il passe pour le plus fort et le plus puissant, aura publiquement à faire les frais de cette algarade. La scène a été souvent décrite et la dramaturgie de l'Histoire en connaît peu qui soient meilleures. D'abord l'empereur se borne à critiquer, d'une manière générale, la duplicité de certains pendant son absence ; mais ensuite, irrité par la froide indifférence de

Talleyrand, il se tourne brusquement vers celui-ci qui, calme, dans une attitude nonchalante, s'appuie à la cheminée de marbre, le bras contre le chambranle. Et, dès lors, la leçon, qui auparavant a été étudiée à la façon des comédiens, se change soudain, aux yeux de toute la cour, en un véritable accès de fureur ; l'empereur accable des plus grossières injures son aîné mûri par l'expérience ; il l'appelle voleur, parjure, apostat, créature vénale, qui vendrait son propre père pour de l'argent ; il le rend responsable du meurtre du duc d'Enghien et de la guerre d'Espagne. Il n'y a pas de femme de lavoir qui injurie sa voisine de palier d'une manière plus effrénée que Napoléon insultant le duc de Périgord, le vétéran de la Révolution, le premier diplomate de France.

Les assistants sont figés. Chacun se sent mal à l'aise. Chacun trouve qu'en ce moment l'empereur fait mauvaise figure. Seul Talleyrand, à ce point cuirassé contre les attaques qu'il s'est endormi une fois, raconte-t-on, à la lecture d'un pamphlet dirigé contre lui, ne sourcille pas, beaucoup trop fier pour se sentir offensé par de telles injures. Une fois l'orage apaisé, il traverse en silence, de son pas boiteux, le parquet luisant, et puis, dans l'antichambre, il se contente de lancer un de ces petits mots empoisonnés qui blessent plus mortellement que les plus bruyants coups de poing : « Quel dommage qu'un si grand homme soit si mal élevé ! » dit-il avec calme, tandis que le laquais le revêt de son manteau.

Le soir même, Talleyrand est destitué de sa dignité de chambellan et avec curiosité tous les jaloux fouillent *le Moniteur,* les jours suivants, pour y découvrir aussi, parmi les informations officielles, la nouvelle du congédiement de Fouché. Mais ils se trompent, Fouché reste. Comme toujours, dans cette aventure, il s'est placé derrière quelqu'un qui lui sert de paratonnerre. On se le rappelle : Collot, son complice dans les mitraillades de Lyon, est déporté aux îles de la fièvre, tandis que Fouché reste ; Babeuf, son associé dans la lutte contre le Directoire, est fusillé, Fouché reste. Son protecteur Barras est obligé de fuir, Fouché reste. Et, cette fois aussi, l'homme qui est en tête, Talleyrand, est seul à tomber, Fouché reste. Les gouvernements, la forme de l'État, les hommes changent ; tout s'abat et disparaît dans ce tourbillon furieux de la fin du siècle ; seul un homme demeure toujours à la même place, sous tous les maîtres et sous tous les régimes : c'est Joseph Fouché.

Fouché reste au pouvoir, et qui mieux est : son influence est renforcée du fait que le plus intelligent, le plus souple et le plus indépendant des conseillers de Napoléon « a reçu le lacet de soie » et a été remplacé par une simple machine à dire oui. Mais, ce qui est plus important encore, le maître gênant cède pour quelque temps la place, lui aussi, comme l'a fait le rival de Fouché, Talleyrand. Car on est en 1809 et Napoléon mène, comme tous les ans, une nouvelle guerre, cette fois-ci contre l'Autriche.

L'absence de Napoléon, loin de Paris et des affaires, est toujours ce qui peut arriver de plus agréable à Fouché. Et plus il est loin, plus ça dure, mieux ça va : l'Autriche, l'Espagne, la Pologne, c'est bien ; mais Fouché préférerait encore qu'il fût de nouveau en Égypte. Car sa lumière trop éclatante rejette dans l'ombre tous ceux qui l'entourent ; sa présence créatrice et dominatrice paralyse, par sa souveraine supériorité, toute autre volonté. S'il est à cent lieues, s'il commande des batailles et forge des plans de campagne, Fouché peut, en France, jouer lui-même en quelque manière au souverain et au maître de la destinée et il n'est plus une marionnette dans cette main rude et énergique.

Une fois, enfin, pour la première fois, l'occasion s'offre à Fouché de jouer ce rôle. 1809 est une année fatidique pour Napoléon. Malgré des succès extérieurs incontestés, jamais sa situation militaire n'a été aussi périlleuse. Dans la Prusse asservie, dans l'Allemagne mal domptée, des dizaines de milliers de Français sont isolés presque sans défense dans les garnisons pour surveiller des centaines de milliers d'hommes qui n'attendent que l'appel aux armes. Un deuxième succès des Autrichiens, comme celui d'Aspern, et de l'Elbe jusqu'au Rhône une révolte éclatera forcément. En Italie non plus les choses ne vont pas très bien : le brutal traitement dont le pape a été l'objet a irrité tout le pays, comme l'humiliation de la Prusse a irrité toute l'Allemagne ; en outre la France elle-même est lasse. Si l'on réussissait à porter encore un coup à cette puissance militaire de l'empereur dispersée par toute l'Europe de l'Èbre à la Vistule, qui sait si cela ne renverserait pas le colosse d'airain, déjà fortement ébranlé ? Et les ennemis acharnés de Napoléon, les Anglais, projettent ce coup-là. Ils décident de pénétrer tout droit jusqu'au cœur de la France, tandis que les troupes de l'empereur sont dispersées à Aspern, à Rome et à Lisbonne, de s'emparer d'abord de Dunkerque, de conquérir Anvers et de soulever les Belges. Ils calculent que Napoléon est loin, avec ses armées éprouvées, avec ses maréchaux et ses canons ; le pays est donc désarmé devant eux.

Mais Fouché est là, ce Fouché qui en 1793, sous la Convention, a appris la manière de lever en quelques semaines des dizaines de milliers de recrues. Son énergie n'a pas diminué depuis lors, bien qu'il ne lui ait été donné que de s'exercer dans l'ombre et de s'employer en petites ruses et machinations. Et, avec passion, il assume la mission de montrer maintenant à la nation et au monde entier que Joseph Fouché n'est pas seulement un pantin dans les mains de Napoléon, mais que, en cas de nécessité, il sait agir avec autant de résolution et de vigueur que l'empereur lui-même. Enfin il faut prouver clairement une fois, en cette merveilleuse occasion qui est comme tombée du ciel, que tout le destin militaire et moral du pays ne dépend pas uniquement de cet homme. Avec une hardiesse provocante, il souligne dans ses proclamations ce fait que Napoléon n'est pas indispensable. « Prouvons à l'Europe que, si le génie de Napoléon peut donner de l'éclat à la France, sa présence n'est pas nécessaire pour repousser les ennemis », écrit-il aux maires. Et il confirme par des actes ces paroles intrépides et autoritaires. En effet, à peine apprend-il, le 31 août, le débarquement des Anglais dans l'île de Walcheren, qu'en sa qualité de ministre de la Police et aussi de ministre de l'Intérieur (fonction qu'il occupe provisoirement), il réclame la convocation des gardes nationaux qui, depuis les journées de la Révolution, vaquent tranquillement dans leur village, à leurs travaux de tailleurs, serruriers, cordonniers et cultivateurs. Les autres ministres s'épouvantent. Comment, sans l'autorisation de l'empereur, sous sa propre responsabilité, prendre une mesure aussi importante ? En particulier le ministre de la Guerre, irrité qu'un civil, un profane, s'immisce dans sa fonction sacro-sainte, s'y oppose de toutes ses forces, en disant qu'il faut d'abord demander à Schœnbrunn l'autorisation de mobiliser. Il faut attendre les ordres de l'empereur et ne pas inquiéter le pays. Mais comme d'habitude l'empereur est à quinze journées de poste, et Fouché ne craint pas d'alarmer la France, Napoléon ne le fait-il pas lui aussi ? Au fond, il voudrait qu'il y eût de l'agitation et des soulèvements. Et c'est ainsi, résolument, qu'il prend tout sous son bonnet. Les tambours et les instructions qu'il donne appellent, au nom de l'empereur, dans les provinces menacées, chaque homme à contribuer immédiatement à la défense, – au nom de l'empereur qui ne sait rien de toutes ces mesures. Et, autre audace, Fouché nomme commandant en chef de cette armée improvisée, de l'armée du Nord, Bernadotte, précisément celui de tous ses généraux que, bien qu'il soit le beau-frère de son frère, Napoléon hait comme pas un autre et qu'il a puni de bannissement. Au mépris de l'empereur, des ministres et de tous ses ennemis, Fouché le tire de ce bannissement : il lui est indifférent que l'empereur approuve ses mesures. Il importe seulement que le destin lui donne raison contre tous.

C'est une pareille témérité, aux heures décisives, qui donne à Fouché quelques traits de la véritable grandeur. Cet esprit nerveux, affamé de travail, se consume impatiemment dans le désir des grandes tâches et toujours on ne lui en assigne que de petites, qu'il accomplit en se jouant. Il est naturel que son excédent de force cherche à s'exercer et à s'employer librement, dans des intrigues méchantes et le plus souvent sans aucun sens. Mais dès le moment où l'on place cet homme (tout comme à Lyon et, plus tard, à Paris, après la chute de Napoléon) devant une mission véritablement historique et digne de son talent, il s'en acquitte magistralement. La ville de Flessingue, que Napoléon lui-même dans ses lettres qualifie d'imprenable, tombe, en quelques jours, tout comme Fouché l'a prédit plus justement, aux mains des Anglais. Mais, sur ces entrefaites, l'armée créée par Fouché sans autorisation a eu le temps de mettre Anvers en état de défense, et ainsi cette expédition des Anglais se termine par une défaite complète et très coûteuse. Pour la première fois depuis que Napoléon tient le gouvernail, un ministre a osé dans le pays, de sa propre initiative, hisser le pavillon, serrer les voiles et suivre son propre itinéraire, et c'est précisément par cette indépendance qu'il a sauvé la France en un moment critique. Depuis ce jour-là Fouché occupe un nouveau rang ; il est imbu d'une conscience nouvelle de sa valeur. Cependant, à Schœnbrunn ont afflué les lettres accusatrices du chancelier et du ministre de la guerre, se plaignant, les unes comme les autres, des audacieuses libertés que se permet ce ministre civil. Il a convoqué la garde nationale, mis le pays en état de guerre ! Tous espèrent que Napoléon châtiera cet empiétement et congédiera Fouché. Mais, chose étonnante, avant même de savoir que les mesures de Fouché ont eu un brillant succès, l'empereur donne raison contre tous les autres, à son énergie résolue et tout de suite agissante. Le chancelier reçoit un camouflet : « Je suis fâché que vous ayez fait si peu usage des pouvoirs que je vous avais donnés, dans ces circonstances extraordinaires. Au premier bruit d'une descente, vous auriez dû lever vingt mille, quarante mille, soixante mille gardes nationaux. » Et il écrit littéralement au ministre de la Guerre : « Je ne vois que M. Fouché qui ait fait ce qu'il a pu et qui ait senti l'inconvénient de rester dans une inaction dangereuse et déshonorante. » Ainsi les collègues timorés, prudents et incapables de Fouché, ont été, non seulement traités comme quantités négligeables par celui-ci, mais encore intimidés par l'approbation que Napoléon lui a donnée. Et, malgré Talleyrand et le chancelier, Fouché occupe maintenant en France le premier rang. Il a été le seul à faire voir qu'il est capable non seulement d'obéir, mais encore de commander.

Fouché sait toujours, on le remarquera, se montrer brillant au moment du danger. Placez-le devant la situation la plus difficile, il se tirera d'affaire, grâce à son énergie claire et hardie. Donnez-lui le nœud le plus compliqué, il le défera. Mais il a beau aborder un problème d'une façon magistrale, il ignore, malheureusement, du tout au tout, l'art corrélatif, l'art des arts en politique : savoir s'effacer assez tôt. Là où il a mis la main, il ne peut plus l'en sortir. Et, lorsqu'il a défait le nœud, il est pris, par sa nature de joueur, du désir diabolique d'embrouiller le fil de nouveau. C'est ce qui a lieu aussi cette fois. Grâce à sa rapidité, grâce à sa vigueur de prompt rassemblement et d'initiative, la perfide attaque de flanc a été repoussée. Avec de terribles pertes en hommes et en matériel, et avec une diminution de prestige plus grande encore, les Anglais ont rembarqué leur armée et sont rentrés chez eux. Maintenant on peut tranquillement sonner la retraite, renvoyer dans leurs foyers les gardes nationaux, avec des remerciements et des légions d'honneur. Mais l'ambition de Fouché a désormais léché le sang. C'est trop beau de jouer à l'empereur, de faire battre la générale dans trois provinces, de donner des ordres, de rédiger des appels, de tenir des discours, de mettre le poing sous le nez des collègues sans énergie. Et voici que déjà ce temps magnifique va finir, alors que l'on sent voluptueusement sa propre activité se déployer chaque jour et à chaque heure ? Non, Fouché ne peut s'y résoudre. Mieux vaut continuer à jouer à la guerre et à la défense, même s'il faut pour cela inventer un ennemi. Oui, tambourinons encore, tenons le pays en haleine, créons de l'inquiétude, – le mouvement de la tempête ! Aussi, sous le prétexte d'une descente que les Anglais auraient l'intention de faire à Marseille, ordonne-t-il une nouvelle mobilisation. La garde nationale est levée dans tout le Piémont, en Provence et même à Paris, à la surprise générale, bien que ni de loin ni de près, sur terre et sur le littoral, on n'aperçoive un ennemi, – uniquement parce que Fouché est pris du désir enivrant et longtemps refréné d'organiser et de mobiliser, parce que l'homme d'action qu'il y a en lui et qui a été si souvent entravé et étouffé, peut, enfin, grâce à l'absence du maître du monde, se donner carrière.

Mais contre qui toutes ces armées, se demande avec toujours plus d'étonnement le pays ? Les Anglais ne se montrent point. Peu à peu même ceux de ses collègues qui ont de la bienveillance pour Fouché deviennent méfiants : que veut cet homme impénétrable, avec ses mobilisations hors de propos ? Ils ne comprennent pas que chez Fouché c'est simplement une secrète passion du jeu qui s'enivre de sa propre activité. Et, comme ils ne voient ni la pointe d'une baïonnette ni un seul ennemi, tandis que ces levées formidables s'accroissent chaque jour, ils se mettent, malgré eux, à attribuer à Fouché des projets ambitieux. Les uns pensent qu'il prépare un soulèvement ; les autres que, si l'empereur subit un second Aspern ou bien si un autre Frédéric Staps est plus heureux dans son attentat, Fouché se propose de proclamer l'ancienne République ; et dès lors lettres sur lettres volent vers le quartier général de Schœnbrunn, déclarant que Fouché est fou, s'il n'est pas conspirateur. Finalement Napoléon, malgré sa bienveillance, dresse l'oreille. Il s'aperçoit que Fouché est monté trop haut et qu'il faut de nouveau le rabaisser. Le ton de ses lettres devient tranchant. Il le rabroue, l'appelle « un Don Quichotte qui lutte contre des moulins à vent » et il écrit dans sa rude manière d'autrefois : « Tous les rapports que je reçois m'annoncent qu'on lève des gardes nationales en Piémont, en Languedoc, en Provence, en Dauphiné. Que diable veut-on faire de tout cela lorsqu'il n'y a pas d'urgence et que cela ne peut se passer sans mon ordre ? » Ainsi Fouché doit, bien malgré lui, renoncer à ce jeu de souverain, rendre le ministère de l'Intérieur (ainsi passent les choses de ce monde), reprendre sa place dans un coin et se contenter d'être le ministre de la Police de ce maître qui rentre en triomphe et qui, pour lui, rentre bien trop tôt.

Quoi qu'il en soit, même s'il a exagéré, Fouché est le seul parmi les ministres anxieux, qui, au plus fort du péril de la patrie, ait fait quelque chose de bien et d'opportun. Aussi Napoléon ne peut-il pas lui refuser plus longtemps les honneurs qu'il a déjà accordés à tant d'autres. Maintenant qu'une nouvelle noblesse fleurit sur la terre de France engraissée par le sang, que tous les généraux, ministres et serviteurs ont été anoblis, c'est le tour de Fouché, cet ancien ennemi des aristocrates. Le titre de comte lui avait été déjà destiné autrefois, en secret. Mais l'ancien Jacobin doit monter encore plus haut sur cette échelle aérienne des titres. Le 15 août 1809, dans le palais de Sa Majesté Apostolique l'empereur d'Autriche, dans les appartements de gala de Schœnbrunn, l'ancien petit sous-lieutenant corse signe et scelle une gracieuse peau d'âne autorisant Joseph Fouché, l'ancien communiste et religieux défroqué, à s'appeler désormais (faisons-lui notre révérence !) duc d'Otrante. À vrai dire, il n'a pas combattu à Otrante et il n'a jamais vu de ses yeux cette région de l'Italie du Sud, mais précisément un nom de noblesse si ronflant et de consonance étrangère convient excellemment pour masquer un ancien et fieffé républicain, car, si on le prononce avec le brio voulu, on peut oublier que derrière ce duc se cache le bourreau de Lyon, le vieux Fouché du pain de l'égalité et des confiscations de biens. Et, pour qu'il se sente un véritable chevalier, on lui confère encore les insignes de son duché : des armes étincelantes de nouveauté.

Mais, chose singulière : Napoléon lui-même a-t-il voulu là une allusion extrêmement typique, ou bien l'héraldiste officiel s'est-il permis pour son compte une petite plaisanterie psychologique ? En tout cas, les armes du duc d'Otrante exhibent comme motif central une colonne d'or, – ce qui va très bien à ce passionné amoureux de l'or. Et autour de cette colonne d'or est enroulé un serpent, – ce qui, probablement aussi, est une délicate allusion à la souplesse diplomatique du nouveau duc. En vérité, Napoléon a dû avoir à son service des héraldistes intelligents, car on ne pouvait trouver pour un Joseph Fouché des armoiries plus caractéristiques.

V I

LA LUTTE CONTRE L'EMPEREUR

1 8 1 0

Un grand exemple gâte ou exalte toujours toute une génération. Lorsque apparaît un homme comme Napoléon, les personnes de son entourage ont le choix entre ou se faire tout petits devant lui et disparaître sans laisser de trace, ou bien tendre outre mesure leur propre force, à son image. Les hommes qui entourent Napoléon ne peuvent devenir que ses esclaves ou ses rivaux : une présence aussi éminente ne supporte pas à la longue de mesure moyenne.

Fouché est un de ceux à qui Napoléon a fait perdre l'équilibre. Il lui a empoisonné l'âme par le périlleux exemple de l'insatisfaction, par l'obligation démoniaque de se surpasser continuellement : lui aussi veut, maintenant, comme son maître, étendre continuellement les limites de sa puissance ; lui non plus ne peut se contenter d'une stabilité tranquille et silencieuse, de joies modérées. Aussi quelle déception le jour où Napoléon rentre de Schœnbrunn en triomphateur et prend lui-même les rênes en main ! Ah ! qu'ils étaient magnifiques les mois où l'on pouvait agir à sa guise, rassembler des armées, lancer des proclamations, prendre des mesures hardies par-dessus la tête de ses collègues anxieux, être enfin maître d'un pays et s'asseoir à la grande table où se joue le destin de l'univers ! Et voici que maintenant Joseph Fouché n'est plus que ministre de la Police ; il doit surveiller les mécontents et les bavards de la presse ; il doit, chaque jour, confectionner son ennuyeux bulletin avec des rapports d'espions, s'occuper de vétilles de ce genre : avec quelle femme Talleyrand a-t-il une liaison ?

Qui a, la veille, provoqué à la Bourse la chute de la rente ? Non, depuis que sa main a touché à des événements mondiaux, au gouvernail de la grande politique, ce ne sont plus que des bagatelles et de méprisables occupations pour cet esprit inquiet et passionné d'action. Qui un jour a manié un enjeu si élevé ne se satisfait plus jamais de pareilles babioles. Il vaut mieux montrer encore une fois que, même à côté de Napoléon, il y a de la place pour agir, et cette idée ne le quitte plus.

Mais que peut-il donc encore rester à faire à côté de quelqu'un qui a tout fait, qui a battu la Russie, l'Allemagne, l'Autriche, l'Espagne et l'Italie, à qui l'empereur de la plus vieille dynastie européenne donne pour femme une archiduchesse, qui a renversé le pape et la prédominance millénaire de Rome et qui a fondé un empire universel, qu'il gouverne de Paris ? Nerveusement, fiévreusement, jalousement, l'ambition de Fouché cherche de tous les côtés une tâche ; et, effectivement, à l'édifice de la domination universelle il ne manque plus que le faîte, la paix avec l'Angleterre, car, alors, l'œuvre serait achevée. Et c'est cette chose suprême, d'une portée européenne, que Joseph Fouché veut accomplir tout seul, sans Napoléon et contre Napoléon.

L'Angleterre de 1809 est exactement la même que celle de 1795, l'ennemi héréditaire, le plus dangereux adversaire de la France. Devant les portes de Saint-Jean-d'Acre, devant les retranchements de Lisbonne, à tous les coins de l'univers, la volonté de Napoléon s'est heurtée à la force méthodique, réfléchie et pleine de sang-froid des Anglo-Saxons ; et, tandis qu'il conquérait tout le territoire de l'Europe, les Anglo-Saxons lui ont enlevé l'autre moitié du monde, la mer. Il ne peut les arrêter, et eux non plus ne peuvent l'arrêter ; l'Angleterre et Napoléon s'efforcent depuis quinze ans, par des tentatives toujours renouvelées, de se débarrasser l'un de l'autre. Tous deux se sont terriblement affaiblis dans cette lutte insensée et tous deux, sans l'avouer, sont las. En France, à Anvers et à Hambourg, les banques sont en faillite depuis que les Anglais ont entravé le commerce ; en revanche, sur la Tamise s'entassent les navires portant des marchandises invendues ; la rente anglaise, comme la française, baisse toujours davantage et, dans les deux pays, les commerçants, les banquiers, les hommes intelligents aspirent à une entente et engagent tout timidement et tout bas des pourparlers. Mais il semble plus important à Napoléon que Joseph, son frère à la tête faible, garde la couronne royale d'Espagne et que sa sœur Caroline conserve Naples. Aussi rompt-il les négociations de paix péniblement ouvertes par la voie de la Hollande ; de son poing de fer, il intime l'ordre à ses alliés de refuser l'entrée aux navires anglais, de jeter leurs marchandises à la mer, et déjà des lettres menaçantes partent pour la Russie, afin qu'elle se soumette au blocus continental. Une fois de plus la passion étrangle la raison ; et la guerre menace de s'éterniser si, à la dernière heure, le parti de la paix ne se montre pas énergique, en passant à l'action.

Fouché a, lui aussi, mis la main à ces pourparlers prématurément rompus. Il a procuré à l'empereur et au roi de Hollande l'intermédiaire, un financier français, lequel en a trouvé un autre, qui est Hollandais, lequel à son tour correspond avec un intermédiaire anglais ; sur ce pont d'or éprouvé ont eu lieu (comme pendant toutes les guerres et à toutes les époques) des tentatives secrètes d'entente, de gouvernement à gouvernement. Mais maintenant, l'empereur a brusquement ordonné d'arrêter les négociations. Cela ne va pas à Fouché. Pourquoi ne pas continuer ? Négocier, marchander, promettre et duper, c'est là, en effet, sa plus chère passion. Aussi conçoit-il un projet téméraire. Il décide de poursuivre les négociations de son propre chef, – quoique en apparence, au nom de l'empereur, – c'est-à-dire de faire croire aussi bien à ses propres agents qu'aux Anglais que l'empereur travaille par ce moyen à la paix, tandis qu'en réalité, c'est le duc d'Otrante qui seul tire les ficelles. C'est là une aventure folle, un impudent abus du nom de l'empereur, de sa fonction ministérielle, une outrecuidance historique sans exemple. Mais des secrets de ce genre, des manœuvres ambiguës et enchevêtrées qui mystifient en même temps trois ou quatre personnes, sont la passion naturelle de cet intrigant inné et juré qu'est Fouché. Comme un écolier aime faire la grimace derrière le dos du professeur il raffole lui-même de ces tours cachés qu'il joue à l'empereur et, tout comme le gamin téméraire, il risque volontiers des taloches ou un blâme pour la seule joie que lui procure cette impertinence, cette tromperie. Cent fois, on l'a vu, il s'amuse à de tels écarts politiques ; mais jamais il ne s'est permis un acte plus hardi, plus arbitraire et plus dangereux que celui qui consiste à négocier avec le ministère anglais des Affaires étrangères, au sujet de la paix, soi-disant au nom de l'empereur, mais en réalité contre la volonté de celui-ci.

La machination est préparée avec génie. Fouché a recours à un de ces obscurs financiers, le banquier Ouvrard qui, plusieurs fois déjà, a frôlé la prison. Napoléon exècre cet individu louche, à cause de sa mauvaise réputation, mais cela ne gêne guère Fouché qui travaille avec lui à la Bourse. Il sait qu'il peut compter sur cet homme, car il l'a à maintes reprises tiré d'embarras et il le tient solidement par la bride. Voici donc qu'il envoie cet Ouvrard au banquier hollandais de Labouchère, homme d'importance, qui, de bonne foi, l'adresse à son beau-père, le banquier Baring, à Londres, lequel, à son tour, le met en rapports avec le cabinet anglais. Et dès lors a lieu un jeu insensé : Ouvrard croit, évidemment, que Fouché agit au nom de l'empereur et il donne au gouvernement hollandais sa mission comme officielle. Cette assurance suffit aux Anglais pour prendre au sérieux les pourparlers. Ainsi l'Angleterre s'imagine traiter avec Napoléon, alors qu'elle ne traite qu'avec Fouché qui, naturellement, se garde bien de mettre l'empereur au courant de la marche secrète des événements ; il veut d'abord laisser l'affaire mûrir à point, aplanir les difficultés, pour ensuite se présenter tout à coup, en qualité de *deus ex machina,* devant l'empereur et devant le peuple français et dire fièrement :

« Voici la paix avec l'Angleterre ! Ce que tout le monde voulait et désirait, ce qu'aucun de vos diplomates n'a pu, moi, duc d'Otrante, je l'ai accompli par mon travail. »

Mais quel dommage qu'un petit et sot hasard vienne troubler cette partie d'échecs magnifique et captivante ! Napoléon est allé en Hollande, avec sa jeune femme, Marie-Louise, pour rendre visite à son frère Louis. Une réception enthousiaste lui fait oublier la politique. Mais, un beau jour, fortuitement, son frère le roi Louis, supposant, évidemment, comme tous les autres que ces négociations secrètes avec l'Angleterre se poursuivent avec l'assentiment de l'empereur, lui demande si l'entente progresse. Napoléon est étonné. Il se souvient alors d'avoir rencontré à Anvers ce maudit Ouvrard. Que se passe-t-il ? Que signifient ces allées et venues entre l'Angleterre et la Hollande ? Mais il ne laisse pas percer sa surprise : il se contente, sur un ton nonchalant, de prier son frère de lui montrer à l'occasion la correspondance du banquier hollandais. Aussitôt dit aussitôt fait et pendant son retour de Hollande à Paris Napoléon est ainsi en mesure de la lire : effectivement, c'est une négociation dont il ne se doutait pas. Avec une fureur démesurée, il flaire aussitôt la piste de braconnier du duc d'Otrante qui, une fois de plus, chasse sur un domaine étranger. Mais, rendu lui-même astucieux par cet astucieux, il cache d'abord ses soupçons sous une politesse trompeuse, pour ne pas avertir cet esprit si souple et pour qu'il ne lui échappe pas. Il ne se confie qu'au commandant de sa gendarmerie, Savary, duc de Rovigo, et il lui ordonne d'arrêter immédiatement et sans esclandre le banquier Ouvrard et de s'emparer de tous ses papiers.

Ce n'est qu'ensuite, le 2 juin, trois heures après avoir donné cet ordre, qu'il convoque ses ministres à Saint-Cloud, et qu'il demande brutalement et sans détours au duc d'Otrante s'il a connaissance de certains voyages du banquier Ouvrard et si c'est lui enfin qui l'a envoyé à Amsterdam.

Fouché, surpris, mais loin encore de deviner le piège dans lequel il est tombé, agit comme d'habitude, chaque fois qu'on le prend sur le fait ; tout comme autrefois sous la Révolution avec Chaumette et sous le Directoire avec Babeuf, il cherche à se tirer d'affaire, en laissant tomber froidement son complice. Ah ! oui, Ouvrard ! c'est un importun qui se mêle de toute espèce de choses. D'ailleurs, toute l'histoire est absolument sans importance, un amusement, un enfantillage. Mais Napoléon a la poigne dure et il ne le laisse pas si facilement échapper. « Ce ne sont pas là des manœuvres insignifiantes, lui rétorque-t-il. C'est un manquement inouï à son devoir que de se permettre de traiter avec l'ennemi derrière le dos de son souverain, à des conditions qu'il ignore et que probablement il n'approuvera jamais. C'est là une faute que même le gouvernement le plus faible ne tolérerait pas. Il faut arrêter tout de suite Ouvrard. » Alors Fouché se sent mal à l'aise. Il ne manquait plus que ça : arrêter Ouvrard ! Celui-là vendrait la mèche. Aussi s'efforce-t-il, par toute espèce de raisons, de dissuader l'empereur de prendre cette mesure. Mais l'empereur, qui sait qu'à cette heure son policier particulier a déjà « bouclé » le banquier, n'écoute plus qu'ironiquement celui qu'il a démasqué. Il connaît maintenant le véritable auteur de cette machination téméraire et les papiers saisis chez Ouvrard dévoilent bientôt tout le jeu de Fouché.

Alors le tonnerre éclate parmi les nuages de la méfiance depuis longtemps amassés. Le lendemain, un dimanche, Napoléon, après la messe (bien que quelques années auparavant on ait fait arrêter le pape, on est redevenu pieux, en qualité de gendre de Sa Majesté Apostolique), convoque tous les ministres et dignitaires de la cour pour la réception du matin. Une seule personne manque : le duc d'Otrante. Bien que ministre, il n'a pas été convoqué. L'empereur invite son Conseil à prendre place autour de la table, et il pose à brûle-pourpoint cette question : « Que penseriez-vous d'un ministre qui, abusant de sa position, aurait à l'insu de son souverain ouvert des communications avec l'étranger, entamé des négociations diplomatiques sur des bases imaginées par lui seul et compromis ainsi la politique de l'État ? Quelle peine y a-t-il dans nos Codes pour une pareille forfaiture ? » Après cette question sévère l'empereur regarde autour de lui, pensant sans doute que ses conseillers et ses créatures vont s'empresser de proposer le bannissement ou bien une autre mesure infamante. Mais les ministres, bien que devinant aussitôt contre qui le trait est dirigé, s'enveloppent d'un silence pénible. Au fond, tous donnent raison à Fouché d'être énergiquement intervenu pour la paix et, en véritables serviteurs, ils se réjouissent du tour audacieux qu'il a joué à l'autocrate. Talleyrand (qui n'est plus ministre, mais qui a été appelé dans cette affaire importante, en sa qualité de grand dignitaire) sourit tout bas en lui-même ; il se rappelle sa propre humiliation d'il y à deux ans et il se réjouit de l'embarras dans lequel se trouvent maintenant Napoléon et Fouché, qu'il n'aime ni l'un ni l'autre. Enfin l'archichancelier Cambacérès rompt le silence et dit en manière de conciliation : « C'est incontestablement une faute, qui mérite un châtiment sévère, à moins que le coupable ne se soit laissé porter à commettre cette erreur par un excès de zèle. » « Un excès de zèle ! » fait Napoléon avec colère. La réponse ne lui plaît pas, car il ne veut pas d'excuse, mais un exemple sévère, une punition réprimant toute indépendance. Avec animation, il raconte l'histoire entière et demande aux assistants de lui proposer quelqu'un pour succéder à Fouché.

Mais, de nouveau, aucun des ministres n'est pressé de donner son avis dans une affaire si épineuse ; la peur de Fouché vient, chez eux tous, immédiatement après la peur de Napoléon. Finalement Talleyrand – comme toujours dans une situation difficile – trouve un mot adroit pour résoudre le problème. Il s'adresse à son voisin, en disant à mi-voix : « Sans doute, M. Fouché a eu grand tort, et moi, je lui donnerais un remplaçant, mais un seul : M. Fouché lui-même. » Mécontent de ses ministres, dont il a fait par sa conduite à leur égard des automates et des mameluks sans courage, Napoléon lève la séance et appelle le chancelier dans son cabinet. « Vraiment ce n'est pas la peine de consulter ces messieurs. Vous voyez quelles utiles suggestions on a à attendre d'eux. Mais vous ne croyez pourtant pas que j'aie sérieusement pensé à les consulter, avant de savoir moi-même à quoi m'en tenir. Mon choix est fait : c'est le duc de Rovigo qui sera ministre de la Police. » Et, sans que celui-ci puisse dire s'il est disposé ou non à accepter cette succession désagréable, l'empereur le salue le soir même, par cet ordre brusque : « Vous êtes ministre de la Police. Prêtez serment et commencez votre travail. »

Le renvoi de Fouché devient aussitôt la question du jour et toute l'opinion publique se met immédiatement de son côté. Rien n'a valu à ce ministre double autant de sympathies que, précisément, sa résistance au despotisme sans limite, – et par lui-même insupportable au peuple français habitué à la liberté, – d'un homme parvenu au pouvoir grâce à la Révolution ; et, en outre, personne ne veut convenir que chercher enfin à faire la paix avec l'Angleterre, même contre la volonté de l'empereur, ce sectateur acharné de la guerre, puisse être un crime. Tous les partis, royalistes, républicains et jacobins, et également les ambassadeurs étrangers, déplorent unanimement, dans la chute du dernier ministre de Napoléon ayant conservé son franc-parler, la défaite visible de l'idée de paix et même dans son propre palais, dans sa propre chambre à coucher, Napoléon rencontre en Marie-Louise comme autrefois en sa première femme Joséphine, un défenseur de Fouché. Elle déplore avec émotion que le seul homme de son entourage que son père, l'empereur d'Autriche, lui ait déclaré digne de confiance, soit maintenant congédié. Rien n'exprime plus nettement le véritable état d'esprit de la France à cette époque que l'accroissement de prestige dont jouit cet homme auprès du public, à la suite de sa disgrâce ; et le nouveau ministre de la Police Savary résume l'impression produite par le renvoi de Fouché en ces termes caractéristiques : « Je crois que la nouvelle d'une peste n'aurait pas plus effrayé que ma nomination au ministère. » En vérité quelle puissance n'a-t-il pas acquise, en même temps que l'empereur, dans ces dix dernières années, Joseph Fouché !

L'écho de cette impression parvint sans doute jusqu'à Napoléon ; de quelle manière, on l'ignore. Mais, à peine a-t-il chassé Fouché de sa fonction qu'il s'empresse de prendre avec lui des gants. Postérieurement, le renvoi, tout comme celui de 1802, est présenté sous une forme déguisée, comme pour permettre à Fouché d'être employé à d'autres fonctions. En compensation de la perte du ministre de la Police, le titre honorifique de conseiller d'État est conféré au duc d'Otrante, et il est nommé ambassadeur de la monarchie française à Rome. Rien ne caractérise mieux l'état d'esprit de l'empereur, balançant entre la crainte et la colère, entre les reproches et les remerciements, entre l'irritation et la conciliation que la lettre de renvoi, qui n'est destinée qu'à l'usage personnel de Fouché.

« Monsieur le duc d'Otrante, je connais tous les services que vous m'avez rendus et je crois à votre attachement à ma personne et à votre zèle pour mon service ; cependant, il m'est impossible, sans me manquer à moi-même, de vous laisser le portefeuille. La place de ministre de la Police exige une entière et absolue confiance, et cette confiance ne peut plus exister puisque déjà, dans des circonstances importantes, vous avez compromis ma tranquillité et celle de l'État, ce que n'excuse pas, à mes yeux, même la légitimité des motifs. La singulière manière que vous avez de considérer les devoirs de ministre de la Police ne cadre pas avec le bien de l'État. Quoique je ne me méfie pas de votre attachement et de votre fidélité, je suis cependant obligé à une surveillance perpétuelle qui me fatigue et à laquelle je ne peux être tenu. Cette surveillance est nécessitée par nombre de choses que vous faites de votre chef, sans savoir si elles cadrent avec ma volonté et avec mes

projets... Je ne puis espérer que vous changiez vos manières de faire, puisque, depuis plusieurs années, des exemples éclatants et des témoignages réitérés de mon mécontentement ne vous ont pas changé et que, satisfait de la pureté de vos intentions, vous n'avez pas voulu comprendre qu'on pouvait faire beaucoup de mal en ayant l'intention de faire beaucoup de bien. Au reste, ma confiance en vos talents et votre fidélité est entière, et je désire trouver des occasions de vous le prouver et de les utiliser pour mon service. »

Cette lettre révèle, comme un chiffre secret, le caractère des rapports entre Napoléon et Fouché ; qu'on prenne la peine de relire ce petit chef-d'œuvre pour se rendre compte comment, dans chaque phrase, s'opposent la volonté et la contre-volonté, l'estime et l'antipathie, la crainte et une secrète admiration. L'autocrate veut un esclave et s'irrite de trouver un homme indépendant. Il veut se débarrasser de lui et, néanmoins, il craint de s'en faire un ennemi. Il regrette de le perdre, tout en étant heureux d'être délivré de cet homme dangereux.

Mais, en même temps que grandissait de façon gigantesque l'amour-propre de Napoléon, celui de son ministre prenait les mêmes proportions. La sympathie générale que rencontre Fouché fortifie encore davantage en lui l'énergie. Non, le duc d'Otrante ne se laisse pas congédier aussi simplement que cela. Napoléon verra ce que deviendra son ministère de la Police lorsque Joseph Fouché l'aura quitté, et son successeur s'apercevra que, quand on a l'audace de vouloir le remplacer, c'est dans un guêpier que l'on s'assied et non pas dans un fauteuil ministériel. Ce n'est point pour une baderne aux doigts gourds comme Savary, ce n'est pas pour ce novice en diplomatie, qu'il a créé, pendant dix ans, cet instrument magnifiquement accordé, ce n'est pas pour qu'un bousilleur s'en serve maladroitement et se prévale, comme étant son œuvre, de ce que son prédécesseur a construit à force de jours et de nuits d'un pénible travail.

Non les choses ne se passeront pas aussi commodément que les deux compères se l'imaginent. Il faut que tous deux, Napoléon et Savary, sachent que Joseph Fouché est capable de montrer les dents et ne se borne pas à faire des courbettes, comme les autres.

Fouché est décidé à ne pas s'en aller la tête basse. Il ne veut pas de paix honteuse, de capitulation tranquille. À vrai dire, il n'est pas assez fou pour résister ouvertement, ce n'est pas son genre. Seulement, il veut se permettre une plaisanterie, une petite plaisanterie, spirituelle et gaillarde, qui fera rire Paris et qui apprendra à Savary qu'il y a de fameuses chausse-trapes dans le domaine du duc d'Otrante. Il y a toujours lieu de rappeler ce trait de caractère étrange et diabolique qui veut précisément que, chez Joseph Fouché, l'irritation la plus extrême engendre le désir de plaisanter férocement et que son courage, lorsqu'il monte, revête une forme, non pas virile, mais grotesquement présomptueuse et dangereuse pour lui. Jamais, quand quelqu'un lui marche sur le pied, il ne le frappe du poing, mais toujours, et surtout lorsqu'il est le plus irrité, il recourt au fouet du ridicule, et de telle manière qu'il en fustige l'adversaire à le rendre fou. Tout ce qui, dans cet homme fermé et réservé, se cache d'instincts passionnés, écume et mousse vivement en pareilles occasions, et ces moments de colère déguisée sous une apparente gaieté sont en même temps ceux qui révèlent le mieux ce qu'il y a d'infernal dans sa nature.

Il va donc faire une bonne farce à son successeur. Ce ne peut pas être difficile à inventer, surtout quand on a affaire à un lourdaud sans malice. Le duc d'Otrante revêt son uniforme de gala et prend un air particulièrement poli pour recevoir son successeur, lors de la visite que lui fait celui-ci. Effectivement, à peine Savary s'est-il présenté qu'il l'accable d'une avalanche d'amabilités. Non seulement il le félicite du choix de l'empereur, de la haute marque d'estime dont il est l'objet, mais il se dit très heureux d'être libéré de cette fonction qui le fatigue et qui, depuis trop longtemps déjà, pèse sur ses épaules. Ah ! il est maintenant si content, si satisfait de pouvoir se reposer un peu de son énorme labeur. Car ce ministère est, réellement, une charge énorme et ingrate : le duc s'en apercevra bientôt lui-même, étant donné surtout qu'il n'y est pas habitué. Toujours est-il que Fouché est tout disposé à lui être agréable, en mettant rapidement en bon ordre le ministère qui, actuellement, en manque un peu (car son départ arrive assez à l'improviste). Il est vrai qu'il faut pour cela quelques jours, mais, si le duc de Rovigo est de cet avis, Fouché est tout prêt à prendre encore sur lui cette petite peine ; et pendant ce temps sa femme, la duchesse d'Otrante, pourra également s'occuper de déménager tranquillement. Le bon Savary, duc de Rovigo, ne devine pas le piège. Il est joyeusement étonné de tant d'amabilité de la part d'un homme que tout le monde représente comme méchant et astucieux ; et il remercie très poliment le duc d'Otrante de cette complaisance extraordinaire. Naturellement, il n'a qu'à rester tant qu'il voudra ; Savary s'incline et serre avec attendrissement la main de ce brave Fouché, qui est bien méconnu.

Quel dommage qu'on n'ait pas pu voir et dessiner le visage de Joseph Fouché au moment où la porte se ferme derrière son successeur qu'il vient de « rouler » ! Imbécile, crois-tu réellement que je vais mettre de l'ordre et ranger clairement et commodément, dans des cartons bien classés, pour tes lourdes pattes, les suprêmes secrets que j'ai recueillis en dix ans de travail assidu ? Crois-tu que je vais huiler et nettoyer pour toi cette machine merveilleuse inventée par moi qui, magnifiquement, sans bruit, avec ses roues et ses engrenages bien ajustés, absorbe et digère, invisible, les nouvelles de tout un empire ? Imbécile ! tu vas bien voir.

Aussitôt commence une folle entreprise. Fouché a fait venir un ami sûr pour l'aider. La porte de son cabinet est soigneusement verrouillée et tous les papiers secrets ou importants sont hâtivement enlevés des dossiers ; Fouché prend avec lui tous ceux qui peuvent encore lui servir d'arme, les papiers accusateurs et révélateurs ; les autres sont brûlés sans scrupules. M. Savary a-t-il besoin de savoir qui, dans le noble quartier du faubourg Saint-Germain, à l'armée ou à la cour, sert d'indicateur ? Cela lui rendrait le travail trop facile. Vite, les listes au feu ! Seuls sont conservés pour Savary les noms des espions et mouchards tout à fait sans valeur, ceux des concierges et des prostituées qui, d'ailleurs, ne lui apprendront rien d'important. Les cartons se vident avec la rapidité de l'éclair. Les listes précieuses, contenant les noms des royalistes restés à l'étranger, des correspondants occultes, disparaissent ; partout on introduit ingénieusement le désordre ; les archives sont saccagées ; les pièces des dossiers sont marquées de faux numéros ; les chiffres du courrier sont altérés et en même temps les employés les plus importants du futur ministre passent au service secret, en qualité d'espions, afin de continuer leurs rapports confidentiels à leur ancien et véritable maître. Fouché desserre et brise les boulons de cette gigantesque machinerie pour que les engrenages ne fonctionnent plus et que dans les mains de son successeur, qui ne se doute de rien, le mouvement s'arrête complètement. De même que les Russes brûlent devant Napoléon leur ville sainte, Moscou, pour qu'il n'y trouve pas un agréable quartier d'hiver, de même Fouché détruit et mine souterrainement l'œuvre si aimée de sa propre vie. Quatre jours et quatre nuits la cheminée fume, quatre jours et quatre nuits se poursuit ce travail diabolique. Et, sans que personne dans le voisinage en ait le moindre soupçon, les secrets de l'Empire voltigent insaisissables dans le tuyau de la cheminée, ou bien gagnent les armoires de Ferrières.

Puis encore une révérence, particulièrement polie et aimable, à son successeur qui ignore tout, avec ces mots : « Je vous en prie, prenez la place. » Une poignée de main et un remerciement astucieusement accueilli. À vrai dire, le duc d'Otrante devrait maintenant se rendre à Rome d'urgence, pour occuper son poste d'ambassadeur. Mais il préfère aller d'abord dans son château de Ferrières. Et il y attend, tremblant en lui-même d'impatience et de volupté, le premier cri de colère de son successeur dupé, dès que celui-ci s'apercevra de la bonne farce que Joseph Fouché lui a jouée.

N'est-ce pas que cette piécette est magnifiquement conçue, jouée d'une manière raffinée et gaillardement menée jusqu'au bout ? Malheureusement, dans cette joyeuse mystification, Joseph Fouché a commis une petite méprise. Il pense, en effet, se moquer du duc inexpérimenté et tout novice, de ce ministre encore au biberon.

Mais il oublie que ce remplaçant a été nommé par un maître qui n'accepte pas la plaisanterie. Du reste, Napoléon observe déjà d'un œil méfiant la conduite de Fouché. Cette longue hésitation dans la remise de ses fonctions, cet ajournement indéfini de son départ pour Rome ne lui plaisent pas. En outre, l'instruction ouverte contre Ouvrard, l'instrument de Fouché, a donné un résultat inattendu : elle découvre que Fouché, précédemment déjà, a confié à un autre intermédiaire des notes pour le cabinet anglais. Et jusqu'à présent personne encore n'a impunément plaisanté avec Napoléon. Soudain, le 17 juin, un billet incisif est envoyé à Ferrières, cinglant comme un coup de fouet :

« Monsieur le duc d'Otrante, je vous prie de m'envoyer la note que vous a communiquée le sieur Fagan, que vous avez envoyé à Londres pour sonder lord Wellesley, et qui vous a rapporté une réponse de ce lord, que je n'ai jamais connue. »

Ce dur accent de fanfare serait capable de réveiller un mort. Mais Fouché, ivre d'amour-propre et d'orgueil, ne se presse pas de répondre. Sur ces entrefaites, aux Tuileries, de l'huile a été versée sur le feu. Savary a découvert le pillage du ministère de la Police et il en a fait part à l'empereur avec émotion. Aussitôt un deuxième billet, un troisième, invitent Fouché à livrer immédiatement « tout le portefeuille ministériel ». Le secrétaire du cabinet apporte personnellement cet ordre et est chargé de reprendre tout de suite au duc d'Otrante les papiers qu'il a enlevés de manière illicite. La plaisanterie est finie, la lutte commence.

La plaisanterie est véritablement finie : Fouché devrait maintenant s'en apercevoir. Mais il semble que le Diable le pousse à vouloir très sérieusement se mesurer avec Napoléon, avec l'homme le plus puissant de l'univers. Car il déclare à l'émissaire, ce qui est entièrement faux, qu'il le regrette infiniment, mais qu'il n'a gardé aucune lettre. Il a tout brûlé. Naturellement, personne ne croit cela de la part de Fouché et Napoléon moins que tout autre. Une deuxième fois il le fait avertir, d'une manière plus dure et plus pressante : on connaît son impatience. Et maintenant l'incartade devient de l'obstination, l'obstination de l'insolence et l'insolence une provocation. En effet, Fouché répète qu'il n'a plus aucun papier, et il appuie cette prétendue destruction des documents privés de l'empereur sur une argumentation qui est presque du chantage. Sa Majesté, dit-il ironiquement, l'a honoré d'une telle confiance que, quand un de ses frères excitait son mécontentement, elle le chargeait, lui Fouché, de le rappeler au devoir. Et, comme alors chacun des frères lui faisait part de ses récriminations il avait considéré que c'était son devoir de ne pas conserver ces lettres-là. De même les sœurs de Sa Majesté n'ont pas toujours été à l'abri des calomnies et l'empereur lui-même l'avait jugé digne de recevoir la confidence de ces bruits et l'avait chargé de rechercher quelles maladresses en étaient la cause. C'est clair et plus que clair : Fouché signifie par là à l'empereur qu'il est au courant de beaucoup de choses et qu'il ne veut pas se laisser traiter comme un laquais. Le messager a compris cette menace de chantage, et il aura probablement eu de la peine à présenter à son maître une réponse aussi audacieuse sous une forme acceptable. En effet, l'empereur éclate. Il est tellement furieux que le duc de Massa est obligé de l'apaiser et offre, pour terminer enfin cette affaire fâcheuse, d'inviter lui-même le récalcitrant à livrer les papiers détournés. Une deuxième sommation est faite par le nouveau ministre de la Police, duc de Rovigo. Mais Fouché répond à tous avec la même politesse et la même fermeté que malheureusement poussé par une trop grande discrétion, il a brûlé les papiers. Pour la première fois un homme en France tient ouvertement tête à l'empereur.

C'en est trop. De même que Napoléon, pendant dix années, a sous-estimé Fouché, de même Fouché sous-estime Napoléon, s'il croit pouvoir l'intimider par quelques indiscrétions. Comment ! il ose lui résister, aux yeux de tous les ministres, à lui, à qui le tsar Alexandre, l'empereur d'Autriche et le roi de Saxe ont offert leurs filles et devant qui tous les rois allemands et italiens tremblent comme des écoliers ! Cette momie livide, ce sec intrigant, qui porte un manteau ducal encore tout neuf, veut lui refuser l'obéissance, à lui devant qui ont plié toutes les armées de l'Europe ? Non, on n'admet pas ces plaisanteries-là quand on s'appelle Napoléon. Aussitôt il fait venir le chef de la police privée, Dubois, et il se laisse aller devant lui aux explosions de fureur les plus violentes contre « ce misérable, ce grand misérable ». Dans sa colère il va et vient d'un pas rude et bruyant et puis il s'écrie soudain :

« Qu'il ne compte pas faire de moi ce qu'il a fait de son Dieu, de sa Convention et de son Directoire, qu'il a bassement trahis et vendus ! J'ai la vue plus longue que Barras, et avec moi ce ne sera pas si facile. Qu'il se tienne donc pour averti. Mais il a des notes, des instructions de moi, et j'entends qu'il me les rende. S'il refuse, qu'on le mette dans les mains de dix gendarmes. Qu'il soit conduit à l'Abbaye et, par Dieu, je lui ferai voir qu'un procès peut se faire promptement. »

Maintenant, les choses se gâtent. Maintenant, Fouché lui-même commence à se sentir mal à l'aise. Lorsque Dubois se présente chez lui, Fouché, duc d'Otrante, ancien ministre de la Police, est obligé de laisser mettre les scellés par son ancien subordonné sur toutes ses lettres, chose qui pourrait devenir dangereuse si, naturellement, cet homme prudent n'avait depuis longtemps enlevé celles ayant un véritable intérêt pour lui. Néanmoins, il commence à comprendre qu'il s'est obstiné inutilement. En toute hâte, il écrit à présent lettre sur lettre, l'une à l'empereur et d'autres aux divers ministres, pour se plaindre de la défiance qu'on a à son égard, lui, le plus loyal, le plus sincère, le plus droit et le plus fidèlement dévoué de tous les ministres, et dans une de ces lettres il est réjouissant de trouver en particulier cette phrase charmante : « Il n'est pas dans mon caractère de changer » (ces mots sont écrits littéralement, noir sur blanc, de la propre main de ce caméléon qu'a été Fouché quant au caractère). Et, tout comme quinze ans auparavant avec Robespierre, il espère prévenir encore la catastrophe par une rapide réconciliation. Il prend une voiture et se rend à Paris pour présenter personnellement à l'empereur ses explications, ou sans doute aussi déjà des excuses.

Mais il est trop tard. Il a joué trop longtemps, plaisanté trop longtemps ; maintenant il n'y a plus de réconciliation ni de compromis possibles ; celui qui a provoqué Napoléon publiquement doit être humilié publiquement. Une lettre est écrite à Fouché, dure, courte et tranchante comme Napoléon n'en a guère envoyé à d'autre ministre :

« Monsieur le duc d'Otrante, vos services ne peuvent plus m'être agréables. Il est à propos que vous partiez sous ces vingt-quatre heures pour votre sénatorerie. »

Il n'est plus question de la nomination comme ambassadeur à Rome ; un congédiement sec et brutal et de plus le bannissement. En même temps, le ministre de la Police reçoit mission de veiller à l'exécution immédiate de cet ordre.

La tension a été trop grande, le jeu trop téméraire ; voici que se produit une chose tout à fait inattendue : Fouché, effrayé de sa folle situation, s'effondre complètement, comme un somnambule qui, grimpant sans s'en douter sur les toits et réveillé soudain par un rude appel, tombe dans le vide. Le même homme qui, à deux doigts de la guillotine, a gardé son sang-froid et sa lucidité de pensée, s'écroule lamentablement sous le coup que lui a porté Napoléon.

Ce 3 juin 1810 est le Waterloo de Joseph Fouché. Ses nerfs se brisent ; il se précipite chez le ministre pour avoir un passeport pour l'étranger et, changeant de chevaux chaque station, il s'enfuit sans s'arrêter nulle part, jusqu'en Italie. Là, il va d'un endroit à l'autre, courant comme un rat affolé sur un foyer brûlant. Tantôt il est à Parme, tantôt à Florence, tantôt à Pise, tantôt à Livourne, au lieu, comme on le lui a prescrit, de se rendre dans sa sénatorerie. Mais la panique l'agite trop furieusement. Il ne veut qu'être hors de la portée de Napoléon, loin de cette poigne terrible. L'Italie même ne lui paraît pas assez sûre : c'est encore l'Europe, et toute l'Europe est soumise à cet homme formidable. Aussi frète-t-il à Livourne un navire pour aller en Amérique, le pays de la sécurité, de la liberté ; mais il est ramené au rivage par la tempête, par le mal de mer et par la crainte des croisières anglaises ; il s'affole et sa voiture court les routes, zigzaguant d'un port à un autre, d'une ville à une autre ; il implore l'assistance des sœurs de Napoléon, des souverains et de ses amis ; il disparaît et reparaît brusquement au grand ennui des fonctionnaires de la police qui cherchent sa trace et qui la perdent continuellement ; bref, il se conduit tout à fait comme un fou, comme un insensé, tellement sa crainte est grande, et pour la première fois il offre, lui, l'homme sans nerfs, un exemple véritablement clinique de complet effondrement nerveux. Jamais, d'un seul geste, d'un simple coup de poing, Napoléon n'a écrasé un adversaire plus radicalement que celui-là, qui avait été à la fois le plus hardi et le plus froid de ses serviteurs.

Ces disparitions et réapparitions, ce va-et-vient fiévreux dure des journées, des semaines, sans qu'on puisse deviner exactement (son magistral biographe, M. Louis Madelin, lui-même ne le sait pas et l'intéressé lui non plus ne le savait probablement pas) ce que voulait Fouché et où il voulait alors aller. Il semble que ce soit seulement dans sa voiture en marche qu'il se sente à l'abri de la vengeance que, s'imagine-t-il, Napoléon cherche à exercer sur lui, alors que, sans aucun doute, celui-ci ne pense plus du tout à prendre sérieusement au collet son serviteur désobéissant. Napoléon n'a voulu qu'imposer sa volonté, ravoir ses papiers et il y réussit entièrement. En effet, tandis que Fouché, affolé et comme hystérique, tue de fatigue ses chevaux de poste, à travers l'Italie, sa femme à Paris agit beaucoup plus raisonnablement. Elle capitule à sa place. Il n'est pas douteux que, pour sauver son mari, la duchesse d'Otrante rendit alors sans bruit à Napoléon les papiers que Fouché avait soustraits perfidement, car jamais plus ne parviendra à la lumière de la publicité une de ces feuilles intimes sur lesquelles l'ex-ministre appuyait sa menace de chantage. Comme ceux de Barras, à qui l'empereur les acheta ainsi qu'aux autres témoins gênants de son ascension, les documents de Fouché qui se rapportaient à Napoléon ont disparu sans laisser la moindre trace. L'empereur lui-même, ou plus tard Napoléon III ont détruit totalement tous les écrits qui ne cadraient pas avec l'histoire officielle.

À la fin, Fouché reçoit la gracieuse autorisation de rentrer dans sa sénatoreric d'Aix. La grande tempête s'est apaisée ; la foudre n'a fait que secouer les nerfs de Fouché, sans l'atteindre jusqu'à la moelle. Le 25 septembre, cet homme aux abois arrive dans son domaine, « pâle, défait et montrant, par l'incohérence de ses idées et le désordre de ses discours, un moral profondément atteint ». Mais il aura tout le temps qu'il faut pour se remettre, car celui qui s'est rebellé contre Napoléon est pour longtemps tenu à l'écart de toutes les affaires publiques. L'ambitieux doit payer la rançon de sa mauvaise plaisanterie : de nouveau la vague le jette à l'abîme. Pendant trois ans, Joseph Fouché restera sans dignité et sans emploi : son troisième exil a commencé.

VII

INTERMÈDE INVOLONTAIRE

1810-1815

Le troisième exil de Joseph Fouché a commencé. Dans son splendide château d'Aix le ministre d'État privé de ses fonctions, duc d'Otrante, réside comme un prince souverain. Il a maintenant cinquante-deux ans ; il a épuisé jusqu'à la lie toutes les émotions et tous les jeux, tous les succès et tous les revers de la vie politique, il a connu dans l'océan du destin l'éternelle alternance du flux et du reflux. Il a connu la faveur des puissants et le désespoir du délaissement ; il a été pauvre jusqu'à être inquiet pour son pain quotidien, et puis immensément riche ; il a été aimé et haï, fêté et proscrit ; maintenant enfin il peut se reposer sur son rivage doré, duc, sénateur, Excellence, ministre, conseiller d'État, multimillionnaire, ne dépendant de personne et pouvant faire sa propre volonté. Il se promène à son aise dans son carrosse à armoiries ; il fait des visites dans les demeures de la noblesse ; il reçoit de sa province de vifs hommages et, de Paris, des sympathies qui s'expriment secrètement ; il est débarrassé de la peine fâcheuse d'avoir à se disputer quotidiennement avec des fonctionnaires stupides et avec un maître despotique. Si l'on se fiait à son allure satisfaite, on pourrait croire que *procul negotiis* le duc d'Otrante se trouve bien. Mais un passage (incontestablement authentique) de ses Mémoires[1] (qui par ailleurs sont très douteux) montre

---

[1] *Dans cette étude, je n'ai pour ainsi dire jamais fait état des Mémoires du duc d'Otrante, publiés à Paris en 1824, car incontestablement ils ont été rédigés par une main étrangère, mais avec une matière en partie authentique. La science cherche encore aujourd'hui à savoir dans quelle mesure cet homme toujours double s'est occupé lui-même de leur préparation ; et jusqu'à nouvel ordre le mot plaisant de Henri Heine disant de Fouché que cet homme*

197

combien ce contentement est affecté : « L'habitude invétérée de tout savoir me poursuivant, j'y succombai davantage dans la nuit d'un exil doux, mais monotone. » Et ce qui fait le « charme de sa retraite », d'après son propre aveu, ce n'est pas le paysage clément de la Provence, mais tout un réseau de rapports et d'espionnages venus de la capitale. « À l'aide d'amis sûrs et de trois émissaires fidèles, je montai ma correspondance secrète, fortifiée par des bulletins réguliers qui, venus de plusieurs côtés différents, pouvaient être contrôlés l'un par l'autre ; en un mot, j'eus à Aix ma contre-police. » Cet homme incapable de se reposer pratique maintenant à titre de sport ce qu'il lui dit de faire officiellement et, s'il ne peut plus pénétrer au ministère, il brûle de regarder du moins par l'intermédiaire d'yeux étrangers, par le trou de la serrure, d'assister aux délibérations grâce à des oreilles complices et surtout d'épier si enfin ne se présente pas une occasion d'offrir de nouveau ses services et de reprendre sa place à la table où se joue l'histoire de l'époque.

Mais il restera longtemps encore à l'écart, le duc d'Otrante, car Napoléon n'a pas besoin de lui. L'empereur est au sommet de sa puissance ; il a vaincu l'Europe, il est gendre de l'empereur d'Autriche, il est (exaucement du désir des désirs !) père d'un roi de Rome. Devant lui tous les princes allemands et italiens sont d'une humble servilité, reconnaissants de la grâce qu'il leur a faite de leur laisser leurs couronnes et couronnettes ; déjà le dernier et unique ennemi, l'Angleterre, chancelle et hésite. Cet homme est devenu si fort qu'il peut se passer en souriant d'auxiliaires aussi souples et aussi peu sûrs que Joseph Fouché. C'est maintenant seulement que Fouché a tout le temps voulu pour réfléchir tranquillement et à son aise, pour reconnaître la folle présomption qui l'a poussé à se mesurer avec le plus puissant de tous les hommes. L'empereur ne lui fait même

____

notoirement faux a poussé la fausseté jusqu'à publier, même après sa mort, de faux Mémoires, reste toujours vrai.

pas l'honneur de le haïr ; de la cime extraordinaire sur laquelle le destin l'a placé et élevé, il ne remarque même plus le méchant petit insecte qui, jadis, s'est niché sous son manteau et qu'il a fait tomber d'une seule et vigoureuse chiquenaude. Il ne fait attention ni à ses importunités ni à son absence ; Fouché n'existe plus pour lui. Et rien ne montre plus clairement au disgracié combien, maintenant, Napoléon fait peu cas de lui et le craint peu, que l'autorisation qu'il obtient finalement de rentrer dans son château de Ferrières, à deux heures de Paris. À vrai dire, cependant, Napoléon ne le laisse pas venir plus près ; Paris et les Tuileries restent interdits à l'homme qui a osé le défier.

Pendant ces deux années d'inaction Joseph Fouché n'est appelé au palais impérial qu'une seule fois. Napoléon prépare la guerre contre la Russie : cette fois-ci Fouché doit, lui aussi, exprimer son opinion, puisque tous les autres la déconseillent. À l'en croire, il y fait entendre un avertissement passionné ; il présente même (si ce n'est pas là une chose fabriquée *post festum)* un mémorandum que l'on trouve dans ses souvenirs ; mais il y a déjà longtemps que Napoléon désire n'entendre que la confirmation de sa propre volonté, et l'approbation aveugle de ses paroles. Celui qui lui déconseille la guerre semble douter de sa grandeur. Aussi Fouché est-il froidement renvoyé à son château, à son exil et à l'inaction, tandis que l'empereur part pour Moscou avec six cent mille hommes, – la plus hardie et la plus insensée de ses entreprises.

Un rythme singulier règle la vie étrange et féconde en vicissitudes de Joseph Fouché. Lorsqu'il monte, tout lui réussit ; lorsqu'il tombe, le destin se tourne contre lui. Maintenant qu'il est obligé de s'abandonner au désœuvrement, aigri et mécontent, dans l'ombre de la disgrâce, dans son château reculé, hors de la sphère des événements, maintenant que sa déception aurait besoin d'un appui moral, d'un confident sûr, de tendres consolations, c'est à cet instant précis qu'il perd le seul être qui, pendant vingt ans, l'ait accompagné avec amour, persévérance et énergie sur tous ses chemins dangereux : sa femme. Lors de son premier exil, dans sa mansarde étaient morts ses deux premiers enfants, qu'il aimait par-dessus tout, et dans son troisième exil voici que sa compagne disparaît. Pareille perte atteint cet homme, en apparence insensible, au plus intime de son être. Car lui qui s'est montré infidèle et capricieux à l'égard de tous les partis et de toutes les idées, cet esprit impénétrable a été le plus tendrement fidèle à son laideron de femme ; il a été l'époux le plus attentif et le père le plus consciencieux ; de même que derrière le masque sec de l'homme de cabinet se cache le joueur intellectuel, nerveux et intrigant, de même derrière l'homme redoutable et instable se cache, timide et invisible, un époux à la fidélité bourgeoise, comme on en rencontre dans la province française, un homme solitaire qui n'a d'assurance et ne se sent à son aise que dans le cercle étroit de la famille.

Ce qui vivait de bonté et d'honnêteté dans les profondeurs obscures de ce rusé diplomate, il l'a voué, secrètement et avec un amour dissimulé, à cette compagne qui n'existait que pour lui, qui ne paraissait jamais aux fêtes de la cour, aux banquets ou aux réceptions, et qui ne se mêlait jamais à ses jeux dangereux. Dans le tréfonds impénétrable de sa vie privée, il trouvait là un contrepoids très utile à ce que son existence politique avait d'incertain, de hasardeux et d'inquiet ; et précisément cet appui se brise lorsqu'il en a le plus besoin. Pour la première fois on sent chez cet homme froid comme la pierre une véritable émotion ; pour la première fois on perçoit dans ses lettres un accent chaud, sincère et humain. Lorsque, après la sottise folle de son successeur, le duc de Rovigo, qui s'est laissé emprisonner sans résistance, dans le ridicule coup de main tenté par un demi-toqué, et cela pour l'amusement de tout Paris, ses amis le pressent de prétendre de nouveau au ministère de la Police, il refuse de rentrer dans le monde de la politique : « Mon cœur est fermé à toutes les folies humaines ; le pouvoir n'a pas de charmes pour moi, le repos n'est pas seulement une chose convenable dans ma situation, il m'est nécessaire. Les affaires ne m'offrent plus que l'image du tumulte, de l'embarras et des dangers. » Pour la première fois la leçon de la souffrance semble lui avoir vraiment servi. Un profond besoin de repos, de détente intérieure, après une période d'ambitions perpétuelles et insensées, s'est emparé de cet homme déjà vieillissant, dès l'instant où il a vu mourir, à ses côtés, la compagne de vingt terribles années. La joie de l'intrigue paraît pour toujours morte en lui ; la volonté de puissance paraît enfin, enfin ! brisée chez cet esprit tourbillonnant et épris de désirs incessants.

Mais, ironie tragique ! la seule fois, la première fois que Fouché, lui qui d'habitude est sans repos, désire se reposer loin de toute fonction, son adversaire Napoléon lui en impose une de force.

Ce n'est pas par amour, par inclination, avec confiance que Napoléon appelle une fois encore Fouché à son service, mais par méfiance et dans un état d'incertitude aiguë. Pour la première fois l'empereur est revenu vaincu. Ce n'est pas à la tête d'une armée, dressé sur son cheval, entouré de drapeaux et en passant sous des arcs de triomphe, qu'il rentre à Paris ; mais sa pelisse relevée jusqu'au menton, pour ne pas être reconnu, il est arrivé la nuit comme un fugitif. La plus belle armée qu'il eût jamais créée est couchée, gelée, dans la neige russe et, avec l'auréole de l'invincibilité, tous ses amis se sont envolés. Tous les empereurs et tous les rois qui, la veille et l'avant-veille encore, courbaient devant lui l'échine jusqu'à terre, se rappellent, avec une pénible soudaineté, leur dignité, lorsqu'ils voient que l'empereur est vaincu. Un univers en armes se lève contre son dur maître. Voici la chevauchée des Cosaques venus de Russie ; en Suède, son ancien rival Bernadotte se joint à ses ennemis ; son propre beau-père, l'empereur François, prépare des armements, en Bohême ; la Prusse, pillée et asservie, prend les armes avec un enthousiasme assoiffé de vengeance ; « la semence de dents de dragons » issue de guerres sans nombre et sans motifs germe dans la terre d'Europe, mise à feu et à sang, et sillonnée de douleurs, et elle mûrira, cet automne, dans les champs de Leipzig. Partout craque le gigantesque édifice élevé en dix années par une volonté unique de domination universelle ; les frères de Bonaparte chassés d'Espagne, de Westphalie, de Hollande et d'Italie se sont réfugiés auprès de lui. Maintenant il s'agit pour Napoléon de déployer une énergie suprême. Avec un coup d'œil magnifique et clairvoyant, avec une puissance de travail décuplée, il prépare tout pour la lutte décisive. Qui peut encore porter une giberne ou monter sur un cheval va être, en France, appelé sous les drapeaux ; de partout, d'Espagne, d'Italie, les troupes éprouvées sont retirées pour combler les vides faits par l'hiver russe, aux mâchoires de glace. Jour et nuit, des milliers d'ouvriers travaillent dans les fabriques de sabres et de canons ; on fait des pièces d'or avec les trésors cachés ; on emploie les économies qui se trouvent dans les coffres secrets des Tuileries ; les forteresses sont mises en état et, tandis que, de l'est et de l'ouest, les armées marchent d'un pas pesant, vers Leipzig, des réseaux diplomatiques sont tendus dans toutes les directions. Nulle part il ne doit rester de position faible et incertaine ; nulle part il ne doit y avoir de lacune dans ce réseau de fils de fer barbelés qui doit entourer la France ; il faut prévoir chaque éventualité et assurer la position aussi bien à l'arrière qu'au front. Car il ne faut pas qu'une seconde fois, comme pendant la campagne de Russie, un fou ou un esprit malintentionné ébranle ou détruise la confiance du peuple en Napoléon. Personne, qui ne soit tout à fait sûr, ne restera à l'arrière ; pas un homme dangereux ne sera laissé sans surveillance.

L'empereur, avant cette bataille décisive, pense à chaque facteur de puissance, à chaque éventualité, à chaque danger possible. C'est pourquoi il pense aussi à cet homme qui pourrait devenir dangereux, à Joseph Fouché. On le voit, il ne l'a pas oublié ; il l'a simplement dédaigné tant que lui-même a été puissant. Maintenant que sa force a fléchi, il lui faut prendre des garanties. Aucun ennemi possible ne doit rester à Paris, et, comme Napoléon ne compte pas Fouché parmi ses amis, il décide que Fouché doit quitter Paris.

À la vérité, il n'y a pas de motif valable pour arrêter et pour interner dans une forteresse cet agité et cet intrigant afin qu'il ne puisse plus ourdir de machinations. Mais il ne faut pas non plus qu'il reste libre Le mieux, c'est donc de lier ses mains avides de jouer un rôle, en lui donnant un emploi et, autant que possible, très loin de Paris. C'est en vain qu'au milieu du tumulte des affaires et des préparatifs guerriers on cherche, au quartier général de Dresde, une fonction de ce genre qui à la fois paraisse honorable et offre des garanties contre Fouché ; il n'est pas facile d'en trouver. Mais Napoléon est déjà impatient de savoir hors de Paris cet ami des ténèbres. Et, comme on ne trouve pas de poste pour Fouché, on lui en invente un, en lui conférant un emploi à Néphélococcygie : l'administration des territoires occupés en Prusse. Un bel emploi, plein de dignité, un emploi de première classe, sans aucun doute, mais qui n'a malheureusement que le petit défaut d'être lié à un « si », car cette régence ne peut commencer que si Napoléon conquiert la Prusse. Et jusqu'à présent les événements militaires n'en prennent guère la tournure, car Blücher presse déjà sérieusement l'empereur sur ses flancs, en Saxe ; par conséquent, cette lettre écrite par l'empereur, le 10 mai, au duc d'Otrante, n'est que l'attribution bouffonne d'un poste en l'air :

« Je vous ai fait connaître que mon intention était, aussitôt que je serais à même d'entrer dans les États du roi de Prusse, de vous appeler auprès de moi pour vous mettre à la tête du gouvernement de ce pays. Que cela ne fasse aucun bruit à Paris. Il faut que vous soyez censé partir pour votre

campagne et que vous soyez déjà ici qu'on vous croie encore chez vous. La régente seule a connaissance de votre départ. Je suis fort aise d'avoir l'occasion de recevoir de vous de nouveaux services et de nouvelles preuves d'attachement. »

L'empereur écrit ainsi à Joseph Fouché, précisément parce qu'il n'a pas du tout confiance dans son « attachement ». Et ce n'est qu'à contrecœur et plein de défiance que, pénétrant aussitôt l'intention secrète de son maître, le duc d'Otrante s'apprête à partir.

« *Je jugeai aussitôt,* remarquent ses Mémoires, *que, redoutant ma présence à Paris, pour le moins autant que celle de Murat à Naples, c'étaient deux otages qu'il voulait avoir sous la main, en nous appelant près de lui.* »

Cependant, le futur gouverneur de la Prusse ne se dépêche pas trop de se rendre à Dresde, au Conseil d'État, puisqu'il sait qu'en réalité on désire non pas recevoir ses conseils mais simplement lui lier les mains. Il n'arrive que le 29 mai et le premier mot par lequel l'empereur le salue est : « Vous venez tard, monsieur le Duc. »

Il va de soi qu'à Dresde on ne parle plus du prétexte comique consistant à lui donner le gouvernement de la Prusse ; le moment est devenu trop grave pour des plaisanteries de ce genre. Mais, maintenant, on l'a étroitement sous la main et, par bonheur, voici qu'on trouve un autre poste magnifique, pour l'éloigner du théâtre des événements, non pas précisément, comme le précédent, situé sur les hauteurs de Néphélococcygie, ou dans la lune, mais néanmoins à des centaines de kilomètres de Paris : le gouvernement de l'Illyrie. Le vieux camarade de Napoléon, le général Junot, qui administre cette province, est soudain devenu fou et, par conséquent, une cellule pour récalcitrants est là, vacante. Aussi l'empereur attribue-t-il, avec une ironie à peine contenue, cette souveraineté éphémère à Joseph Fouché qui, comme toujours, ne refuse pas, s'incline docilement et se déclare prêt à partir immédiatement.

L'Illyrie, ce nom évoque l'opérette et, effectivement, quel État bariolé a été taillé là de force lors de la dernière paix, avec des morceaux du Frioul, de la Carinthie, de la Dalmatie, de Trieste ! Un État sans unité, ne répondant à rien de logique, avec, comme capitale, Laibach, une mesquine ville provinciale de petits agriculteurs, – un monstre hybride, incapable de vivre, engendré par une volonté ivre de puissance et par une diplomatie aveugle. Fouché n'y trouve que des coffres mal remplis, quelques douzaines de fonctionnaires qui s'ennuient, très peu de soldats et une population méfiante qui n'attend que le départ des Français. Partout craque déjà la charpente de cet État artificiel, maçonné trop vite ; quelques coups de canon suffiraient pour détruire cet édifice chancelant. Voici que ces coups de canon, le propre beau-père de Napoléon, l'empereur François, les tire bientôt lui-même contre son gendre et c'en est fait de cette magnificence illyrienne. Fouché ne peut songer à une sérieuse résistance, avec ses quelques régiments qui, composés pour la plus grande partie de Croates, sont prêts, au premier coup de feu, à passer du côté de leurs anciens camarades. Aussi, dès le premier jour, ne fait-il, au fond, que préparer la retraite et, pour la masquer adroitement, il affecte extérieurement les grandes allures d'un souverain sans soucis ; il donne des bals et des réceptions ; pendant le jour, il fait fièrement parader les troupes, tandis que, la nuit, les caisses publiques et les papiers du gouvernement sont expédiés secrètement à Trieste. Tout son travail de chef et de souverain ne peut que se limiter à évacuer le pays prudemment et pas à pas, avec aussi peu de pertes que possible ; et, dans cette retraite stratégique, son vieux sang-froid, son énergie prompte à l'action se manifestent de nouveau avec une maîtrise absolue. Ce n'est que pas à pas qu'il recule, sans aucune perte, de Laibach à Goerz, de Goerz à Trieste, de Trieste à Venise ; il ramène presque au complet de son Illyrie éphémère tous ses fonctionnaires, le trésor public et beaucoup de matériel précieux. Mais qu'importe la perte de cette province ridicule ! Car, en même temps,

Napoléon perd la plus importante et la dernière de ses grandes batailles dans cette guerre, la bataille des Nations, à Leipzig, et avec elle, la domination universelle.

Donc Fouché s'est acquitté de sa fonction, d'une manière parfaite et digne d'éloges. Maintenant qu'il n'y a plus d'Illyrie à administrer, il se sent redevenu libre et, naturellement, veut rentrer à Paris. Mais Napoléon ne l'entend pas ainsi. À aucun prix un Fouché ne doit revenir à Paris. « Fouché est un homme qu'il ne faut pas laisser à Paris dans les circonstances présentes » ; ce mot, prononcé à Dresde, prend, après Leipzig, une valeur bien plus grande. Il faut que Fouché s'en aille, très loin, à tout prix. Au milieu de la tâche monstrueuse qui lui incombe de se défendre contre des forces cinq fois supérieures, l'empereur cherche au plus vite une autre mission à donner à ce personnage gênant, une mission qui, encore une fois, le rende inoffensif pour la durée de la campagne. Il importe maintenant de lui fournir matière à intriguer et à faire le diplomate, pour que, à Paris, il ne puisse faire des siennes. Aussi Napoléon le charge-t-il d'abord de se rendre à Naples (Naples est loin !) pour rappeler au devoir Murat, le roi de Naples, beau-frère de Napoléon, qui est plus inquiet de son royaume que de l'empire, et pour l'engager à venir au secours de l'empereur avec une armée. L'histoire ne dit pas comment Fouché s'acquitta de sa mission, s'il a réellement essayé de ramener à la fidélité l'ancien général de la cavalerie napoléonienne, ou bien s'il l'a fortifié dans sa défection. En tout cas, le but principal de l'empereur est atteint : tenir Fouché pendant quatre mois, au-delà des Alpes, à des centaines de lieues de distance, dans des négociations incessantes. Tandis que les Autrichiens, les Prussiens et les Anglais marchent déjà sur Paris, il doit constamment et, à vrai dire, sans but, faire la navette entre Rome, Florence et Naples, entre Lucques et Gênes, dépensant de nouveau son temps et son énergie en un problème insoluble. Car, ici aussi, les Autrichiens s'avancent continuellement ; après l'Illyrie, l'Italie, – le second État qui lui ait été attribué, – est perdue, elle aussi. Finalement, au début de mars, l'empereur Napoléon n'a plus de pays où il puisse expédier cet homme gênant ; et d'ailleurs, même en France, il n'a plus rien à interdire ni prescrire. Aussi Joseph Fouché rentre-t-il dans sa patrie en traversant les Alpes, le 11 mars, après avoir été irrémédiablement tenu éloigné de toutes manœuvres politiques pendant quatre mois, par la prévoyance géniale de l'empereur. Et, lorsque, enfin, il brise sa chaîne, il arrive exactement quatre jours trop tard.

À Lyon Fouché apprend que les troupes des trois empereurs marchent sur Paris. Sous peu de jours, par conséquent, Napoléon sera renversé et un nouveau gouvernement formé. Il va de soi que son ambition le consume, dans l'impatience où il est « d'avoir la main dans la pâte » et d'en tirer à lui les morceaux les plus succulents. Mais la route directe de Paris est déjà barrée par les troupes ennemies ; il est obligé de faire un long détour par Toulouse et Limoges ; enfin le 8 avril sa voiture franchit les barrières de Paris. Il reconnaît au premier coup d'œil qu'il est arrivé trop tard. Et qui arrive trop tard est sacrifié. Napoléon lui a une fois de plus fait payer toutes ses intrigues et manœuvres secrètes, par la magistrale précaution de le tenir éloigné, tant qu'il y avait quelque chose à pêcher en eau trouble. Paris a déjà capitulé ; Napoléon a abdiqué ; Louis XVIII est roi et le nouveau gouvernement est au complet, sous la présidence de Talleyrand. Le maudit boiteux s'est trouvé sur place au bon moment et il a fait volte-face plus vite que Fouché n'a pu le faire. Déjà le tsar de Russie habite dans la maison de Talleyrand ; le nouveau roi le comble de témoignages de confiance ; il a distribué à sa fantaisie les portefeuilles ministériels et par une basse perfidie il n'en a réservé aucun au duc d'Otrante, occupé sans raison et sans but à administrer l'Illyrie et à faire de la diplomatie sur les routes italiennes. Personne ne l'a attendu ; personne n'a souci de lui ; personne ne s'adresse à lui ; personne ne lui demande conseil ou assistance. Une fois de plus Joseph Fouché, comme ce fut le cas si souvent dans sa vie, est mis au rebut.

Pendant longtemps, il ne veut pas croire qu'on le laisse tomber avec tant d'indifférence, lui, le grand adversaire de Napoléon. Il offre ses services, publiquement et secrètement ; on le voit dans l'antichambre de Talleyrand, chez le frère du roi, chez l'ambassadeur d'Angleterre, dans les salles du Sénat, partout. Et, pourtant, personne ne l'écoute. Il écrit des lettres, une notamment à Napoléon, à qui il conseille d'émigrer en Amérique, tout en envoyant une copie au roi Louis XVIII, pour se faire bien voir de lui. Mais il ne reçoit aucune réponse. Il sollicite les ministres pour obtenir une fonction digne de son mérite ; ils le reçoivent poliment, froidement, mais ne le favorisent pas. Il se fait protéger par des femmes et recommander par des gens à qui il a autrefois rendu service ; mais c'est en vain ; il a commis la faute la plus impardonnable qui soit en politique : celle d'arriver trop tard. Toutes les places sont déjà prises et aucun dignitaire ne songe à s'en aller volontairement, pour céder, par amabilité, son poste au duc d'Otrante. Il ne reste à cet ambitieux qu'à faire une fois de plus ses malles, et à se retirer dans son château de Ferrières. Maintenant que sa femme est morte, il n'a plus qu'un seul auxiliaire : le temps. Jusqu'à présent celui-ci l'a toujours aidé et il l'aidera cette fois encore.

Et réellement, il l'aide encore cette fois. Fouché ne tarde pas à sentir que de nouveau l'atmosphère a une odeur de poudre. Quand on a de fines oreilles, on entend, même sans sortir de Ferrières, les craquements d'un trône menacé. Le nouveau maître, Louis XVIII, commet faute sur faute. Il lui plaît d'ignorer la Révolution et d'oublier qu'après vingt ans de droits civils et politiques la France n'est pas disposée à courber l'échine devant vingt familles nobles. Il méprise aussi le danger constitué par cette classe prétorienne d'officiers et de généraux qui, mis en demi-solde, murmurent leur mécontentement de cette basse ladrerie du roi citrouille. Ah ! si Napoléon revenait, la bonne et belle guerre reviendrait aussitôt. Alors, on pourrait de nouveau se mettre en campagne, piller les pays, faire une agréable carrière et prendre fermement les rênes en main. Déjà des messages suspects vont d'une garnison à l'autre ; déjà une conspiration se prépare peu à peu dans l'armée ; et Fouché, qui n'a jamais coupé complètement le cordon ombilical le reliant à sa création, la police, écoute et entend plus d'une chose qui lui donne à réfléchir. Il sourit doucement en lui-même : le bon roi aurait appris toute espèce de nouvelles intéressantes s'il avait eu comme ministre de la Police le duc d'Otrante. Mais pourquoi avertir ces courtisans ? Jusqu'à présent, c'est toujours la catastrophe, le changement brusque de vent qui a porté Fouché sur les hauteurs. C'est pourquoi il reste muet, se cache, ne bouge pas et souffle comme un lutteur avant le combat.

Le 5 mars 1815, un courrier se précipite aux Tuileries avec la nouvelle stupéfiante que Napoléon s'est évadé de l'île d'Elbe et a débarqué à Fréjus le 1er mars, avec six cents hommes. Les courtisans royaux accueillent cette nouvelle avec des sourires de mépris. Naturellement, ils l'ont toujours dit, ce Napoléon Bonaparte, dont on fait tant de cas, n'est pas dans son bon sens. Avec six cents hommes (parbleu, c'est vraiment risible !) ce fou veut combattre le roi qui a derrière lui toute l'armée et toute l'Europe ! Allons, pas d'émotion, pas de souci : avec une poignée de gendarmes on maîtrisera bien ce misérable aventurier. Le maréchal Ney, le vieux compagnon d'armes de Napoléon, reçoit l'ordre de s'emparer de lui. Avec vantardise il promet au roi, non seulement de capturer l'agitateur, mais encore de le conduire à travers le pays dans une cage de fer. Louis XVIII et ses fidèles promènent tout à leur aise leur insouciance dans Paris, au moins pendant les premiers huit jours, et *le Moniteur* raconte toute l'histoire sur un ton amusé. Mais bientôt les nouvelles désagréables se multiplient. Nulle part Napoléon n'a rencontré de résistance ; chaque régiment envoyé contre lui, au lieu de lui barrer la route, renforce sa petite armée, et ce même maréchal Ney qui devait le capturer et l'enfermer dans une cage de fer passe, drapeaux déployés, du côté de son ancien maître. Déjà Napoléon est entré à Grenoble, déjà il est à Lyon ; encore une semaine et sa prédiction s'accomplira : l'aigle impérial se posera sur les tours de Notre-Dame.

Maintenant à la cour, c'est la panique. Que faire ? Quelles digues opposer à cette avalanche ? Le roi et ses conseillers, comtes et princes, reconnaissent trop tard quelle folie ce fut de s'éloigner du peuple et de vouloir oublier artificiellement qu'entre 1792 et 1815 il y avait eu en France une révolution. Par conséquent, il faut vite se faire aimer. Il faut, de n'importe quelle manière, montrer à cet imbécile de peuple qu'on le chérit réellement, qu'on tient compte de ses désirs et de ses droits ; il faut vite gouverner d'une manière républicaine et démocratique. C'est lorsqu'il est trop tard que les empereurs et les rois aiment à se découvrir un cœur de démocrate. Mais comment gagner les républicains ? Oh ! c'est bien simple : il suffira de confier un portefeuille de ministre à l'un d'entre eux, au républicanisme très prononcé et qui ainsi donnera aussitôt au drapeau fleurdelisé une teinte rouge. Mais où le trouver ? On réfléchit et l'on se rappelle soudain un certain Joseph Fouché qui, il y a quelques semaines, faisait des courbettes dans toutes les antichambres, inondant de projets la table du roi et de ses ministres. Oui, c'est là l'homme qu'il faut, le seul qu'on puisse employer toujours et à tout. Vite, qu'on aille le tirer de son obscurité ! Toujours quand un gouvernement a des difficultés, que ce soit le Directoire, le Consulat, l'Empire ou la Royauté, toujours, quand on a besoin d'un bon intermédiaire, de quelqu'un qui résolve les problèmes et rétablisse l'ordre, on s'adresse à l'homme au drapeau rouge, au caractère le moins sûr, – qui est en même temps le plus sûr des diplomates, – à Joseph Fouché.

Ainsi le duc d'Otrante a la satisfaction de voir les comtes et les princes qui, tout récemment, l'ont froidement éconduit et lui ont tourné le dos, s'adresser maintenant à lui avec une insistance pleine de respect, lui offrir un portefeuille, et lui en imposer l'acceptation, ou presque. Mais l'ancien ministre de la police connaît trop exactement la situation politique réelle pour se compromettre à présent, à la treizième heure, dans l'intérêt des Bourbons. Il sent que déjà ce doit être l'agonie, pour qu'on l'appelle avec tant d'insistance comme médecin. Et il refuse poliment, sous toute sorte de prétextes, laissant discrètement entendre que c'est un peu plus tôt qu'il aurait fallu s'adresser à lui. Mais plus les troupes de Napoléon approchent et plus la notion de l'honneur se fait petite à la cour royale. Avec toujours plus d'empressement on sollicite Fouché de prendre le gouvernement, et même le propre frère de Louis XVIII lui demande un entretien secret. Pour une fois, Fouché reste inébranlable ; ce n'est pas par conviction, mais parce que s'appuyer sur une planche pourrie ne lui dit rien et qu'il se sent tout à son aise dans une position de bascule entre les deux partis, entre Louis XVIII et Napoléon. « À présent il est trop tard », dit-il en tranquillisant le frère du roi ; le roi n'a qu'à se mettre en sûreté ; l'aventure napoléonienne ne durera guère et, pendant ce temps, il fera tout son possible pour desservir l'empereur. On n'a qu'à lui faire confiance. Ainsi il garde un atout en main et, si les Bourbons demeurent victorieux, il pourra se donner comme leur auxiliaire. D'autre part, si c'est Napoléon qui triomphe, il pourra faire valoir fièrement qu'il a repoussé l'offre des Bourbons. Le système éprouvé de la contre-assurance auprès des deux camps lui a trop souvent réussi pour qu'il n'y recoure pas une fois de plus, – ce système qui lui permet de se faire passer en même temps pour le fidèle serviteur des deux maîtres, de l'empereur et du roi.

Mais, cette fois-ci, la scène va être bien amusante ; toujours aux moments critiques de la vie de Fouché, la tragédie cède la place à la comédie. Les Bourbons ont appris de Napoléon une chose : c'est qu'il ne faut jamais, en des temps dangereux, laisser derrière soi un homme comme Fouché. Aussi trois jours avant le départ du roi, tandis que Napoléon s'avance rapidement sur Paris, la police reçoit-elle l'ordre d'arrêter Fouché comme suspect, – parce qu'il refuse de devenir ministre du roi, – et de l'éloigner de la capitale.

Le ministre de la Police, à qui incombe l'exécution de cette mission désagréable, s'appelle (l'histoire aime les surprises véritablement originales) Bourrienne. C'est le plus intime ami de jeunesse de Napoléon ; il a été son camarade à l'école de guerre, son compagnon d'Égypte, son secrétaire pendant de longues années ; il a connu tous ses familiers ; et, par conséquent, il connaît à fond son Fouché. Il est donc quelque peu effrayé lorsque le roi lui confie la mission d'arrêter le duc d'Otrante. Il se permet de demander si c'est une mesure réellement opportune et, comme le roi réitère l'ordre avec énergie, Bourrienne secoue de nouveau la tête : ce ne sera pas chose si facile. Ce vieux brochet, il le sait, a traversé trop d'écluses et de nasses pour se laisser prendre au piège en plein jour ; pour arrêter un tel homme il faut du temps et une bonne dose d'habileté. Mais néanmoins l'ordre est donné et, effectivement, le 16 mars 1815, à onze heures du matin, les policiers entourent en plein boulevard la voiture du duc d'Otrante et lui déclarent qu'il est prisonnier, en vertu des ordres de Bourrienne. Fouché, qui ne perd jamais son sang-froid, sourit dédaigneusement : « On n'arrête pas un ancien ministre, un ancien sénateur, au milieu d'une rue. » Avant que les agents, qui trop longtemps ont été ses subordonnés, aient pu se remettre de leur surprise, Fouché a déjà commandé au cocher de presser vigoureusement les chevaux, et le carrosse file à toute allure dans la direction de sa demeure. Les policiers sont là, bouche bée, tout stupéfaits, et ils avalent la poussière soulevée par la voiture qui détale prestement. Bourrienne avait raison : il n'est pas si facile que ça d'arrêter un homme qui a échappé à un Robespierre, à un décret de la Convention, et à un Napoléon.

Les policiers dupés rapportent à leur ministre comment Fouché leur a glissé entre les mains et Bourrienne emploie aussitôt les grands moyens : maintenant il y va de son autorité ; il ne peut pas admettre qu'on plaisante ainsi avec lui. Il fait cerner de tous les côtés la maison de la rue Cerutti et surveiller la porte ; un fort détachement en armes monte les degrés du perron pour saisir le fugitif. Mais Fouché a préparé encore une seconde plaisanterie, un de ces superbes coups de maître sans pareils, comme il réussit presque toujours à en accomplir dans les situations les plus difficiles et les plus tendues. C'est précisément dans le danger, on l'a souvent vu, qu'il est pris de cette envie de plaisanter et de duper follement autrui. Le fieffé mystificateur reçoit donc avec beaucoup de politesse les fonctionnaires qui viennent pour l'arrêter et il prend connaissance de l'ordre d'arrestation. Oui, il est bien en règle et il va de soi qu'il ne songe pas à résister aux ordres de Sa Majesté le Roi. Ces messieurs voudront bien s'asseoir ici au salon ; il a encore quelques petites choses à mettre en ordre, puis il les suivra immédiatement. C'est ce que Fouché leur assure de la manière la plus polie, et il passe dans la pièce à côté. Les autres attendent respectueusement qu'il ait achevé sa toilette : somme toute, on ne peut pas saisir brutalement par la manche, comme un pickpocket, un sénateur, un ancien ministre et dignitaire de la cour, ni lui mettre les menottes. Ils attendent respectueusement ; ils attendent quelque temps, — jusqu'à ce que, malgré tout, le temps leur semble d'une longueur suspecte. Puis, comme Fouché ne revient toujours pas, ils passent dans la pièce voisine et découvrent (véritable scène de comédie au milieu du tumulte des événements politiques) que Fouché leur a brûlé la politesse. Tout comme au cinéma, qui à l'époque n'était pas encore inventé, cet homme de cinquante-six ans a dressé dans le jardin une échelle contre le mur et, tandis que les policiers l'attendent avec respect dans le salon, il a sauté tout bonnement, avec une agilité surprenante pour son âge, dans le jardin voisin, qui appartient à la reine Hortense, et de là, il s'est mis en sûreté. Ce soir-là, tout Paris s'amuse de la réussite de ce bon tour. Cependant une telle plaisanterie ne peut pas durer longtemps ; le duc d'Otrante est trop connu de toute la ville pour pouvoir se cacher longtemps. Mais Fouché a, une fois de plus, bien calculé en comptant que ce jour-là il s'agissait simplement de gagner quelques heures ; en effet, déjà le roi et ses fidèles doivent maintenant prendre leurs dispositions pour n'être pas arrêtés eux-mêmes par la cavalerie de Napoléon qui approche. En toute hâte aux Tuileries ont fait ses malles et, par son furieux ordre d'arrestation, Louis XVIII n'a réussi qu'à établir un témoignage public de la fidélité – jamais réelle – de Fouché à l'empereur, fidélité à laquelle, il est vrai, Napoléon ne croira pas. Mais lorsque celui-ci apprend la réussite du tour de cet artiste en politique, il ne peut s'empêcher de rire et dit avec une sorte d'admiration coléreuse : « Il est décidément plus malin qu'eux tous. »

LA LUTTE FINALE AVEC L'EMPEREUR

1815, LES CENT-JOURS

Le 19 mars 1815, à minuit (la vaste place est sombre et déserte), douze voitures entrent dans la cour du palais des Tuileries. Une porte latérale, sans apparence, s'ouvre, il en sort un domestique, un flambeau à la main ; derrière lui se traîne péniblement, soutenu des deux côtés par deux fidèles gentilshommes, un homme obèse, à la respiration asthmatique, Louis XVIII. À l'aspect du roi infirme, qui, à peine rentré d'un exil de quinze ans, est de nouveau obligé de s'enfuir hors de son pays, en pleine nuit, tous les assistants sont pris de compassion. La plupart plient le genou, tandis que l'on hisse dans le carrosse ce vieil homme, à qui sa décrépitude enlève toute dignité, mais que le tragique de sa situation rend touchant. Puis les chevaux se mettent en marche, les autres voitures suivent et pendant quelques minutes retentit encore sur le dur pavé la cavalcade de la garde qui sert d'escorte. Ensuite la place gigantesque rentre dans l'ombre et le silence jusqu'à la pointe de l'aube, jusqu'au matin du 20 mars, – le premier des cent jours qui sont donnés encore à l'empereur Napoléon revenu de l'île d'Elbe.

C'est la curiosité qui d'abord s'approche. Les narines frémissantes et avides, elle erre autour du palais, flairant l'air, pour savoir si le gibier royal pourchassé a déjà pris la fuite devant l'empereur. Ce sont des commerçants, des oisifs, des promeneurs. Inquiets ou joyeux, suivant leur tempérament et leurs opinions, ils se chuchotent entre eux les nouvelles. À dix heures afflue déjà une multitude dense et pressée. Et, comme c'est toujours la masse qui donne à l'homme du courage, on entend pour la première fois distinctement des cris de : « Vive l'empereur ! » et « À bas le roi ! » Puis soudain s'avancent des cavaliers ; ce sont des officiers qui, sous la royauté, avaient été mis en demi-solde. Ils sentent venir du nouveau, avec le retour de l'empereur belliqueux, la guerre, un emploi, la solde entière, des légions d'honneur, de l'avancement ; sous le commandement d'Exelmans, ils occupent avec une tumultueuse allégresse les Tuileries sans aucun empêchement (et parce que le passage d'un régime à l'autre s'accomplit si paisiblement, sans qu'il y ait du sang versé, la rente monte aussitôt à la Bourse de quelques points). À midi le drapeau tricolore flotte sur l'antique château royal sans qu'un coup de fusil ait été tiré.

Et déjà arrivent cent profiteurs, les « fidèles » de la cour impériale, les dames du palais, des domestiques, des échansons, des officiers de bouche, les anciens conseillers d'État et maîtres des cérémonies, tous ceux qui n'ont pu servir et gagner de l'argent sous les lis du drapeau blanc, toute la nouvelle noblesse que Napoléon a fait naître des ruines de la Révolution pour en parer sa cour. Tout le monde est en tenue de gala, les généraux, les officiers, les dames : on voit briller des diamants, des épées et les décorations. Les chambres sont ouvertes et préparées pour la réception du nouveau maître ; on s'empresse d'ôter les emblèmes royaux ; sur la soie des fauteuils luit de nouveau, au lieu du lis royal, l'abeille napoléonienne. Chacun brûle de se trouver à son poste assez tôt, pour être remarqué dès la première heure, comme « fidèle ». Cependant, le soir arrive. Comme pour les bals et les grandes réceptions, les serviteurs en livrée allument tous les candélabres et tous les flambeaux ; jusqu'à l'arc de triomphe, tout là-haut, étincellent les fenêtres du palais redevenu impérial, et elles attirent d'énormes masses de curieux dans les jardins des Tuileries.

Enfin, à neuf heures du soir, arrive au grand galop une

voiture protégée ou flanquée à droite, à gauche, devant et derrière, de cavaliers de tous grades et de toutes catégories, qui brandissent leurs sabres avec enthousiasme (ils en auront bientôt besoin contre les armées de l'Europe !). Le cri d'allégresse « Vive l'empereur ! » éclate, comme une explosion, du sein de cette foule compacte et se répercute dans le vaste carré des fenêtres vibrantes. Cette vague exaltée se jette, en un seul déferlement insensé, sur la voiture ; les soldats doivent protéger l'empereur, avec la pointe de leur sabre, contre ce périlleux et délirant assaut. Puis ils le saisissent eux-mêmes et ils portent respectueusement dans son ancien palais, à travers un vacarme assourdissant et en montant l'escalier, cette proie sacrée : le grand dieu de la guerre. Sur les épaules de ses soldats, les yeux fermés sous l'excès de bonheur, ayant sur les lèvres un sourire étrange, presque de somnambule, celui qui a quitté il y a vingt jours l'île d'Elbe comme proscrit reprend ainsi sa place sur le trône de l'empire français. C'est là le dernier triomphe de Napoléon Bonaparte. Pour la dernière fois, il lui est donné de vivre une ascension si extraordinaire, un pareil essor de rêve qui le porte du fond de l'obscurité jusqu'au plus haut sommet de la puissance. Pour la dernière fois retentit à ses oreilles le bruit des acclamations qui lui sont si chères. Pendant une minute, pendant dix minutes il savoure, les yeux fermés et le cœur étonné, cet élixir enivrant de la puissance. Puis il fait fermer les portes du palais, congédier les officiers et appeler les ministres : le travail commence. L'homme doit défendre ce que le destin vient de lui donner.

Les salles archicombles attendent que paraisse l'empereur revenu. Mais le premier coup d'œil lui procure déjà une déception : ceux qui lui sont restés fidèles ne sont ni les meilleurs, ni les plus intelligents, ni les plus importants. Il voit des courtisans et des personnes obligeantes, des gens avides de places et des curieux, – beaucoup d'uniformes mais peu de têtes. Presque tous les grands maréchaux sont absents, sans s'être excusés, eux qui ont été les véritables camarades de son élévation ; ils sont restés dans leurs châteaux ou bien sont avec le roi ; dans le cas le plus favorable ils sont neutres, et le plus souvent même ils sont hostiles. Le plus habile, le plus expérimenté des ministres, Talleyrand, n'est pas là ; ne sont pas là non plus, parmi les rois créés par lui, ses propres frères et sœurs, ni sa femme, ni son fils. Il voit beaucoup de solliciteurs et peu de gens de mérite dans cet essaim ; les acclamations de milliers de personnes bruissent encore sourdement dans son sang que, déjà, sa clairvoyance lui fait sentir, au milieu du triomphe, le premier frisson du danger. Voici que, soudain, dans les vestibules un murmure se fait entendre, grossissant, et exprimant à la fois la surprise et la joie ; et entre les uniformes et les fracs brodés s'ouvre, respectueusement, un passage. Une voiture vient d'arriver, un peu tard : celui qu'elle amène n'attendra pas ; il offrira ses services, mais non pas importunément, comme les petits courtisans. Et de cette voiture sort la personne mince, pâle, bien connue de tous, du duc d'Otrante. Lentement, avec indifférence, les yeux froidement masqués et impénétrables, il s'avance, sans remercier, à travers le passage qui vient de lui être fait, et précisément ce calme naturel et célèbre provoque l'enthousiasme. « Place au duc d'Otrante ! » crient les domestiques. Ceux qui le connaissent davantage répètent le cri d'une autre manière : « Fouché ! laissez entrer monsieur Fouché ; c'est l'homme qu'il importe le plus à l'empereur de voir en ce moment ! » Il est déjà élu, désigné et réclamé par l'opinion générale, avant que l'empereur ait pu prendre une décision. Ce n'est pas en solliciteur qu'il vient, mais comme une puissance, grave et majestueux ; et Napoléon effectivement ne le fait pas attendre ; aussitôt il appelle auprès de lui le plus ancien de ses ministres, le plus fidèle de ses ennemis. Ce qui fut dit dans cet entretien n'est pas plus connu que ce qui fut dit dans celui où Fouché aida le général fugitif d'Égypte à accéder au Consulat et s'unit à lui pour la première fois par les liens d'une fidélité infidèle. Mais, lorsque, au bout d'une heure, il sort de la pièce, Fouché est redevenu son ministre, ministre de la Police pour la troisième fois.

Les lettres du *Moniteur* annonçant que le duc d'Otrante est nommé ministre de Napoléon sont encore humides d'encre que déjà, tous deux, l'empereur et le ministre, regrettent en secret de s'être une nouvelle fois engagés l'un envers l'autre. Fouché est déçu : il avait espéré davantage. Depuis longtemps la fonction secondaire de ministre de la Police ne suffisait plus à son ambition, à la fois glaciale et brûlante. Ce poste qui, en 1796, était le salut et une distinction pour l'ex-jacobin Joseph Fouché, à demi affamé, proscrit et méprisé, ne semble, en 1815, qu'une misérable sinécure au duc d'Otrante riche à millions et considéré par tous. Ses prétentions ont grandi avec le succès ; ce qui maintenant l'intéresse, ce n'est que le grand jeu, le hasard passionnant de la diplomatie européenne, le continent comme table de jeu et le sort de pays entiers comme enjeu. Pendant dix ans Talleyrand, le seul qui ait sa valeur, lui a barré le chemin ; maintenant que ce concurrent, le plus dangereux de tous, défie Napoléon et à Vienne coalise les baïonnettes de toute l'Europe contre l'empereur, Fouché croit pouvoir prétendre, comme étant le seul capable de l'occuper, au ministère des Affaires étrangères. Mais Napoléon, méfiant, et à bon droit, refuse le plus important des portefeuilles à cette main habile, – parce qu'elle est trop habile et trop peu sûre. Il ne lui donne que le ministère de la Police et encore à contrecœur ; il sait qu'il faut jeter à cet ambitieux redoutable au moins quelques miettes de pouvoir, afin qu'il ne morde pas. Mais même dans cette sphère étroite, il place un espion derrière ce ministre, qui ne mérite aucune confiance, en nommant chef de la gendarmerie l'ennemi le plus acharné de Fouché, le duc de Rovigo. Ainsi, dès le premier jour du renouvellement de leur alliance le jeu d'autrefois recommence : Napoléon poste sa propre police derrière son ministre de la Police. Et Fouché fait une politique personnelle à côté de celle de l'empereur et derrière elle.

Tous les deux cherchent à se tromper mutuellement, tous les deux en jouant à découvert ; de nouveau, la question se pose : qui, à la longue, l'emportera, le plus fort ou le plus habile, le sang chaud ou le sang froid ?

Fouché prend le ministère de mauvais gré, mais, malgré tout, il le prend. Ce superbe et passionné joueur de l'esprit a un défaut tragique : il ne peut pas rester à l'écart, il ne peut pas, ne fût-ce qu'une seconde, être spectateur dans le jeu de l'univers. Il faut qu'il ait les cartes en main, qu'il joue, qu'il coupe, qu'il trompe, qu'il égare les autres, qu'il fasse paroli et qu'il batte atout. Il faut qu'il ait toujours sa place à une table, peu importe laquelle, peu importe que ce soit celle du roi, de l'empereur ou de la république ; il lui suffit d'« avoir la main dans la pâte », sans se soucier de ce qu'est cette pâte ; il lui suffit d'être ministre, que ce soit de droite, de gauche, de l'empereur ou du roi ; il lui suffit de ronger l'os du pouvoir. Jamais il n'aura la force morale, jamais même il n'aura l'habileté instinctive, ni la fierté, de refuser les rogatons d'autorité qu'on lui jette. Toujours il acceptera la fonction qu'on lui donne ; l'homme, la chose ne sont rien pour lui : c'est le jeu qui est tout.

Et, de son côté, Napoléon prend Fouché à son service avec le même mécontentement. Il connaît cet homme ténébreux depuis dix ans, et il sait qu'il ne sert personne et qu'il ne suit jamais que son amour du jeu. Il sait que cet homme ne fera pas plus cas de lui que d'un chat mort, qu'il l'abandonnera au moment le plus dangereux, tout comme il a abandonné et trahi les Girondins, les Terroristes, Robespierre et les Thermidoriens, ainsi que Barras, – son sauveur, – la République, le Directoire et le Consulat. Mais il en a besoin, ou, du moins, il croit en avoir besoin : de même que Napoléon fascine Fouché par son génie, de même Fouché fascine chaque fois Napoléon par sa façon d'être bon à tout. Le repousser serait très dangereux ; Napoléon lui-même n'ose pas avoir Fouché pour ennemi, dans un moment aussi incertain. Il choisit donc le moindre mal, qui consiste à l'occuper, à lui fournir un dérivatif, au moyen de fonctions officielles, à se laisser servir par lui, même infidèlement. « Je n'ai appris la vérité que par les traîtres », dira plus tard, en songeant à Fouché, le vaincu de Sainte-Hélène. Même dans sa rancune dernière, il y a encore une lueur d'estime pour les capacités extraordinaires de cet homme méphistophélique, car le génie ne supporte rien plus impatiemment que la médiocrité ; et, bien que se sachant trompé, Napoléon se sait, du moins, toujours compris par Fouché. C'est pourquoi, comme celui qui brûle de soif étend la main vers une eau qu'il sait empoisonnée, Napoléon prend comme serviteur cet homme capable et infidèle, plutôt que des gens fidèles, mais incapables. Dix années d'inimitié acharnée lient souvent les hommes plus mystérieusement qu'une amitié médiocre.

Pendant dix ans et plus Fouché a servi Napoléon ; le ministre a servi le maître, l'esprit a servi le génie, pendant dix ans, toujours en qualité d'inférieur. En 1815, dans la lutte finale, dès le début, Napoléon est, en vérité, le plus faible. Une fois encore, la dernière, il a savouré l'ivresse de la gloire : comme sur des ailes d'aigle, le destin l'a porté d'une manière inespérée de l'île étrangère sur le trône impérial. Des régiments, envoyés contre lui avec une force numérique cent fois plus grande, jettent leurs armes au simple aspect de son manteau. Au bout de vingt jours, le proscrit, qui est arrivé avec six cents hommes marche sur Paris à la tête d'une armée et, les oreilles pleines du tonnerre des acclamations, il dort de nouveau dans le lit des rois de France. Mais quel réveil les jours suivants ! Comme le rêve fantastique pâlit vite devant l'épreuve dégrisante de la réalité ! Empereur, il l'est de nouveau, mais simplement de nom, car l'univers, autrefois asservi à ses pieds, ne le reconnaît plus pour maître. Il écrit des lettres et des proclamations, il atteste son pacifisme avec passion ; on accueille tout cela par un sourire et un haussement d'épaules sans même y répondre. Ses messagers à l'empereur, aux rois et aux princes sont arrêtés aux frontières, comme des contrebandiers, et traités sans ménagement. Une seule lettre parvient à Vienne par une voie détournée ; Metternich la jette sans l'ouvrir sur la table des négociations. Autour de Napoléon le vide se fait ; ses anciens amis et compagnons sont dispersés aux quatre vents, Berthier, Bourrienne, Murat, Eugène Beauharnais, Bernadotte, Augereau, Talleyrand. Ils sont restés tranquillement dans leurs terres, ou bien ils servent ses ennemis. C'est en vain qu'il veut se tromper et tromper les autres ; il fait préparer fastueusement les appartements de l'impératrice et du roi de Rome comme si, dès le lendemain, ils devaient revenir auprès de lui ; mais, en réalité, Marie-Louise flirte avec son sigisbée Neipperg, et son fils joue à Schœnbrunn avec des soldats de plomb autrichiens, bien surveillé, sous les yeux de l'empereur François. D'ailleurs, tout le territoire français ne reconnaît pas le drapeau tricolore. Des soulèvements se produisent dans le Midi et dans l'Ouest : les paysans qu'excèdent d'éternelles levées de recrues tirent sur les gendarmes qui veulent encore réquisitionner leurs chevaux pour l'artillerie. Dans les rues sont placardées des affiches ironiques qui décrètent au nom de Napoléon : « Article premier : Il me sera fourni trois cent mille victimes par an. – Article second : Selon les circonstances, je ferai monter ce nombre jusqu'à trois millions. – Article troisième : Toutes ces victimes seront conduites en poste à la boucherie. » Ce n'est pas douteux, le monde veut la paix et tous les gens raisonnables sont prêts à envoyer au diable l'indésirable revenant, s'il ne la garantit pas ; et (destin tragique !) maintenant que, pour la première fois, l'empereur-soldat veut véritablement le repos pour lui et pour l'univers, pourvu qu'on lui laisse sa couronne, le monde n'a plus foi en lui. Les bons bourgeois, pleins de crainte pour leurs rentes, ne partagent pas l'enthousiasme des demi-soldes et des guerriers professionnels, dont la paix gêne les affaires, et à peine Napoléon, sous le coup de la nécessité, leur accorde-t-il le droit de vote, qu'ils lui donnent un camouflet, élisant précisément ceux que depuis quinze ans il a persécutés et tenus dans l'obscurité, les révolutionnaires de 1792, La Fayette et Lanjuinais. Nulle part un allié, peu de véritables partisans en France ; à peine quelqu'un avec qui il puisse réellement conférer, dans son milieu le plus intime. L'empereur erre, farouche et sombre, dans son palais vide. Ses nerfs et sa force de tension se relâchent ; tantôt il crie sans pouvoir se maîtriser, et tantôt il tombe dans une apathie léthargique. Souvent il se couche au milieu du jour, pour dormir : une lassitude interne, venue non du corps mais de l'âme, l'abat, pour des heures, comme avec une massue de plomb. Une fois, Carnot le trouve dans ses appartements, les larmes aux yeux, regardant fixement l'image du roi de Rome, son fils ; ses familiers l'entendent se plaindre que sa bonne étoile l'ait quitté. Sa boussole intérieure sent que le zénith du succès est dépassé ; c'est pourquoi l'aiguille de sa volonté tremble, incertaine, et oscille d'un pôle à l'autre. Malgré lui, sans véritable espoir, prêt à n'importe quelle transaction, le favori de la victoire part enfin pour la guerre. Mais jamais victoire n'a plané au-dessus d'une tête plus humblement courbée.

Tel est Napoléon en 1815, maître et empereur en apparence, par une faveur précaire du destin, revêtu simplement d'une ombre de pouvoir. Mais, à ses côtés, Fouché est, précisément à cette époque-là, dans la plénitude de sa force. La raison aux ressorts durs comme l'acier, toujours cachée dans le fourreau de l'astuce, s'use moins que la passion qui ne cesse de vibrer. Et jamais Fouché ne s'est montré plus habile, plus souple, plus intrigant, plus hardi que pendant les cent jours qui s'écoulent entre le rétablissement et la chute de l'empire ; ce n'est pas vers Napoléon, mais vers lui, que tous les regards se tournent, pleins d'espérance, comme vers le Sauveur. Par un phénomène extraordinaire, tous les partis ont plus de confiance dans ce ministre de l'empereur que l'empereur n'en a lui-même. Louis XVIII, les républicains, les royalistes, Londres et Vienne, tout le monde voit dans Fouché le seul homme avec qui l'on puisse réellement traiter ; et sa raison froide et calculatrice inspire à un univers épuisé et avide de paix plus de foi que le génie de Napoléon, qui flamboie et qui vacille, toujours instable, au vent du chaos. Ceux qui refusent au « général Bonaparte » le titre d'empereur respectent tous le crédit personnel de Fouché. Les frontières, où les agents officiels de la France impériale sont arrêtés impitoyablement et jetés en prison, s'ouvrent comme avec une clé magique, aux émissaires secrets du duc d'Otrante ; Wellington, Metternich, Talleyrand, le duc d'Orléans, le tsar et les rois, tous reçoivent avec la plus grande politesse et avec empressement ses envoyés et, tout d'un coup, celui qui, jusqu'alors, a trompé tout le monde, passe pour le seul joueur digne de confiance au jeu de la politique ; il n'a qu'à lever le doigt et il est fait selon sa volonté : la Vendée se soulève, une lutte sanglante est imminente ; mais il suffit que Fouché envoie un messager, et il empêche la guerre civile par une seule négociation.

« *Pourquoi*, dit-il, en calculant ouvertement, *sacrifier encore du sang français ? Dans quelques mois l'empereur aura triomphé, ou il sera perdu ; pourquoi donc combattre encore pour quelque chose que, probablement, vous obtiendrez sans lutte ? Déposez les armes et attendez.* »

Et aussitôt les généraux royalistes, convaincus par ces explications positives et dépourvues de sentimentalité, concluent le pacte désiré. Tout le monde, à l'étranger, tout le monde dans le pays, s'adresse d'abord à Fouché ; aucune décision au parlement n'est prise sans lui. Napoléon voit, impuissant, comment son serviteur le paralyse partout où il veut frapper, comment il dirige contre lui les élections dans le pays et avec l'aide d'un parlement aux opinions républicaines constitue un frein à sa volonté despotique. En vain il voudrait maintenant se débarrasser de lui ; le temps de l'autocratie est passé, celui où l'on mettait en disponibilité le duc d'Otrante, comme un serviteur incommode, en lui donnant quelques millions ; aujourd'hui, le ministre pourrait plus facilement chasser l'empereur de son trône, que l'empereur le duc d'Otrante de son poste de ministre.

Ces semaines de politique obstinée et pourtant réfléchie, équivoque et pourtant claire, comptent parmi les plus parfaites qu'il y ait dans la diplomatie de l'histoire universelle. Un adversaire même, l'idéaliste Lamartine, ne peut refuser son tribut au génie machiavélique de Fouché lorsqu'il écrit : « Il montrait, il faut le reconnaître, une rare audace et une énergique intrépidité dans son rôle. Sa tête répondait tous les jours de ses intrigues. Elle pouvait tomber au premier mouvement de honte et de colère de Napoléon... De tous les survivants de cette époque, lui seul ne se montrait ni usé ni lassé de témérité. Jeté par sa manœuvre hardie, d'une part entre la tyrannie qui voulait renaître, et la liberté qui voulait ressusciter, d'autre part entre Napoléon qui désirait sacrifier la patrie à son intérêt et la France qui ne voulait pas s'immoler tout entière à un homme, Fouché intimidait l'empereur, flattait les républicains, rassurait la France, faisait signe à l'Europe, souriait à Louis XVIII, négociait avec les cours, correspondait par gestes avec M. de Talleyrand et tenait tout en suspens par son attitude. Rôle centuple, difficile, à la fois bas et élevé, mais immense, auquel on n'a pas prêté jusqu'ici assez d'attention ; rôle sans noblesse, mais non sans patriotisme et sans courage d'esprit, où un sujet se plaçait au niveau de son maître, un ministre au-dessus de son souverain... arbitre de l'Empire, de la Restauration ou de la liberté, mais arbitre par la duplicité... L'histoire, en condamnant Fouché, ne pourra lui refuser pendant cette période des Cent-Jours une hardiesse d'attitude, une supériorité dans le maniement des partis et une grandeur dans l'intrigue qui le placeraient au premier rang des hommes d'État du siècle, s'il pouvait y avoir de véritables hommes d'État sans dignité de caractère et sans vertu. »

C'est avec une telle lucidité que juge Lamartine, poète,

homme d'État et contemporain de Fouché, d'après l'écho des événements qui vibre encore dans l'atmosphère. La légende napoléonienne forgée cinquante ans plus tard, lorsque les dix millions de morts ne sont plus déjà que poussière, lorsque les mutilés sont déjà enterrés et que les dévastations de l'Europe sont depuis longtemps réparées, est, naturellement, plus sévère et plus injuste pour Fouché. Une légende héroïque est toujours une sorte d'hinterland spirituel de l'histoire ; elle exalte avec facilité, comme toujours dans un cas analogue, toutes les vertus dont elle n'a pas elle-même à souffrir : sacrifice illimité de l'individu, dévouement absolu même à la folie héroïque, mort héroïque d'autrui et fidélité irréfléchie d'autrui. La légende napoléonienne, avec sa technique obligée en noir et blanc, ne connaît que des « fidèles » ou des « traîtres » envers son héros : elle ne fait aucune différence entre le premier Napoléon, le Consul, qui a redonné à la France la paix et l'ordre, par son intelligence et son énergie, et le Napoléon ultérieur, César insensé, pour qui la guerre était devenue une manie, qui continuellement, par amour particulier de la puissance, entraînait sans scrupule l'univers dans des aventures meurtrières et qui disait à Metternich ces mots dignes de Tamerlan : « Un homme comme moi se moque de la vie d'un million d'hommes. » Tous les esprits raisonnables de France, désireux d'opposer la modération à l'ambition folle de ce possédé qui courait en aveugle vers sa propre chute, tous ceux qui ne s'enchaînaient pas servilement et comme des chiens, à travers tous les obstacles, à son char de Djaggernat, Talleyrand, Bourrienne, Murat, tous ceux-là sont jetés par la légende dans son enfer, avec une implacabilité dantesque, et Fouché surtout passe à ses yeux pour le traître des traîtres, pour l'avocat du diable. D'après elle, en 1815, Fouché vendu à l'avance à Louis XVIII et à l'Europe, serait uniquement revenu au ministère pour être derrière l'empereur et pouvoir, au bon moment, le poignarder dans le dos. Il aurait, paraît-il, fait dire aux monarchistes, le 20 mars, lors du départ du roi : « Sauvez le roi, je me charge de sauver la monarchie. » Et, le jour où il prit possession de son portefeuille, il aurait confié à son Sancho Pança : « Mon premier devoir est de contrarier tous les projets de l'empereur. Avant trois mois, je serai plus puissant que lui, et s'il ne m'a pas fait fusiller, il sera à mes genoux. » (Prédiction qui, malheureusement, présente des dates trop exactes pour n'avoir pas été inventée *a posteriori).*

Croire que Fouché est entré dans le ministère de Napoléon en étant déjà partisan de Louis XVIII et en qualité d'espion payé par le roi, c'est l'avoir en trop piètre estime, c'est surtout méconnaître la magnifique complication psychologique et le mystère démoniaque de son caractère. Ce n'est pas que Fouché, amoraliste absolu et machiavéliste, ne fût pas, le cas échéant, capable de cette trahison ou de toute autre ; mais une telle vilenie était beaucoup trop simple, trop peu excitante pour cet esprit téméraire et maniaque du jeu. Son genre n'est pas de tromper tout uniment un homme déterminé, – cet homme fût-il même Napoléon, – son unique plaisir est toujours de tromper tout le monde, de ne se lier à personne avec certitude et d'allécher chacun, de jouer simultanément avec tous les partis et contre tous les partis, de n'agir jamais d'après des plans préétablis, mais d'après ses nerfs, d'être Protée, dieu des métamorphoses ; il n'est pas un Franz Moor, un Richard III, un simple intrigant ; seul un rôle changeant, un rôle qui le surprenne lui-même, enthousiasme sa nature de diplomate passionné. Il aime la difficulté pour la difficulté ; il l'élève artificiellement à la deuxième, à la quatrième puissance, ne se contentant pas d'être traître simplement, mais l'étant par essence de façon multiple et envers tous. Celui qui l'a le mieux connu, Napoléon, a dit de lui à Sainte-Hélène ce mot profond : « Je n'ai connu qu'un traître véritable, un traître consommé : Fouché. » Traître consommé, et non pas occasionnel, nature ayant le génie de la trahison, voilà bien ce qu'il était, car la trahison est moins son intention, sa tactique, que sa nature fondamentale. Et peut-être la meilleure façon de le comprendre est-elle de le comparer à ces espions, si connus en temps de guerre, qui jouent un double jeu, en livrant à l'étranger des secrets, pour lui en ravir de plus importants et qui, dans ce rôle de va-et-vient, finissent eux-mêmes par ne plus savoir quelle puissance ils servent véritablement, – ces espions qui sont payés par les deux partis et qui ne sont fidèles à aucun, attachés seulement au jeu, au jeu ambigu des allées et venues et des détours, dominés par une passion qui peut-être est déjà immatérielle, mais qui, à coup sûr, est mortelle et diabolique. Ce n'est que lorsque la balance penche définitivement d'un côté, qu'après la passion du jeu la raison reparaît, pour encaisser le bénéfice ; ce n'est que lorsque la victoire est acquise que Fouché se décide ; ainsi à la Convention, ainsi sous le Directoire, sous le Consulat et sous l'Empire. Pendant le combat il n'est avec personne, mais à l'issue de la bataille il est toujours du côté du vainqueur. Si Grouchy était arrivé assez tôt, Fouché (au moins pour quelque temps) aurait été ministre convaincu de Napoléon. Mais, comme celui-ci perd la bataille, il le laisse tomber et il abandonne sa cause. Sans chercher à se défendre, avec son cynisme habituel, il a prononcé le mot définitif au sujet de son attitude pendant les Cent-Jours :

« Ce n'est pas moi qui ai trahi Napoléon, mais Waterloo. »

Quoi qu'il en soit, on comprend que cette attitude ambiguë de son ministre rende furieux Napoléon. Car Fouché le sait, cette fois-ci il y va de sa tête. Chaque matin, comme depuis plus de dix ans, cet homme maigre et sec, dont le visage livide et exsangue sort de la couleur sombre de l'habit brodé de palmes, pénètre dans son cabinet et lui fait son rapport sur la situation, un rapport admirable, clair, irréprochable. Personne ne domine mieux les événements, personne n'expose plus nettement l'état général des choses, personne ne pénètre et ne comprend tout aussi bien (Napoléon s'en rend parfaitement compte) que cet esprit réfléchi. Et, pourtant, Napoléon sent, en même temps, que Fouché ne lui dit pas tout ce qu'il sait. Napoléon n'ignore pas que les puissances étrangères envoient des émissaires au duc d'Otrante ; le matin, à midi et le soir, son propre ministre reçoit à huis clos des agents royalistes suspects ; il a des entretiens et des relations dont il ne lui dit pas un mot, à lui, l'empereur. Mais cela n'a-t-il réellement pour objet, comme Fouché veut le lui faire croire, que d'obtenir des informations, ou bien se trame-t-il là des intrigues secrètes ? C'est une atroce incertitude pour un homme traqué, que menacent cent ennemis. C'est en vain que tantôt il l'interroge amicalement, que tantôt il le presse avec insistance et que tantôt il l'accable de grossières suspicions : cette bouche mince reste inéluctablement fermée et ces yeux sont aussi insensibles que du verre. On ne peut pénétrer l'âme de Fouché ; on ne peut lui arracher son secret, Napoléon en a la fièvre : comment le prendre sur le fait ? Comment savoir enfin si l'homme à qui il laisse voir toutes ses cartes le trahit ou bien trahit ses ennemis ? Comment saisir cet insaisissable, comment pénétrer cet impénétrable ?

Enfin (délivrance !) une trace, une piste, presque une preuve. Au mois d'avril la police secrète, – c'est-à-dire cette police créée uniquement par l'empereur pour surveiller son propre ministre de la Police – découvre qu'un prétendu employé d'une banque viennoise est arrivé à Paris et est allé tout droit trouver le duc d'Otrante. Aussitôt cet émissaire est recherché, arrêté et (naturellement sans que Fouché soit au courant) conduit dans un pavillon de l'Élysée, devant Napoléon. Là on le menace de le fusiller immédiatement et on l'intimide tant et si bien qu'il avoue enfin avoir apporté à Fouché une lettre de Metternich écrite d'une encre sympathique et destinée à préparer une entrevue d'hommes de confiance à Bâle. Napoléon écume de rage : des lettres de ce genre adressées par le ministre de ses ennemis à son propre ministre, c'est là une haute trahison. Et sa première pensée est toute naturelle : arrêter aussitôt le serviteur infidèle et faire saisir ses papiers. Mais ses confidents l'en dissuadent, en lui disant qu'on n'a encore aucune preuve et que, sans nul doute, étant donné la prudence souvent éprouvée du duc d'Otrante, on ne trouvera jamais dans ses tiroirs la moindre trace de ses machinations. Aussi l'empereur décide-t-il d'abord de mettre à l'épreuve le dévouement de Fouché. Il le fait appeler et il lui parle, avec une dissimulation qui ne lui est pas coutumière et qu'il a apprise de son propre ministre, en l'interrogeant sur la situation et en lui demandant s'il ne serait pas possible d'entrer en pourparlers avec l'Autriche. Fouché, sans se douter que le messager a depuis longtemps vendu la mèche, ne parle nullement du billet de Metternich, et l'empereur le congédie avec impassibilité, une impassibilité jouée, – maintenant tout à fait convaincu de la coquinerie de son ministre. Mais, pour le bien prendre, il met en scène (malgré toute son irritation) une comédie raffinée où se retrouvent tous les quiproquos d'une pièce de Molière. Par l'agent on a appris quel était le mot de passe pour l'entrevue avec le représentant de Metternich. L'empereur envoie un de ses hommes, qui doit se faire passer pour celui de Fouché ; il est certain que l'agent autrichien s'ouvrira entièrement à lui, et enfin l'empereur saura non seulement que Fouché l'a trahi, mais encore dans quelle mesure. Le soir même part l'émissaire de Napoléon : dans deux jours Fouché sera démasqué et pris à son propre piège.

Mais aussi prompte qu'elle soit, la main ne suffit pas pour capturer une anguille ou un serpent, vrais animaux à sang froid. La comédie montée par l'empereur a également, comme toute pièce parfaite, une contrepartie, et, pour ainsi dire, une double intrigue. De même que Napoléon a, derrière Fouché, une police secrète, celui-ci, à son tour, possède scribes et mouchards secrets parmi les gens de Napoléon ; ses informateurs ne travaillent pas moins prestement que ceux de l'empereur. Le jour même où l'agent de Napoléon part pour cette mascarade qui doit avoir lieu à l'hôtel des Trois-Rois, à Bâle, Fouché a déjà éventé la mèche ; un des « confidents » de Napoléon lui a découvert la comédie. Et celui qui allait être surpris surprend à son tour son maître, dès le lendemain, lors de son rapport quotidien. Au milieu de l'entretien, il porte soudain le doigt à son front, avec la nonchalance d'un homme à qui a échappé une petite bagatelle tout à fait sans importance :

« Ah ! Sire, j'avais oublié de vous dire que j'ai reçu un billet de M. de Metternich ; j'ai tant de choses importantes qui me préoccupent ! Puis, son envoyé ne m'avait pas remis la poudre pour rendre l'écriture visible et je croyais à une mystification. Enfin je vous l'apporte. »

Alors l'empereur ne peut plus se contenir. « Vous êtes un traître, Fouché, s'écrie-t-il, et je devrais vous faire pendre. »

« Je ne suis pas de l'avis de Votre Majesté », répond froidement le ministre inébranlable et impassible.

Napoléon tremble de rage. De nouveau le Fra Diavolo lui a échappé, par cet aveu qui arrive malheureusement trop tôt. Et l'agent qui, deux jours plus tard, lui rend compte de l'entrevue qui a eu lieu à Bâle n'apporte que peu de choses décisives et beaucoup de nouvelles désagréables. Peu de choses décisives : car il résulte de la conduite de l'agent autrichien que le prudent Fouché a été trop fin pour s'engager d'une manière nette et qu'il s'est borné à jouer à l'insu de son maître son jeu favori, à savoir : tenir dans sa main toutes les possibilités. Mais le messager apporte aussi beaucoup de nouvelles désagréables : les puissances acceptent n'importe quel gouvernement pour la France, sauf celui de Napoléon Bonaparte. L'empereur se mord les lèvres avec colère. Sa force offensive est paralysée. Il a voulu frapper par-derrière le ténébreux Fouché et, au cours de ce duel dans l'ombre, il a reçu lui-même une blessure mortelle.

Le moment opportun est perdu par suite de la parade de Fouché. Napoléon le sait bien : « Je suis persuadé qu'il me trahit, dit-il à ses conseillers, je regrette de ne l'avoir point chassé avant qu'il ne soit venu me découvrir l'intrigue de

Metternich ; à présent l'occasion me manque ; il crierait partout que je suis un tyran soupçonneux et que je le suspecte sans motif. » Avec une entière lucidité l'empereur reconnaît son impuissance, mais il continue de lutter jusqu'à la dernière minute pour voir si, malgré tout, il ne pourrait pas attacher à sa cause cet homme à double face, ou bien, une fois, le surprendre.

Il a recours à tous les moyens. Il use de la confiance, de l'amabilité, de l'indulgence et de la discrétion, mais sa forte volonté se heurte inutilement à cette pierre dont toutes les facettes sont aussi froides qu'éblouissantes. On peut briser des diamants ou les jeter, mais jamais les pénétrer. Finalement les nerfs de Napoléon que torture le soupçon se rompent ; Carnot raconte la scène où l'impuissance de l'empereur contre son bourreau se révèle dramatiquement. « Vous me trahissez monsieur le duc d'Otrante, et j'en ai les preuves », s'écrie un jour Napoléon au milieu du Conseil des ministres, en s'adressant à cet homme impassible. Et, saisissant sur la table un couteau d'ivoire, il lui dit : « Prenez plutôt ce couteau et enfoncez-le-moi dans la poitrine, ce sera plus loyal que de faire ce que vous faites. Il ne tiendrait qu'à moi de vous faire fusiller et tout le monde applaudirait à un tel acte de justice. Vous me demandez peut-être pourquoi je ne le fais pas : c'est que je vous méprise, c'est que vous ne pesez pas une once dans mes balances. » On le voit, sa méfiance est devenue de la fureur, ses tourments sont devenus de la haine. Jamais il ne pardonnera à cet homme de l'avoir défié de la sorte, et Fouché le sait. Mais il calcule avec exactitude les maigres possibilités de puissance qui restent à l'empereur. « Dans quatre semaines nous serons débarrassés de ce furieux », dit-il avec clairvoyance et mépris à un ami. C'est pourquoi il ne pense pas du tout à pactiser ; après la bataille décisive, l'un d'eux devra disparaître : Napoléon ou lui. Il sait que Napoléon a annoncé que le premier messager qu'il expédiera après la victoire apportera à Paris la révocation de Fouché et peut-être aussi son arrestation. Et brusquement l'horloge recule de vingt ans, jusqu'en 1793, époque où l'homme également le plus puissant de son temps, Robespierre, disait avec la même résolution que dans quinze jours une tête tomberait, celle de Fouché ou la sienne. Mais depuis lors le duc d'Otrante a pris conscience de sa valeur et, d'un an supérieur, il rappelle à un de ses amis qui le met en garde contre la colère de Napoléon cette menace d'autrefois et il ajoute en souriant : « Mais c'est la sienne qui est tombée. »

Le 18 juin le canon placé devant le dôme des Invalides se met à tonner. La population de Paris tressaille d'enthousiasme : il y a quinze ans qu'elle connaît cette voix d'airain. C'est le signe d'une victoire, d'une bataille victorieuse. Le *Moniteur* annonce une complète défaite de Blücher et de Wellington. Toutes joyeuses les multitudes déferlent sur les boulevards, aussi animés que le dimanche. L'opinion publique qui, il y a encore quelques jours, était hésitante, manifeste subitement son enthousiasme et sa fidélité à l'empereur. Il n'y a que le thermomètre le plus sensible de tous, la rente, qui ait baissé de quatre points, car chaque victoire de Napoléon signifie la prolongation de la guerre ; il n'y a qu'un homme qui ait peut-être tremblé au fond de lui-même en entendant le son du canon : c'est Fouché. La victoire du despote peut lui coûter la tête.

Mais, ironie tragique ! à la même heure, où à Paris le canon français tire des salves de victoire, le canon anglais écrase à Waterloo les colonnes de l'infanterie et de la Garde et, tandis que la capitale illumine sans se douter de rien, les chevaux de la cavalerie prussienne chassent devant eux, parmi des tourbillons de poussière, tels des brins de paille hachée, les derniers restes de l'armée française en fuite.

Dans son ignorance des événements Paris a encore un deuxième jour plein de confiance. Ce n'est que le 20 juin que filtrent des nouvelles fâcheuses. Pâle, les lèvres crispées, on se passe tout bas de l'un à l'autre des bruits inquiétants. Au

Parlement, dans la rue, à la Bourse, dans les casernes partout les gens chuchotent et parlent d'une catastrophe, bien que les journaux se taisent, comme paralysés. Dans la capitale soudain épouvantée tout parle, tremble, grogne, se plaint ou espère.

Il n'y a qu'un homme qui agisse : Fouché. À peine a-t-il appris (naturellement, avant tous les autres) la nouvelle de Waterloo, qu'il ne considère plus Napoléon que comme un cadavre gênant, dont il s'agit de se débarrasser au plus vite ; et aussitôt il prend la bêche pour creuser son tombeau. Il écrit immédiatement au duc de Wellington pour entrer dès la première heure en contact avec le vainqueur. En même temps, avec une prévision psychologique sans pareille, il avertit les députés que le premier acte de Napoléon sera d'essayer de les renvoyer tous chez eux. « Il reviendra plus furieux que jamais et voudra la dictature. » Il faut donc au plus tôt lui mettre des bâtons dans les roues. Le soir même, le Parlement est déjà à l'œuvre. Le Conseil des ministres est gagné, hostile à l'empereur. La dernière possibilité de reprendre le pouvoir est enlevée à Napoléon, et tout cela avant même qu'il ait mis les pieds à Paris. Le maître de l'heure n'est plus Napoléon Bonaparte, mais enfin, enfin, Joseph Fouché.

Tout juste avant l'aube, enveloppé dans le manteau noir de la nuit comme dans un drap mortuaire, un mauvais carrosse (celui de l'empereur a été capturé par Blücher, ainsi que le trésor, l'épée et les papiers de Napoléon) traverse les portes de Paris et se dirige vers l'Élysée. Celui qui, six jours auparavant, écrivait pathétiquement dans la proclamation adressée à son armée : « Pour tout Français qui a du cœur, le moment est arrivé de vaincre ou de périr », n'a pas plus vaincu qu'il n'est mort ; mais à Waterloo et à Ligny soixante mille hommes sont encore tombés pour lui. Maintenant il s'est hâté de rentrer, comme autrefois après l'Égypte et après la Russie, afin de sauver le pouvoir : avec intention il a fait ralentir la marche du carrosse, afin de rentrer dans sa capitale secrètement, sous la protection des ténèbres. Et, au lieu de se rendre tout droit aux Tuileries auprès des représentants du peuple français, dans son palais impérial, il cache ses nerfs brisés dans la demeure plus petite et plus écartée de l'Élysée.

C'est un homme abattu et brisé qui descend de voiture, balbutiant des paroles confuses et incohérentes, cherchant après coup des explications et des excuses à ce qui était inévitable. Un bain chaud détend ses nerfs, puis il appelle son conseil. Inquiets, oscillant entre la colère et la pitié, sous des dehors respectueux ses conseillers écoutent les discours troubles et fiévreux du vaincu, qui parle de nouveau, dans ses divagations, de 100 000 hommes qu'il peut lever, de la réquisition des chevaux de luxe, et qui calcule devant eux (eux qui savent exactement qu'on ne peut plus tirer 100 000 hommes du pays saigné à blanc) que dans quinze jours il pourra opposer de nouveau aux alliés 200 000 hommes. Les ministres et, parmi eux, Fouché, ont le front baissé. Ils savent que de tels discours pleins de fièvre ne sont plus que les dernières secousses d'une monstrueuse volonté de puissance qui, chez ce géant, ne veut pas encore mourir. Exactement comme Fouché l'a prédit, il réclame la dictature, la réunion de tous les pouvoirs militaires et politiques dans une seule main : la sienne, et peut-être qu'il ne demande plus cela que pour que les ministres le lui refusent, afin de leur imputer plus tard, devant l'histoire, la faute d'avoir négligé une dernière possibilité de victoire (le présent connaît des analogies en vue de telles déformations !).

Mais tous les ministres s'expriment avec prudence, chacun d'eux ayant peur de faire du mal, par une dure parole, à cet homme qui souffre et que la fièvre fait presque délirer. Seul Fouché n'a pas besoin de parler, car il a agi d'avance et pris toutes les mesures qu'il faut pour empêcher cette dernière tentative de Napoléon. Avec une curiosité objective, celle du médecin qui observe avec une froideur clinique les dernières et violentes convulsions d'un mourant et qui calcule l'instant où le pouls s'arrêtera et où la résistance se brisera, Fouché écoute sans compassion ces vains discours : pas un mot ne sort de ses lèvres minces et exsangues. Quel poids ont encore ces paroles désespérées d'un homme perdu et abandonné, d'un moribond ? Il sait que, tandis que l'empereur s'enivre ici lui-même, afin d'enivrer aussi les autres de ses véhémentes imaginations, à mille pas de là, aux Tuileries, le Parlement accomplit déjà un acte décisif, avec une logique impitoyable selon la volonté et les ordres de Fouché, qui, enfin, ne connaissent plus d'obstacle.

À vrai dire, lui-même, en cette journée du 21 juin, ne paraît pas à la Chambre des députés, – pas plus qu'au 9 Thermidor. Il a (et cela suffit) dressé dans l'ombre ses batteries, établi les plans de la bataille, choisi pour l'attaque l'homme qu'il faut et la minute opportune, nommé l'adversaire tragique et presque grotesque de Napoléon : La Fayette. Revenu en héros de l'indépendance américaine, plus d'un quart de siècle auparavant, tout jeune et déjà couvert de gloire dans les deux mondes, porte-drapeau de la Révolution, favori de son peuple, La Fayette avait de bonne heure, de trop bonne heure, connu toutes les extases de la puissance. Et puis soudain était venu du néant, de la chambre à coucher de Barras, un petit Corse, un quelconque sous-lieutenant au manteau à demi déchiré et aux souliers éculés, qui en deux ans s'était emparé de tout ce que l'autre avait entrepris et construit, en lui volant sa place et sa gloire ; et ces choses-là ne s'oublient pas. Le gentilhomme blessé rumina sa rancune dans ses terres pendant que l'usurpateur, revêtu du manteau brodé d'empereur, recevait à ses pieds les princes de l'Europe et substituait au despotisme de la noblesse un despotisme nouveau, celui (plus dur encore) du génie. Ce soleil montant toujours plus haut ne projeta aucun rayon, aucune faveur sur la campagne reculée de La Fayette ; et lorsque le marquis vint à Paris avec son costume très simple, le parvenu fit à peine attention à lui : les habits brodés d'or des généraux, les uniformes des maréchaux taillés dans le sang des batailles éclipsèrent sa gloire déjà poussiéreuse. La

Fayette était oublié : pendant vingt ans, personne n'avait prononcé son nom. Ses cheveux grisonnèrent : sa taille élancée maigrit et se dessécha et personne ne l'appela ni à l'armée ni au Sénat ; on le laissa dédaigneusement planter des roses et des choux à La Grange. Non, un ambitieux n'oublie pas cela. Et comme, en 1815, le peuple, se rappelant la Révolution, élit de nouveau son représentant, son ancien favori, Napoléon est obligé de lui adresser la parole. La Fayette ne répond que froidement et avec réserve, trop fier, trop honnête, trop sincère pour cacher son inimitié.

Mais maintenant, poussé par Fouché, il s'avance au premier plan et la haine refoulée en lui produit presque l'effet de l'intelligence et de la vigueur. Et l'on entend de nouveau à la tribune la voix du vieux porte-drapeau :

« Lorsque pour la première fois depuis des années j'élève une voix que les vieux amis de la liberté reconnaîtront encore, je me sens appelé à vous parler des dangers de la patrie que vous seuls à présent avez le pouvoir de sauver. »

Pour la première fois depuis longtemps le mot de liberté est prononcé et, à ce moment-là, cela signifie : libération du joug de Napoléon. La proposition de La Fayette écarte d'avance toute tentative faite pour dissoudre la Chambre et pour accomplir encore une fois un coup d'État ; il est décidé avec enthousiasme que la représentation populaire siégera en permanence et considérera comme traître à la patrie celui qui essaierait de la dissoudre.

Il est facile de saisir contre qui est dirigé ce dur message ; à peine lui est-il parvenu que Napoléon sent déjà le coup de poing qui le frappe en plein visage : « J'aurais dû renvoyer ces gens-là avant mon départ, dit-il furieux. Maintenant il n'est plus temps. » En vérité, il est temps encore, il n'est pas trop tard. D'un trait de plume, en abdiquant assez tôt Il pourrait encore conserver à son fils la couronne impériale, et, en ce qui le concerne, la liberté ; il pourrait encore parcourir les mille pas qui séparent l'Élysée de la salle des séances et, dans cette dernière, imposer par sa présence sa volonté à ce troupeau de moutons bêlants ; mais toujours l'histoire universelle présente le même phénomène étonnant, qui veut que précisément les individualités les plus énergiques soient saisies, au moment critique de la décision, d'une étrange indécision, comme d'une paralysie de l'âme. Wallenstein, avant sa chute, Robespierre dans la nuit du 9 Thermidor, – et autant que quiconque les chefs de la dernière guerre, – alors que même la précipitation serait une erreur moindre, firent preuve d'une irrésolution fatale. Napoléon parlemente ; il discute devant ses quelques ministres qui l'écoutent avec indifférence ; justement à l'heure qui doit décider de son avenir, il examine stérilement toutes les fautes du passé ; il accuse, il s'égare ; il recourt à un pathos sincère et théâtral, mais il ne montre aucun courage. Il parle, mais n'agit pas. Et, comme si l'histoire se répétait deux fois au cours d'une même vie, comme si les analogies n'étaient pas toujours les fautes de raisonnement les plus dangereuses en politique, il envoie au Parlement, comme au 18 Brumaire, son frère Lucien pour qu'il le remplace et qu'il essaie de gagner par ses paroles les députés. Mais autrefois Lucien avait à son côté, comme éloquent avocat, la victoire de son frère et des grenadiers aux mains puissantes, des généraux résolus, comme complices. En outre, Napoléon a oublié une chose fatale : c'est qu'entre ces quinze années il y a des millions de morts. Et, quand Lucien monte à la tribune et accuse le peuple français d'abandonner ingratement la cause de son frère, soudain la colère retenue de la nation déçue à l'égard de son bourreau éclate chez La Fayette ; des paroles inoubliables, qui tombent comme des étincelles sur un baril de poudre, brisent d'un coup le dernier espoir de Napoléon :

« *Comment ?* tonne-t-il en s'adressant à Lucien, *vous nous accusez de manquer à nos devoirs envers l'honneur, envers Napoléon ? Avez-vous oublié tout ce que nous avons fait pour lui ? Avez-vous oublié que les ossements de nos enfants, de nos frères, attestent partout notre fidélité, dans les sables d'Afrique, sur les bords du Guadalquivir et du Tage, sur les rives de la*

Il semble que le tonnerre des applaudissements
unanimes pourrait montrer à Napoléon qu'il est grand temps
d'abdiquer volontairement. Mais rien n'est plus difficile sur
terre que renoncer au pouvoir. Napoléon hésite et cette
hésitation coûte à son fils l'empire et à lui-même la liberté.

Mais voici que Fouché perd patience. Si le gênant
personnage ne s'en va pas de son propre mouvement, on l'y
contraindra ; il n'y a qu'à placer le levier au bon endroit et
son auréole, si colossale soit-elle, s'écroulera. Pendant la nuit
il travaille les députés qui lui sont dévoués et, dès le
lendemain matin, la Chambre demande avec autorité
l'abdication. Cela même pourtant ne paraît pas assez net à
celui qui sent bruire dans ses veines les ondes du pouvoir.
Napoléon continue de parlementer à droite et à gauche,
jusqu'à ce que, sur un signe de Fouché, La Fayette prononce
le mot décisif :

*« Si l'abdication tarde encore à venir, je proposerai la
déchéance ! »*

Il n'est donné au maître de l'univers qu'une heure, une
seule, pour s'en aller honorablement, une heure à ce puissant
de la terre pour renoncer définitivement à la puissance ; mais
Napoléon ne l'emploie, tout comme en 1814, à
Fontainebleau, que de façon théâtrale, non politique.
« Comment ? s'écrie-t-il indigné, de la violence ? Puisque
c'est ainsi, je n'abdiquerai pas. La Chambre n'est composée
que de Jacobins, d'ambitieux, que j'aurais dû dénoncer à la
nation et chasser ! Mais le temps perdu peut se réparer. » En
réalité, il veut se faire prier, d'une manière plus pressante
encore, pour rendre plus grand son sacrifice et,

effectivement, – comme les généraux de 1814, – ses ministres lui parlent maintenant d'une manière pleine d'égards. Seul Fouché se tait. Les nouvelles ne cessent d'arriver ; l'horloge marche, impitoyable. Enfin Napoléon jette un regard vers Fouché, un regard qui, comme les témoins le rapportent, est à la fois ironique et plein de haine brûlante. « Écrivez à ces messieurs, dit-il avec mépris, de se tenir tranquilles, ils vont être satisfaits. » Aussitôt Fouché jette au crayon quelques lignes sur un bout de papier, qu'il envoie à ses meneurs de la Chambre, pour leur dire que le coup de pied de l'âne n'est plus nécessaire, et Napoléon se rend dans une pièce écartée, pour dicter à son frère l'abdication.

Au bout de quelques minutes il revient dans la grande pièce. À qui donner cette feuille, lourde de contenu ? Affreuse ironie : précisément à celui qui a contraint sa plume et qui est là à attendre, immobile comme Hermès, l'implacable messager. Sans une parole, l'empereur lui tend le papier. Sans une parole Fouché prend le document si difficilement obtenu et s'incline.

C'est là sa dernière révérence à Napoléon.

Fouché, duc d'Otrante, n'a pas assisté à la séance de la Chambre : maintenant que l'affaire est décidée, il entre, et gravit lentement les degrés de la tribune, tenant dans sa main la feuille historique. Sans doute, à cette minute a-t-elle tremblé d'orgueil, sa main d'intrigant, fine, mais dure, car il a triomphé, pour la seconde fois, du plus puissant homme de France, et ce 22 juin est pour lui un nouveau 9 Thermidor. Au milieu d'un silence ému, il prononce, tout en restant lui-même froid et impassible, quelques paroles d'adieu à l'adresse de son ancien maître, – fleurs artificielles sur une tombe fraîchement creusée. Mais ensuite plus de sentimentalité ! Si l'on a ôté de force le pouvoir à ce géant, ce n'est pas pour le laisser tomber par terre, à la merci de tout homme habile. Il s'agit à présent de s'en emparer soi-même, il s'agit de profiter de cette minute, attendue depuis des années. C'est pourquoi il propose d'élire un gouvernement provisoire, un Directoire de cinq membres, certain d'avance d'être aujourd'hui, enfin, celui qu'on choisira.

Cette autorité indépendante qu'il a depuis si longtemps désirée menace pourtant encore une fois de lui échapper ; il réussit bien, lors de l'élection, à donner perfidement un croc-en-jambe à son concurrent le plus dangereux, La Fayette, qui, avec sa droiture et ses convictions républicaines, vient précisément de lui rendre le service insigne d'attaquer Napoléon ; mais au premier tour Carnot obtient 324 voix et Fouché 293 seulement, de sorte que la présidence du nouveau gouvernement provisoire revient, incontestablement à Carnot. Dans ce moment décisif, à un pouce à peine du but, Fouché, madré joueur, exécute encore une fois le plus extraordinaire et le plus infâme de ses tours. D'après les chiffres de l'élection la présidence appartient tout naturellement à Carnot ; et lui, Fouché, même dans ce gouvernement, ne serait, comme toujours, que le deuxième, alors qu'enfin il veut être le premier, le chef absolu. Aussi a-t-il recours à une ruse raffinée : à peine le Conseil des Cinq s'est-il réuni, et alors que Carnot veut prendre possession du fauteuil de la présidence auquel il a droit, Fouché propose à ses collègues, comme une chose qui va de soi, de se constituer. « Qu'appelez-vous nous constituer ? » demande Carnot tout étonné. « Mais, répond naïvement Fouché, élire notre président et notre secrétaire. » Et il ajoute aussitôt avec une fausse modestie : « Je vous donne ma voix pour la présidence. » Carnot se laisse duper et répond poliment : « Je vous donne la mienne. » Or deux des membres sont déjà secrètement acquis à Fouché ; ainsi il a trois voix contre deux et avant même que Carnot puisse comprendre comment il a été « roulé », Fouché est installé au fauteuil présidentiel. Après Napoléon et La Fayette, Carnot, lui aussi, a été heureusement éliminé, bien qu'il soit l'homme le plus populaire de France, et à sa place c'est le plus roué de tous, Joseph Fouché, qui se trouve maître des destinées du pays. En cinq jours, du 13 au 18 juin, l'empereur a perdu le pouvoir ; en cinq jours, du 17 au 22 juin, Joseph Fouché s'en est emparé, cessant enfin d'être serviteur, pour la première fois maître tout-puissant de la France, libre, divinement libre, au jeu chéri et troublant de la politique universelle.

Sa première mesure, bien entendu, sera de se débarrasser de l'empereur. Même l'ombre d'un Napoléon oppresse un Fouché et, tout comme Napoléon empereur ne se sentait pas à l'aise tant qu'il savait à Paris cet impénétrable Fouché, celui-ci ne respire pas librement tant qu'il n'y a pas entre lui et le manteau gris quelques milliers de lieues. Il évite de lui parler personnellement : à quoi bon des sentimentalités ? Il se borne à lui dicter par écrit ses ordres, qui sont encore enveloppés d'un mince papier rose de bienveillance. Mais il déchire bientôt cette enveloppe de menue politesse, et il montre impitoyablement au César déchu son impuissance. Il jette carrément au panier une pathétique proclamation que Napoléon adresse à son armée en guise d'adieu, et le lendemain, tout surpris, Napoléon cherche en vain dans le *Moniteur* ses impériales paroles. Fouché a défendu leur publication. Fouché use d'interdictions frappant l'empereur ! Celui-ci ne peut pas croire à l'audace sans limites avec laquelle son ancien serviteur le traite par-dessous la jambe ; mais, d'heure en heure, avec une impérieuse insistance, il est poussé par ce rude poing, jusqu'à ce qu'enfin il se réfugie à la Malmaison. Cependant, il s'y installe, comme s'il ne devait pas en partir. Il ne veut pas s'en aller, bien que déjà les dragons de l'armée de Blücher s'approchent, bien que Fouché ne cesse de le faire avertir toujours plus brutalement qu'il faut enfin qu'il se résigne et qu'il disparaisse. Mais plus il se sent près de la chute et plus Napoléon s'accroche convulsivement au pouvoir. Finalement, tandis que la voiture qui doit l'emporter est déjà prête dans la cour, il a encore un geste grandiose ; il s'offre, lui, l'empereur, à se mettre à la tête des troupes en qualité de simple général, pour vaincre ou mourir. Mais Fouché, esprit positif, ne prend pas au sérieux ces offres romantiques :

« *Cet homme se moque-t-il de nous ?* s'écrie-t-il avec colère. *Sa présence à la tête de l'armée ne serait qu'un nouveau défi à l'Europe, et le caractère de Napoléon ne permet pas de lui attribuer en aucune façon de l'indifférence pour le pouvoir.* »

Il rudoie le général qu'il a placé auprès de Napoléon, en lui demandant comment il peut avoir l'audace de transmettre de tels messages, au lieu de faire filer l'empereur, et il lui ordonne de prendre ses dispositions pour que parte aussitôt ce gênant personnage. Quant à Napoléon, Fouché ne daigne même pas lui répondre. Les vaincus ne valent pas pour lui une once d'encre.

Maintenant il est libre, maintenant il est au but : après la chute de Napoléon, dans sa cinquante-sixième année, Joseph Fouché, duc d'Otrante, est enfin seul et sans frein au sommet de la puissance. Quels détours infinis à travers le labyrinthe d'un quart de siècle ! Ce fils de commerçants, à la figure pâle, est d'abord un pauvre professeur ecclésiastique, portant la tonsure ; puis il s'élève jusqu'à être tribun du peuple et proconsul ; ensuite duc d'Otrante, serviteur d'un empereur, et maintenant enfin il n'est plus serviteur de personne ; il est devenu le seul maître de la France ! L'intrigue a triomphé de l'idée, l'habileté, du génie. Une génération d'immortels autour de lui est descendue dans les ténèbres : Mirabeau est mort. Marat a été assassiné, Robespierre, Desmoulins, Danton ont été guillotinés, son collègue de proconsulat, Collot, a été envoyé aux îles fiévreuses de la Guyane, La Fayette est fini ; tous ses camarades de la Révolution ne sont plus. Tandis que lui maintenant décide du sort de la France librement choisi par la confiance de tous les partis, Napoléon, le maître du monde, sous un pauvre déguisement, se réfugie sur le littoral, avec un faux passeport, qui fait de lui le secrétaire d'un petit général ; Murat et Ney attendent d'être fusillés et les petits rois, faits par la grâce de Napoléon et qui appartiennent à la famille des Bonaparte, errent, les poches vides et sans territoire, de refuge en refuge. Toute la glorieuse génération de ce tournant de l'histoire, qui n'a pas de précédent, est tombée ; Fouché seul s'est élevé, grâce à sa patience tenace, travaillant dans l'obscurité et manœuvrant souterrainement. Maintenant, le ministère, le sénat et la représentation populaire sont malléables comme de la cire dans sa main de maître ; les généraux, d'habitude si autoritaires, tremblant pour leurs pensions, obéissent comme des agneaux au nouveau chef ; la bourgeoisie et le peuple de tout un pays attendent sa décision ; Louis XVIII lui envoie des émissaires, Talleyrand ses compliments ; Wellington, le vainqueur de Waterloo, lui adresse des communications confidentielles ; pour la première fois les fils du destin de l'univers courent librement et délicieusement entre ses doigts.

Il a devant lui une tâche immense : défendre un pays vaincu et brisé contre les ennemis qui approchent, empêcher une résistance pathétique mais inutile, obtenir des conditions acceptables, trouver une juste forme de gouvernement, le souverain approprié, faire sortir du chaos une norme nouvelle, un ordre durable. Il faut pour cela de la maîtrise, une extrême promptitude d'esprit ; et, en vérité, durant ces heures où tout le monde perd son sang-froid, les mesures de Fouché témoignent de la plus grande énergie, et ses plans, qui suivent à la fois des voies doubles et quadruples, sont d'une sûreté étonnante. Il est l'ami de tous, pour duper tout le monde et faire uniquement ce qui lui paraît personnellement opportun et utile. Bien qu'il ait l'air de favoriser, devant le Parlement, le fils de Napoléon, devant Carnot, la république et devant les alliés, le duc d'Orléans, il manœuvre tout doucement dans la direction de l'ancien roi, de Louis XVIII. Insensiblement, par des détours secrets et adroits, et sans que ses plus proches camarades se rendent compte du but où il tend, il navigue, à travers un marais de corruptions, du côté des royalistes et négocie avec les Bourbons pour leur céder le gouvernement qu'on lui a confié, tandis qu'au Conseil des ministres et à la Chambre il continue à jouer au bonapartiste et au républicain. Du point de vue psychologique, sa solution était la seule bonne. Seule une rapide capitulation devant le roi pouvait assurer à la France saignée à blanc, ruinée et inondée de troupes étrangères, des ménagements et une transition s'effectuant sans trop de frictions. Et Fouché est le seul à qui son sens de la réalité permette de comprendre aussitôt cette nécessité. Il réalise son idée, malgré la résistance du Conseil, du peuple, de l'armée, de la Chambre et du Sénat, par sa propre volonté et par ses propres moyens.

Mais, à ce moment-là, Fouché possède toutes les habiletés, sauf (et c'est là son drame !) l'habileté suprême, la plus haute, la plus pure, qui consisterait à s'oublier lui-même et ses intérêts ; cette dernière habileté qui voudrait qu'après ce coup de maître il se retirât, à son âge et dans sa situation : cinquante-six ans, au sommet du succès, dix ou vingt fois millionnaire, estimé et honoré par son temps et par l'histoire. Mais celui qui pendant vingt ans a aspiré au pouvoir, qui pendant vingt ans en a vécu sans en être rassasié, est incapable de se retirer ; tout comme Napoléon, Fouché ne sait pas abdiquer une minute avant qu'on lui donne le coup fatal. Et comme maintenant il n'a plus de maître à trahir, il ne lui reste qu'à se trahir lui-même, qu'à trahir son propre passé. Rendre la France vaincue à son ancien souverain fut à ce moment-là une véritable prouesse, une politique bonne et hardie ; se faire payer cette décision par le pourboire d'un portefeuille de ministre du roi fut une action basse, et plus qu'un crime, une sottise. Or, cet ambitieux, égaré par son ambition, commet cette sottise, simplement pour avoir encore une heure de plus la « main à la pâte » ; c'est pour cette piètre satisfaction qu'il commet sa première gaffe, la plus grande de toutes, le geste irrémissible qui l'avilit pour toujours devant l'histoire. Par sa patience, son adresse, sa souplesse il a monté mille échelons et voici qu'en ployant maladroitement le genou sans aucun motif, une seule fois, il dégringole de cette hauteur.

Pour savoir comment s'effectue la vente du pouvoir à Louis XVIII en échange d'un poste de ministre, nous avons la bonne fortune de posséder un document caractéristique, un des rares qui enregistrent littéralement un entretien diplomatique de Fouché, d'habitude plus prudent. Pendant les Cent-Jours un partisan résolu du roi, le baron de Vitrolles, à Toulouse, avait réuni une armée et combattu Napoléon. Fait prisonnier et amené à Paris, l'empereur avait voulu qu'on le fusillât immédiatement, mais Fouché était intervenu ; il était toujours pour les ménagements, surtout envers des ennemis dont éventuellement on pouvait encore avoir besoin. Aussi s'était-on contenté d'enfermer le baron de Vitrolles dans la prison militaire, en attendant son passage devant le Conseil de guerre. Mais le 23 juin, à peine la femme du prisonnier en danger a-t-elle appris que Fouché est devenu le maître de la France, qu'elle accourt lui demander la libération de Vitrolles. Fouché l'accorde aussitôt, car il tient beaucoup à être dans les bonnes grâces des Bourbons. Dès le lendemain le baron de Vitrolles, le chef royaliste délivré, vient remercier le duc d'Otrante. Alors a lieu l'amical entretien politique suivant entre le chef du gouvernement élu par les républicains et le royaliste juré. Fouché lui dit : « Eh bien ! que comptez-vous faire ? – Je vais me rendre à Gand, ma chaise de poste est à la porte. – C'est ce que vous pouvez faire de mieux. Vous ne seriez pas en sûreté ici. – N'avez-vous rien à me donner pour le roi ? – Oh ! mon Dieu, non ; rien. Dites seulement à Sa Majesté qu'elle peut compter sur mon dévouement, et qu'il ne dépendra pas de moi qu'elle revienne promptement aux Tuileries. – Mais il dépend de vous, ce me semble, que ce soit bientôt. – Moins que vous ne pensez. Les embarras sont grands. Cependant, la Chambre a simplifié la situation. Vous savez, ajouta-t-il en souriant, qu'elle a proclamé Napoléon II ? – Comment, Napoléon II ! – Mais sans doute ; il fallait d'abord passer par là. – Cela, je présume, n'a rien de sérieux. – Vous ne dites pas assez. Plus je réfléchis, et plus je suis persuadé que cela n'a pas le sens commun. Mais vous ne sauriez croire combien il existe de gens qui tiennent à ce nom-là. Plusieurs de mes collègues, Carnot surtout, sont convaincus qu'avec Napoléon II tout est sauvé. – Et combien durera cette plaisanterie ? – Probablement le temps nécessaire de nous débarrasser de Napoléon Ier. – Que ferez-vous ensuite ? – Je ne sais trop… Dans des moments comme ceux-ci, il est difficile de prévoir le lendemain. – Mais si M. Carnot, votre collègue, tient si fort à Napoléon II, il vous sera peut-être moins facile que vous ne le supposez d'échapper à cette combinaison. – Bah ! Vous ne connaissez pas Carnot ! Il suffira, pour le faire changer d'opinion, de proclamer "le peuple français". Le peuple français, songez donc !…

Et là-dessus tous deux se mettent à rire, le duc d'Otrante, l'élu des républicains, qui se moque de son collègue, et l'émissaire royaliste. Ils commencent déjà à se comprendre.

« – Voilà qui est bien, reprend M. le baron de Vitrolles ; mais j'espère qu'après Napoléon II et le peuple français, vous songerez enfin aux Bourbons ? – Sans doute, répond Fouché ; ce sera alors le tour du duc d'Orléans. – Comment, le duc d'Orléans ! s'écrie M. de Vitrolles au comble de la surprise. Le duc d'Orléans ! mais croyez-vous donc que le roi consente jamais à accepter une couronne ainsi promenée, ainsi descendue ? »

Fouché se contente de se taire et de sourire.

Mais le baron de Vitrolles a déjà compris. Par cet entretien astucieusement ironique et en apparence sans importance Fouché lui a montré ses intentions. Il lui a fait nettement sentir que, s'il le veut, il y aura des difficultés, qu'au lieu du roi Louis XVIII on pourrait proclamer Napoléon II, ou le peuple français, ou le duc d'Orléans, mais que personnellement il ne tient d'une manière spéciale à aucune de ces possibilités et est disposé à les éliminer toutes les trois, au profit de Louis XVIII, si... Ce « si » n'est pas prononcé, mais *le* baron de Vitrolles a bien deviné la chose, peut-être à un sourire de Fouché, peut-être à un geste. En tout cas, il décide soudain de renoncer à son voyage et de rester à Paris auprès de Fouché, pourvu qu'il puisse correspondre librement avec le roi. Il pose ses conditions : d'abord vingt-cinq passeports pour ses agents à destination de Gand, le quartier général du roi. « Vous en aurez cinquante, cent, autant que vous voudrez », répond avec enjouement le ministre de la Police républicaine au représentant des ennemis de la république. « Enfin, je veux vous voir une fois par jour. – Une fois, ce n'est pas assez ; deux fois, le matin et le soir. »

Alors le baron de Vitrolles peut rester tranquillement à Paris et, sous la protection du duc d'Otrante, négocier avec le roi et lui annoncer que les portes de Paris lui sont ouvertes, si... (voilà le *hic*) si Louis XVIII consent à prendre en compensation le duc d'Otrante comme ministre dans le nouveau gouvernement royal.

Lorsqu'on propose à Louis XVIII de se faire ouvrir commodément les portes de Paris par Fouché, en lui accordant comme pourboire un poste de ministre, le Bourbon, qui d'habitude a le sang épais, se met à écumer. « Jamais ! », crie-t-il aux premiers qui veulent mettre sur la liste ce nom exécré. Et effectivement, quelle absurde prétention que de lui demander d'accepter dans sa maison un régicide, un de ceux qui ont signé la condamnation à mort de son frère, un prêtre défroqué, un athée farouche et un serviteur de Napoléon ! « Jamais ! », s'écrie-t-il indigné. Mais on connaît par l'histoire ces « jamais » des rois, des politiciens et des généraux : ils sont presque toujours le prélude d'une capitulation. Paris ne vaut-il pas une messe ? Depuis Henri IV, les rois n'ont-ils pas fait de semblables *sacrifici dell'inteletto,* de tels sacrifices d'esprit et de conscience, pour le pouvoir ? Pressé de tous les côtés, par les courtisans, par les généraux, par Wellington, et surtout par Talleyrand (qui, en sa qualité d'évêque marié, a besoin qu'il y ait à cette cour un épouvantail encore plus noir que lui), Louis XVIII devient peu à peu hésitant. Tous lui assurent qu'il n'y a qu'un homme qui puisse lui ouvrir sans résistance les portes de Paris : Fouché. Il est le seul qui soit capable d'éviter une effusion de sang, car il est l'homme de tous les partis et de toutes les opinions, celui qui a éternellement tenu et de la façon la plus parfaite l'étrier à tous les prétendants à la couronne. Et puis le vieux Jacobin est depuis longtemps devenu un brave conservateur ; il s'est repenti et il a magnifiquement trahi Napoléon. Enfin, pour soulager sa conscience (« Malheureux frère, si vous me voyez, vous m'avez pardonné ! » s'écria-t-il, à ce qu'on raconte), le roi se confesse et se déclare prêt à recevoir secrètement Fouché – secrètement, car à Paris personne ne doit se douter qu'un chef élu du peuple vend son pays pour un poste de ministre et un prétendant au trône son honneur pour une couronne de roi : dans l'ombre, avec comme seul témoin l'évêque renégat, cette affaire, la plus éhontée de l'histoire moderne, est menée à bien entre l'ex-jacobin et celui qui n'est pas encore roi.

C'est à Neuilly que se passe cette scène extraordinaire et fantastique, digne d'un Shakespeare ou d'un Arétin : le roi Louis XVIII, descendant de saint Louis, reçoit l'un des meurtriers de son frère, – Fouché, sept fois parjure, ministre de la République, de la Convention et de l'empereur – pour lui faire prêter serment, son huitième serment de fidélité. Et Talleyrand, ancien évêque devenu républicain, puis serviteur de l'empereur, conduit son camarade. Le boiteux, pour mieux marcher, pose son bras sur l'épaule de Fouché (« le vice appuyé sur le crime », comme Chateaubriand le dit ironiquement), et ainsi les deux athées, les deux opportunistes s'approchent fraternellement de l'héritier de saint Louis. D'abord une profonde révérence. Puis Talleyrand se charge du pénible devoir de proposer au roi comme ministre le meurtrier de son frère. Le sec Fouché est encore plus pâle que d'habitude, lorsqu'il s'agenouille devant le « tyran », devant le « despote », pour prêter serment, baiser la main dans laquelle coule le sang qu'il a aidé à répandre, et jurer au nom du même Dieu dont, à Lyon, il a pillé et profané avec ses hordes les églises. Malgré tout, c'est une chose un peu forte, même pour un Fouché !

C'est pourquoi il est fort pâle, le duc d'Otrante, lorsqu'il quitte la salle d'audience du roi, et c'est au tour de Talleyrand, boiteux, de le soutenir. Il ne dit pas un mot. Même les remarques ironiques de ce cynique évêque en rupture de mitre, – qui disait une messe comme aujourd'hui il joue aux cartes, – ne peuvent l'arracher à son silence pathétique. Dans l'ombre de la nuit, ayant dans sa poche sa nomination de ministre, il rentre à Paris, aux Tuileries, auprès de ses collègues qui ne se doutent de rien, que demain il mettra à la porte et qu'après-demain il bannira (sans doute n'a-t-il pas dû se sentir très à son aise au milieu d'eux). Une fois donc, ce serviteur, le plus infidèle de tous, s'est trouvé libre, mais (merveilleuse réaction du destin !) jamais les âmes subalternes ne peuvent supporter la liberté ; elles se sentent sans cesse poussées à la fuir, pour se réfugier dans une nouvelle servitude. Et ainsi Fouché, qui la veille encore était puissant et indépendant, s'abaisse de nouveau devant un maître ; de nouveau il enchaîne ses mains libres à la galère du pouvoir (en pensant que c'est le gouvernail du Destin). Mais bientôt il portera le signe des galères, la marque du fer rouge.

Le lendemain matin, les troupes coalisées entrent dans Paris. Suivant la convention secrète, elles occupent les Tuileries et enferment carrément les députés. Cela fournit à

Fouché, en apparence tout surpris, un prétexte admirable pour proposer à ses collègues de se démettre de leurs fonctions gouvernementales, en manière de protestation contre les baïonnettes. Ils tombent dans le piège de ce geste pathétique et, comme c'est convenu, le trône est soudain vacant ; pendant toute une journée il n'y a pas de gouvernement à Paris. Louis XVIII n'a plus qu'à s'approcher des portes aux acclamations d'un public payé par son nouveau ministre de la Police et il est accueilli avec enthousiasme comme un sauveur : la France est redevenue un royaume.

C'est alors seulement que les collègues de Fouché comprennent avec quelle astuce il les a « roulés ». C'est alors que, par le *Moniteur,* ils apprennent aussi quel en est son salaire. À ce moment-là, la fureur éclate dans le cœur de l'honnête Carnot, modèle de probité et d'intégrité, mais un peu borné. « Traître, où veux-tu que j'aille ? » demande-t-il avec un mépris hautain au ministre de la Police royaliste fraîchement nommé.

Mais avec le même mépris Fouché lui répond : « Imbécile, où tu voudras. »

Et c'est par ce dialogue typique et laconique des deux anciens Jacobins, derniers survivants du 9 Thermidor, que s'achève le drame le plus étonnant des temps modernes, la Révolution, et son éblouissante fantasmagorie : le passage de Napoléon à travers l'histoire universelle. La période des aventures héroïques est terminée, l'ère de la bourgeoisie commence.

IX

CHUTE ET FIN

1815-1820

Le 28 juillet 1815 (les Cent-Jours de l'interlude napoléonien sont révolus), le roi Louis XVIII, dans un carrosse magnifique attelé de chevaux blancs, rentre à Paris. La réception est grandiose, Fouché a bien travaillé. Une multitude joyeuse entoure la voiture ; aux maisons flottent des drapeaux blancs, et là où l'on n'a pu s'en procurer, on a, au plus vite, mis aux fenêtres des serviettes et des nappes à l'extrémité de bâtons. Le soir, la ville étincelle de mille lumières ; dans l'exubérance de l'allégresse on danse même avec les officiers de la garnison anglaise et prussienne. On n'entend pas un cri hostile ; la gendarmerie qui par précaution a été mise sur pied, est inutile ; véritablement, Joseph Fouché, le nouveau ministre de la Police du roi très chrétien, a excellemment besogné pour son nouveau souverain. Aux Tuileries, dans le palais où un mois auparavant il était le plus respectueux et le plus fidèle des serviteurs de Napoléon, le duc d'Otrante attend le roi, Louis XVIII, – le frère du « tyran » que, vingt-deux ans auparavant, il a condamné à mort, ici, dans le même édifice. Maintenant il s'incline profondément et avec déférence devant le descendant de saint Louis, et dans ses lettres il signe « avec respect de Votre Majesté le plus fidèle et le plus dévoué sujet » (paroles littérales qu'on trouve sous une douzaine de rapports autographes de Fouché). De tous les tours extravagants dus à cet acrobate, celui-ci a été le plus audacieux, – mais ce sera aussi le dernier, – sur la corde politique.

Il est vrai que, pour le moment, tout semble marcher à la perfection. Tant que le roi n'est pas solide sur son trône, il ne dédaigne pas s'appuyer sur un monsieur Fouché. Et puis on a besoin encore, provisoirement, de ce Figaro qui sait si magnifiquement plonger de toutes les manières. D'abord pour les élections, car la cour tient à avoir au Parlement une majorité sûre ; pour cela le républicain et l'homme du peuple « éprouvé » sert de rabatteur sans pareil. En outre, il y a encore à exécuter toutes sortes d'affaires désagréables, d'affaires sanglantes : pourquoi ne pas se servir de ce gant usé ? On pourra ensuite s'en défaire et c'est un moyen pour Louis XVIII de ne pas salir ses royales mains.

Dès les premiers jours, il faut accomplir une de ces pénibles besognes. Le roi, quand il était en exil, a bien promis solennellement d'accorder une amnistie et de ne poursuivre personne de ceux qui, pendant les Cent-Jours, ont servi l'usurpateur à son retour. Mais une fois qu'on a pris place à table, on voit les choses autrement ; il est rare que les rois se croient obligés à tenir les promesses faites lorsqu'ils étaient prétendants à la couronne. Rancuniers, les royalistes, tirant vanité de leur propre fidélité, exigent, alors que le roi est de nouveau bien en selle, la punition de tous ceux qui pendant les Cent-Jours ont déserté le drapeau fleurdelisé. Fortement pressé par les royalistes, – qui sont toujours plus royalistes que le roi, – Louis XVIII finit par céder. Et la triste mission d'établir cette liste de proscription échoit au ministre de la Police.

Mission qui ne plaît pas au duc d'Otrante. Faut-il réellement punir des hommes pour une telle vétille, parce qu'ils ont agi raisonnablement et qu'ils sont passés du côté du plus fort, du vainqueur ? Et puis il n'ignore pas, le ministre de la Police du roi très chrétien, que le premier nom à mettre sur cette liste devrait être en toute justice celui du duc d'Otrante, ministre de la Police de Napoléon, son propre nom ; Dieu sait si cette situation est pénible ! D'abord Fouché cherche à échapper à la désagréable corvée au moyen d'une ruse. Au lieu d'une liste qui, comme on le désire, contienne trente ou quarante des principaux coupables, il apporte tout d'abord, à la surprise générale, quelques grandes feuilles in-folio qui en ont trois à quatre cents, et même, comme certains le prétendent, jusqu'à mille, et il demande que l'on punisse tous ceux-là ou personne. Il espère que le roi n'en aura pas le courage et qu'ainsi cette fâcheuse question sera réglée ; mais, malheureusement, le ministère est présidé par un renard de son espèce, Talleyrand. Celui-ci remarque aussitôt que son ami Fouché trouve la pilule amère ; il n'en insiste que davantage pour la lui faire avaler. Impitoyablement il fait réviser la liste de Fouché, jusqu'à ce qu'il n'y reste que quatre douzaines de noms, et il lui laisse la tâche accablante de signer de son nom ces condamnations à mort ou au bannissement.

Le plus habile serait maintenant, pour Fouché, de prendre son chapeau et de faire claquer derrière lui la porte du palais. Mais plusieurs fois déjà nous avons fait allusion à ce qui est chez Fouché le point faible : son ambition a toutes les habiletés, à l'exception d'une seule, celle de savoir s'en aller à temps. Fouché préférera supporter la défaveur, la haine et l'irritation plutôt que de quitter volontairement un fauteuil de ministre. C'est ainsi qu'à l'indignation générale paraît, contresignée par l'ancien Jacobin, une liste de proscription contenant les noms les plus célèbres et les plus nobles de France. Il y a là Carnot, « l'organisateur de la victoire », le créateur de la République, et le maréchal Ney, le vainqueur d'innombrables batailles, le sauveur des débris de l'armée de la campagne de Russie ; il y a là tous les camarades de Fouché au gouvernement provisoire, les derniers de ses camarades de la Convention et de la Révolution. On trouve sur cette terrible liste de mort ou de proscription les noms de tous ceux qui pendant les vingt dernières années ont illustré la France. Il n'y manque qu'un seul nom, celui de Joseph Fouché, duc d'Otrante.

Ou plutôt il n'y manque pas. Le nom du duc d'Otrante est aussi sur cette liste. Seulement il n'y figure pas comme ministre de Napoléon mis en accusation et proscrit, mais comme ministre du roi, envoyant à la mort ou en exil tous ses camarades, – comme bourreau.

Le roi ne peut lui refuser une certaine gratitude pour le rude coup que l'ancien Jacobin a porté à sa propre conscience, par une telle humiliation de lui-même. Un honneur suprême, un dernier honneur est alors dévolu à Joseph Fouché, duc d'Otrante. Veuf depuis cinq ans, il a décidé de se remarier, et cet homme, qui autrefois s'est repu si farouchement du sang des aristocrates, veut s'unir matrimonialement à du sang bleu ; il épousera une comtesse de Castellane, une dame de la haute aristocratie, c'est-à-dire de « cette bande criminelle qui doit tomber sous le glaive de la loi », ainsi qu'il le prêchait autrefois aimablement à Nevers. Mais depuis lors (on en a eu toute espèce de preuves réjouissantes) l'ancien jacobinissime, le sanguinaire Joseph Fouché a changé radicalement d'idées ; si maintenant, le 1er août 1815, il se rend à l'église, ce n'est pas, comme en 1793, pour détruire avec le marteau les « honteux emblèmes du fanatisme », les crucifix et les autels, mais pour recevoir humblement, avec sa noble fiancée, la bénédiction d'un homme coiffé de cette mitre que, on s'en souvient, en 1793, il avait posée, par moquerie, sur les oreilles d'un âne. Selon la vieille coutume de la noblesse (un duc d'Otrante sait ce qu'il sied de faire, quand on épouse une comtesse de Castellane), le contrat de mariage est signé par les premières familles de la Cour et de la noblesse, et comme premier témoin le roi Louis XVIII met de sa propre main son nom sur ce document, qui est sans doute unique dans l'histoire universelle, – servant ainsi de témoin, à la fois le plus digne et le plus indigne, au meurtrier de son frère.

C'est beaucoup, c'est une chose sans précédent ; c'est même trop. Car précisément cette impudence suprême d'un régicide prenant pour témoin de mariage le frère du roi guillotiné suscite dans les milieux de la noblesse une formidable irritation. Ce misérable transfuge, ce royaliste de l'avant-veille, grondent-ils, se conduit comme faisant partie réellement de la cour et de la noblesse. Pourquoi a-t-on encore besoin, en vérité, de cet individu, « le plus dégoûtant reste de la Révolution », qui salit le ministère par sa présence répugnante ? Certes, il a aidé au rétablissement du roi ; il a prêté sa main vénale pour signer la proscription des meilleurs hommes de France. Mais maintenant il faut le chasser ! Les mêmes aristocrates qui, tant que le roi attendait devant les portes de Paris, avec l'impatience la plus extrême, le pressaient d'appeler au ministère, par une nécessité inéluctable, le duc d'Otrante, afin de pénétrer dans la capitale sans verser de sang, ces mêmes messieurs, tout d'un coup, ne veulent plus rien savoir ; ils ne se souviennent obstinément que d'un certain Joseph Fouché qui, à Lyon, fit massacrer à coups de canon des centaines de prêtres et de nobles, et qui a exigé la mort de Louis XVI. Soudain, le duc d'Otrante, quand il traverse l'antichambre du roi, remarque que tout un groupe de seigneurs ne le saluent plus, ou bien lui tournent le dos avec un mépris provocant. Des libelles enflammés contre le « mitrailleur de Lyon » surgissent subitement et passent de main en main ; une nouvelle société patriotique, les « Francs régénérés », – ancêtres des « camelots du roi » et des « Hongrois réveillés », – tient des réunions et demande catégoriquement que la bannière fleurdelisée soit enfin purifiée de cette honteuse salissure.

Mais Fouché ne cède pas si facilement que cela, lorsqu'il s'agit du pouvoir ; il s'y cramponne avec les dents. Dans le rapport secret d'un espion chargé en ce temps-là de le surveiller, on voit comment il cherche à s'accrocher de tous les côtés. Somme toute, les souverains ennemis sont encore dans le pays : ils peuvent le défendre contre les serviteurs trop royalistes du roi. Il va voir l'empereur de Russie ; il s'entretient chaque jour pendant des heures avec Wellington et l'ambassadeur d'Angleterre ; il joue à la fois de toutes les mines de la diplomatie, voulant, d'une part, gagner le peuple par une plainte contre les troupes de l'envahisseur et, d'autre part, faire peur au roi par des rapports exagérés. Il envoie comme intercesseur auprès du roi Louis XVIII le vainqueur de Waterloo ; il mobilise les banquiers, des femmes et ses derniers amis. Non, il ne veut pas s'en aller : sa conscience a payé trop cher le rang qu'il occupe pour qu'il ne se défende pas comme un désespéré. Et, effectivement, il réussit pendant quelques semaines à se maintenir sur l'eau, tantôt sur le côté et tantôt sur le dos, tel un nageur habile. Pendant ce temps-là, il a l'air plein de confiance, comme nous le rapporte l'espion précité, et il est probable aussi que cette confiance était réelle. Car au cours de ces vingt-cinq dernières années n'était-il pas toujours revenu à flot ? Et quand on est venu à bout d'un Napoléon et d'un Robespierre, pourquoi s'inquiéter à cause de quelques niais de la noblesse ! Le vieux contempteur des humains n'a plus peur d'eux depuis longtemps, lui qui a triomphé des plus grands personnages de l'histoire universelle, et qui a survécu.

Mais il est une chose que ce vieux condottiere, ce fin connaisseur de l'humanité n'a pas apprise et que personne ne peut apprendre : à savoir, lutter contre les spectres. Il a oublié cette seule chose qu'à la cour royale un spectre du passé subsiste, comme une Érinnye de la vengeance : la duchesse d'Angoulême, la propre fille de Louis XVI et de Marie-Antoinette, la seule de la famille qui ait échappé au grand massacre. Le roi Louis XVIII pouvait encore, après tout, pardonner à Fouché ; il devait son trône à ce Jacobin et un tel héritage peut adoucir parfois (l'histoire en témoignerait !), même dans les rangs les plus élevés, la douleur d'un frère. Pour lui, le pardon a été facile, car il n'a pas personnellement souffert de la Terreur ; au contraire, la duchesse d'Angoulême, la fille de Louis XVI et de Marie-Antoinette, a dans le sang les atroces visions de son enfance. Elle a des souvenirs que l'on n'oublie pas et des sentiments de haine qui ne se laissent apaiser par rien : elle a trop souffert elle-même, physiquement et moralement, pour pouvoir pardonner jamais à un de ces Jacobins, de ces hommes abominables. Elle a, étant enfant, assisté en frissonnant à cette soirée atroce du château de Saint-Cloud où des masses de sans-culottes assassinèrent les huissiers, et se présentèrent, les chaussures dégouttantes de sang, devant sa mère et devant son père. Elle a vécu cette soirée où, pressés tous les quatre dans une voiture, s'attendant à la mort à chaque instant, elle, son père, sa mère et son frère, « le boulanger, la boulangère et les mitrons », furent amenés de force à Paris, aux Tuileries, au milieu d'une foule railleuse et hurlante. Elle a assisté au 10 août, lorsque la populace brisa à coups de hache les portes des appartements de sa mère et qu'on mit par moquerie le bonnet rouge sur la tête de son père, tandis qu'une pique menaçait sa poitrine ; elle a souffert les horribles journées de la prison du Temple et les affreuses minutes où leur fut présentée par la fenêtre, au bout d'une pique, la tête ensanglantée de l'amie de sa mère, la princesse de Lamballe, les cheveux dénoués et collés par le sang. Comment pourrait-elle oublier le soir où elle prit congé de son père que l'on traînait à la guillotine, le départ de son petit frère, qu'on laissa dévorer par les poux et dépérir dans une étroite chambre ? Comment ne pas se souvenir des camarades de Fouché portant le bonnet rouge, qui pendant des journées entières la questionnèrent et la tourmentèrent pour que, dans le procès de la reine, elle témoignât de la prétendue impudicité de sa mère Marie-Antoinette avec son petit garçon ? Et comment bannir de son sang le souvenir du moment où on l'arracha des bras de sa mère, où elle entendit sur le pavé le bruit de la charrette qui la menait à la guillotine ? Non, elle, la fille de Louis XVI et de Marie-Antoinette, la prisonnière du Temple, n'a pas simplement, comme Louis XVIII, connu ces atrocités par la lecture des journaux ou par les récits de tiers ; elle les porte imprimées, de façon indélébile, en lettres de feu dans son âme d'enfant épouvantée, effarouchée, tourmentée et martyrisée. Et il s'en faut de beaucoup que soit satisfaite sa haine pour les meurtriers de son père, pour les bourreaux de sa mère, pour les terribles images de son enfance, pour tous les Jacobins et révolutionnaires : elle n'a pas encore vu venir l'heure de la vengeance.

De tels souvenirs ne s'effacent pas. Aussi a-t-elle juré de ne jamais, au grand jamais, tendre la main au ministre de son oncle, au meurtrier de son père, à Fouché, et de ne jamais respirer l'air de l'endroit où il se trouve. Ouvertement et d'un air provocant, elle montre au ministre, et devant toute la cour, son mépris et sa haine, Elle n'assiste à aucune fête ou manifestation où paraît ce régicide, ce renégat de ses propres opinions, et le mépris ironique et fanatique qu'elle a pour le transfuge stimule peu à peu chez tous les autres le sentiment de l'honneur. Finalement tous les membres de la famille royale sont unanimes à demander à Louis XVIII de chasser des Tuileries, maintenant que son pouvoir est assuré, avec opprobre et ignominie, le meurtrier de son frère.

On se rappelle que c'est seulement à contrecœur et parce qu'il en avait absolument besoin que Louis XVIII s'était laissé imposer Fouché comme ministre. À présent qu'il ne lui est plus utile, il lui donne son congé volontiers et avec joie. « Dieu soit loué ! la pauvre duchesse ne sera plus exposée à rencontrer cette odieuse figure », dit-il, le sourire aux lèvres, en parlant de l'homme qui, sans se douter de rien, continue dans ses écrits à se donner pour son « plus fidèle serviteur ». Et Talleyrand, cet autre transfuge, reçoit du roi la mission de faire entendre à son camarade de la Convention et de l'époque napoléonienne que sa présence aux Tuileries est devenue indésirable.

Talleyrand se charge aisément de cette mission. Du reste, il a déjà de la peine à orienter ses voiles au souffle d'un royalisme violent. Il espère pouvoir plus facilement maintenir à flot son navire, en jetant du lest. Et le lest le plus lourd qu'il y ait dans son ministère, c'est ce régicide, son ancien complice Fouché : le faire passer par-dessus bord, cette besogne, en apparence pénible, il l'accomplit avec une adresse d'homme du monde vraiment admirable. Il ne lui annonce pas brutalement ou solennellement son renvoi ; non, en sa qualité de maître éprouvé de la forme, de gentilhomme d'une noblesse souveraine, il choisit une façon charmante de faire comprendre à Fouché que pour lui enfin la cloche a sonné midi. Ce dernier aristocrate du XVIIIe siècle place toujours ses scènes de comédie et ses intrigues dans les coulisses d'un salon et cette fois encore, il revêt un brutal congédiement des formes les plus fines.

Le 14 décembre, Talleyrand et Fouché se rencontrent dans une soirée. On dîne, on parle, on cause nonchalamment et Talleyrand particulièrement paraît être d'excellente humeur. Un grand cercle se forme autour de lui ; belles dames, dignitaires, jeunes gens, tout le monde se presse avec curiosité à ses côtés pour écouter ce maître de la conversation qui, en vérité, raconte d'une façon plus charmante que jamais. Il parle des jours depuis longtemps révolus où il fut obligé de s'enfuir en Amérique pour échapper à l'ordre d'arrestation décerné contre lui par la Convention et il célèbre avec enthousiasme ce pays grandiose. Ah ! quelle magnificence il y a là-bas : des forêts impénétrables habitées par la race primitive des Peaux-Rouges, des fleuves puissants et inexplorés, le majestueux Potomac, le gigantesque lac Érié et, au milieu de ce monde héroïque et romantique, une race nouvelle, d'acier, capable et forte, éprouvée dans les combats, éprise de liberté, exemplaire par ses lois, possédant d'immenses possibilités. Oui, dans ce pays, il y a beaucoup à apprendre ; on y sent un avenir nouveau et meilleur, mille fois plus vivant que dans notre Europe épuisée. C'est là qu'il faudrait habiter, c'est là qu'il faudrait agir, dit-il, avec enthousiasme. Et aucun poste ne lui paraît plus séduisant que celui d'ambassadeur aux États-Unis...

Et soudain il s'interrompt dans son enthousiasme, qui ne semble cacher aucune arrière-pensée, et il dit en se tournant vers Fouché : « Duc d'Otrante, cette situation est belle, comme vous le voyez ; eh bien ! je peux vous la donner si vous le désirez. »

Fouché pâlit, il a compris. En lui-même il tremble de fureur, songeant avec quelle astuce et quelle adresse le vieux renard lui a, devant tout le monde, devant toute la cour, ôté son fauteuil ministériel. Il ne répond rien. Mais quelques minutes après il se retire, il rentre chez lui et rédige sa lettre de démission. Talleyrand, lui, reste tout joyeux, et, en s'en allant, il confie à ses amis avec un sourire oblique : « Cette fois-ci je lui ai définitivement tordu le cou. »

Pour envelopper aux yeux du public ce brutal renvoi de Fouché, on offre pour la forme au ministre congédié un petit emploi. C'est pourquoi le *Moniteur* ne dit pas que le régicide Joseph Fouché a été révoqué de son poste de ministre de la Police, mais que Sa Majesté le roi Louis XVIII a daigné nommer Son Excellence le duc d'Otrante ambassadeur à la cour de Dresde. Naturellement, on compte qu'il refusera cette position tout à fait secondaire, qui ne correspond ni à son rang ni à sa situation historique et mondiale. Mais il s'en faut de beaucoup. Avec un minimum de bon sens, Fouché devrait comprendre que, régicide, il est définitivement et irrémédiablement impropre au service d'un roi réactionnaire et qu'au bout de quelques mois on lui arrachera encore des dents cet os misérable. Mais la soif brûlante du pouvoir a rendu servile comme un chien cette âme de loup autrefois si hardie. Tout comme Napoléon s'est jusqu'au dernier moment accroché, non seulement à sa position, mais même à la simple fiction, purement nominale, de sa dignité impériale, son serviteur Fouché s'attache, avec bien moins de noblesse encore, au dernier titre, tout à fait minuscule, de « semblant de ministre ». Avec la viscosité de la glu, il se cramponne au pouvoir et, éternel serviteur, il obéit encore une fois à son maître, mais avec rage. « J'accepte, Sire, avec reconnaissance, l'ambassade que Votre majesté a daigné me faire offrir comme une retraite », écrit humblement cet homme de cinquante-six ans, qui est vingt fois millionnaire, à celui qui, il y a six mois, est redevenu roi par la propre grâce de Fouché. Il fait ses malles et se rend avec toute sa famille à cette petite cour de Dresde, s'installe princièrement et agit comme s'il voulait y finir sa vie en qualité d'ambassadeur du roi.

Mais ce qu'il a si longtemps redouté s'accomplit bientôt. Pendant près de vingt-cinq ans Fouché a combattu, comme un désespéré, le retour des Bourbons, par le juste instinct qui lui faisait deviner que, finalement, ils demanderaient des comptes pour les deux mots, « la mort », par lesquels Fouché avait poussé Louis XVI sous le couperet de la guillotine. Il avait espéré follement leur faire illusion en se glissant dans leurs rangs et en se déguisant en brave et fidèle serviteur du roi. Or, cette fois-ci, ce ne sont pas les autres qu'il a dupés, c'est lui-même. Car à peine a-t-il fait poser de nouvelles tapisseries dans ses appartements de Dresde, à peine a-t-il dressé sa table et monté son lit, que déjà le tonnerre éclate au Parlement français. Personne ne parle plus du duc d'Otrante ; tous ont oublié qu'un dignitaire de ce nom a introduit triomphalement dans Paris leur nouveau roi Louis XVIII ; tous ne parlent plus que d'un M. Fouché, le régicide Joseph Fouché de Nantes qui, en 1793, a condamné le roi, le « mitrailleur de Lyon », et par une foudroyante majorité de trois cent trente-quatre voix contre trente-deux seulement, l'homme « qui a mis la main sur l'oint du Seigneur » est exclu de toute amnistie et banni de France sa vie durant. Il va de soi que cela comporte en même temps la révocation ignominieuse de son poste d'ambassadeur. Impitoyablement, carrément, ironiquement et dédaigneusement, « monsieur Fouché », qui n'est plus ni

Excellence ni commandeur de la Légion d'honneur, ni sénateur, ni ministre, ni grand dignitaire, est maintenant d'un coup de pied jeté dans la rue, et il est en même temps officiellement fait savoir au roi de Saxe que le séjour à Dresde du sieur Fouché ne serait pas bien vu. Celui qui a envoyé en exil des milliers de Français, après vingt ans le dernier des lutteurs de la Convention, voit venir son tour d'être sans patrie, maudit et banni. Et, comme il est désormais sans puissance et hors la loi, la haine de tous les partis se porte sur l'homme déchu, comme auparavant la sympathie de tous les partis avait fait la cour au puissant qu'il était. Les ruses, les protestations, les conjurations, tout cela ne sert à rien : un puissant de ce monde qui n'a plus de puissance, un politicien qui est fini, un intrigant au bout de son rouleau sont toujours la plus lamentable chose qu'il y ait sur terre. Tardivement, mais avec usure, Fouché paiera la faute qu'il a commise en ne servant jamais une idée, une passion morale de l'humanité, mais toujours uniquement la faveur précaire du moment et des individus.

Où ira-t-il ? Le duc d'Otrante banni de France n'a d'abord aucune inquiétude. N'est-il donc pas le favori du Tsar, le familier de Wellington, vainqueur de Waterloo, l'ami du tout-puissant ministre autrichien Metternich ? Les Bernadotte ne lui doivent-ils pas une certaine reconnaissance, eux qu'il a aidés à monter sur le trône de Suède, ainsi que les princes de Bavière ? Ne connaît-il pas à présent depuis des années tous les diplomates ? Tous les princes et rois de l'Europe n'ont-ils pas ardemment sollicité sa faveur ? Il n'a donc besoin, pense-t-il dans sa disgrâce, que de faire une discrète allusion, et chaque pays se disputera le privilège d'hospitaliser Aristide exilé. Mais comme le monde agit envers un homme déchu autrement qu'envers un puissant ! De la cour du Tsar, malgré plusieurs allusions, ne vient aucune invitation, pas plus que de la part de Wellington ; la Belgique refuse, il y a déjà chez elle suffisamment d'anciens Jacobins ; la Bavière esquive prudemment la réponse désirée, et même ce vieil ami, le prince Metternich, se montre d'une froideur singulière. Eh bien ! soit, puisqu'il le désire et le veut absolument, le duc d'Otrante peut se rendre en territoire autrichien ; on est assez magnanime pour ne point s'y opposer. Mais en aucun cas il ne doit aller à Vienne ; non, dans cette ville sa présence serait indésirable et il ne peut aller non plus en Italie sous aucun prétexte. Il peut séjourner (à la condition qu'il se conduise bien !) dans une petite ville de province et encore il ne faut pas que ce soit dans la Basse-Autriche, c'est-à-dire à proximité de Vienne. Vraiment, ce vieil ami Metternich ne se montre pas très empressé ; même quand l'archimillionnaire qu'est le duc d'Otrante offre de placer toute sa fortune en biens fonciers autrichiens ou en titres de l'État, même quand il propose de faire prendre à son fils du service dans l'armée impériale, le ministre ne sort pas de son attitude réservée. Et quand le duc d'Otrante lui annonce une visite à Vienne, il refuse poliment, en lui conseillant d'aller sans bruit à Prague, comme un simple particulier.

Ainsi, sans qu'on lui rende des honneurs et sans qu'on ait daigné le traiter en invité, beaucoup plus toléré que sollicité, Joseph Fouché passe discrètement de Dresde à Prague, pour y établir sa résidence : son quatrième exil, le dernier et le plus cruel, vient de commencer.

À Prague on n'est pas très enchanté de la présence de cet hôte de qualité qui du sommet de la puissance a été précipité à terre ; l'aristocratie particulièrement est pleine de froideur avec cet intrus arrivé d'une manière aussi soudaine. Car les nobles de Bohême lisent toujours les journaux français, qui à cette époque précisément sont pleins des attaques les plus vindicatives et les plus enragées contre ce « monsieur Fouché » ; ils parlent souvent et très en détail de la façon dont ce Jacobin a, en 1793, pillé les églises de Lyon et vidé les caisses de Nevers. Tous les petits plumitifs qui autrefois tremblaient devant le rude poing du ministre de la Police et qui étaient obligés de serrer les dents pour contenir leur colère, crachent à présent leur bile, en toute liberté, sur cet homme sans défense. La roue se met à tourner avec une vitesse folle. Celui qui autrefois surveillait la moitié de l'univers est à son tour surveillé ; ses élèves et ses anciens subalternes emploient à présent à l'égard de leur ancien maître les méthodes policières découvertes par son esprit inventif. Toute lettre adressée au duc d'Otrante, ou émanant de lui, passe par le cabinet noir, est décachetée et copiée. Des agents de police épient chacune de ses conversations et en rendent compte ; on espionne ses fréquentations, on contrôle chacun de ses pas ; partout il se sent épié, guetté et entouré de délateurs ; son art, sa science se tournent avec la plus cruelle habileté contre l'homme habile entre tous qui les a inventés. C'est en vain qu'il cherche assistance contre ces humiliations. Il écrit au roi Louis XVIII, mais celui-ci ne répond pas plus au ministre déchu que Fouché n'a répondu autrefois à Napoléon au lendemain de son abdication. Il écrit au prince de Metternich qui lui fait tout au plus adresser par des employés subalternes un oui ou un non maussade. Il faut qu'il se tienne tranquille sous les coups que chacun lui porte ; il faut qu'enfin il cesse de faire du bruit et de se plaindre. Celui qui n'était en faveur auprès de tous que parce qu'on le craignait est méprisé de tous, depuis qu'on ne le craint plus : le plus grand des joueurs politiques a perdu la partie.

Pendant vingt-cinq ans, cet homme souple et insaisissable a toujours échappé au destin qui si souvent le menaça. Maintenant qu'il est définitivement par terre, les coups pleuvent impitoyablement sur lui. À Prague, non seulement l'homme politique, mais encore le particulier qu'il y a en Joseph Fouché, subit le plus douloureux des Canossa. Aucun romancier ne pourrait imaginer un symbole plus spirituel de son humiliation morale que le petit épisode qui s'y passe en 1817. Car au tragique s'allie maintenant la plus affreuse caricature de toute infortune : le ridicule. En même temps que l'homme politique, c'est aussi l'époux qui est humilié. Il est bien permis de supposer que naguère ce n'est pas l'amour qui a rapproché cette aristocrate de vingt-six ans, admirable de beauté, de ce veuf plus que quinquagénaire, chauve et livide comme une tête de mort. Mais ce prétendant peu séduisant était, en 1815, par la richesse, la seconde personne de France ; il était vingt fois millionnaire, il avait les titres d'Excellence et de duc et il était ministre en vue de Sa Majesté très chrétienne ; ainsi la gentille mais peu fortunée comtesse de province nourrissait à bon droit l'espoir de briller dans toutes les fêtes de la cour et au faubourg Saint-Germain comme une des dames les plus distinguées de France ; et, effectivement, les débuts avaient été prometteurs. Sa Majesté daigna en personne signer son contrat de mariage ; la noblesse et la cour se pressaient pour la féliciter ; un magnifique palais à Paris, deux domaines à la campagne et un château princier en Provence se disputaient l'honneur de recevoir en souveraine la duchesse d'Otrante. Pour une telle magnificence et pour vingt millions, une ambitieuse accepte fort bien un époux de cinquante-six ans, froid, chauve et la peau jaunie comme un parchemin.

Mais la comtesse trop pressée a vendu sa belle jeunesse pour l'or du diable, car peu après la lune de miel, elle constate qu'elle n'est plus l'épouse d'un ministre respecté, mais la femme de l'homme de France le plus raillé et le plus haï, de « monsieur Fouché » qu'on a mis à la porte, banni du pays et qui est méprisé de tout le monde : il ne reste plus rien du duc et de toutes ses splendeurs, et elle n'a plus devant elle qu'un vieillard décrépit, aigri et bilieux. Il n'est donc pas surprenant que s'ourdisse à Prague entre cette femme de vingt-six ans et le jeune Thibaudeau, le fils d'un vieux républicain également exilé, une « amitié amoureuse » dont on ne sait pas exactement dans quelle mesure elle n'a été qu'« amitié » et dans quelle autre elle a été « amoureuse ». Mais cela provoque des scènes très violentes ; Fouché interdit sa maison au jeune Thibaudeau et, chose fâcheuse, ce conflit conjugal ne reste pas secret. Les journaux royalistes, à l'affût de toute occasion leur permettant de fustiger sans crainte l'homme devant qui ils ont tremblé pendant des années, publient de méchantes informations sur ses déceptions matrimoniales ; ils répandent, à la grande joie de leurs lecteurs, le mensonge grossier que la jeune duchesse d'Otrante, à Prague, a brûlé la politesse au vieux cocu, en filant avec son amoureux. Bientôt le duc d'Otrante remarque, quand il est en société, que les dames retiennent avec peine un petit sourire et comparent d'un regard ironique la jeune femme éblouissante avec la personne peu attrayante du mari. C'est alors que l'ancien semeur de bruits ténébreux, l'éternel guetteur de papotages et de scandales, éprouve pour son propre compte combien il est pénible d'être la victime de ces allégations qui tuent la réputation, qu'on ne peut jamais combattre de telles calomnies, et que le plus habile est de fuir. Ce n'est que maintenant, dans le malheur, qu'il reconnaît toute la profondeur de sa chute, et son exil à Prague devient pour lui un enfer. Il sollicite du prince de Metternich l'autorisation de quitter cette ville insupportable et d'en choisir une autre. On le fait attendre, mais enfin Metternich daigne lui permettre de se rendre à Linz : c'est là que se réfugie cet homme déçu, fatigué et humilié, devant la haine et les railleries d'un monde qui, autrefois, lui fut soumis.

Linz, – on sourit toujours, en Autriche, quand quelqu'un prononce ce nom qui, si involontairement, rime avec *Provinz* (province en allemand). Une population de petits bourgeois, d'origine rurale, des bateliers, des artisans, pour la plupart de pauvres gens, avec seulement quelques maisons de la vieille noblesse autrichienne. Il n'y a pas, comme à Prague, une grande et glorieuse tradition, pas d'opéra, pas de bibliothèque, pas de théâtre, pas de bals merveilleux donnés par la noblesse, pas de fêtes : une véritable ville de province, sans vie et somnolente, un asile pour vétérans. C'est là que s'établit le vieux Fouché, avec les deux jeunes femmes, presque du même âge, qui sont l'une son épouse et l'autre sa fille. Il loue une superbe maison, la fait magnifiquement mettre en état, au grand plaisir des fournisseurs et des marchands de Linz, qui jusqu'alors n'avaient pas l'habitude d'avoir dans leurs murs de pareils millionnaires. Quelques familles s'efforcent d'entrer en relations avec cet intéressant étranger qui, grâce à son argent, ne manque pas, malgré tout, de distinction ; mais la noblesse préfère, d'une façon très marquée, celle qui est née comtesse de Castellane au fils d'un « épicier », à ce « monsieur Fouché », à qui il a fallu un Napoléon (qui n'est lui-même, à ses yeux, qu'un aventurier) pour jeter sur ses maigres épaules un manteau ducal. D'autre part, les fonctionnaires ont été secrètement invités par Vienne à le fréquenter aussi peu que possible ; ainsi cet homme qui autrefois était d'une activité passionnée vit complètement isolé et presque en quarantaine. Un contemporain le décrit alors, dans ses mémoires, pendant un bal public :

« On était frappé par la façon dont la duchesse était fêtée, tandis que Fouché lui-même était négligé. Il était de taille moyenne, fort, sans être épais, et avait un affreux visage. Il paraissait aux lieux où l'on dansait toujours en habit bleu avec boutons d'or, en culottes blanches et en bas blancs. Il portait le grand ordre autrichien de Léopold. D'ordinaire, il se tenait seul, près du poêle, et il regardait danser. Lorsque je considérais celui qui fut autrefois le tout-puissant ministre de l'empire français, qui maintenant était là si isolé, si délaissé et qui paraissait heureux lorsqu'un fonctionnaire quelconque engageait avec lui une conversation ou lui offrait de jouer aux échecs, je pensais involontairement à l'instabilité de toute puissance et de toute grandeur terrestres. »

Un seul sentiment maintient debout jusqu'au dernier moment cet esprit passionné : l'espoir de jouer un jour encore un rôle politique. Fatigué, usé, devenu un peu lourd et même légèrement ventru, il ne peut pas renoncer à l'illusion qu'on lui redonnera encore une fois ses fonctions, où il s'est tant distingué et qu'une fois de plus, comme si souvent, le destin le tirera de l'obscurité et lui permettra de participer au jeu divin de la politique. Il correspond continuellement, en secret, avec ses amis de France ; toujours la vieille araignée tisse ses fils secrets, mais ils restent inaperçus dans le grenier de Linz. Il publie sous un faux nom « Notice sur le duc d'Otrante », apologie qui décrit son talent et son caractère sous les couleurs les plus vives, d'une manière presque lyrique ; en même temps, pour mettre la puce à l'oreille de ses ennemis, il prend soin de dire dans ses lettres privées que le duc d'Otrante travaille à ses Mémoires, qu'ils doivent même paraître prochainement chez Brockhaus et qu'ils seront dédiés au roi Louis XVIII : par là il veut rappeler aux gens trop téméraires que Fouché, l'ancien ministre de la Police, a encore quelques flèches dans son carquois, des flèches au poison mortel. Mais, chose étrange, personne n'a plus peur de lui ; personne ne vient le chercher, personne ne pense à l'appeler, à lui donner un poste, personne ne veut de ses conseils ni de son concours. Et, lorsque à la Chambre française, un jour, la question du rappel des proscrits est discutée, on parle de lui sans haine et sans intérêt. Les trois années qui se sont écoulées depuis qu'il a quitté la scène mondiale ont suffi à faire entrer dans l'oubli le grand acteur qui excellait dans tous les rôles, et le silence se tend sur lui, comme un catafalque de verre. Il n'y a plus, pour le monde, de duc d'Otrante ; il n'y a plus qu'un vieil homme, las, mécontent, solitaire et étranger, qui va tristement se promener dans les rues de Linz où règne l'ennui. Çà et là un fournisseur, un marchand, lève poliment son chapeau devant cet homme maladif et courbé ; autrement, plus personne au monde ne le connaît, plus personne ne pense à lui. L'histoire – cet avocat de l'éternité – s'est vengée de la manière la plus cruelle de cet homme qui n'a toujours pensé qu'au momentané : elle l'a enterré tout vivant.

Joseph Fouché est si oublié que, sauf quelques policiers autrichiens, personne ne remarque qu'enfin, en 1819, Metternich permet au duc d'Otrante de s'établir à Trieste et cela parce qu'il sait de source sûre que cette petite faveur est faite à un mourant. L'inactivité a plus fatigué cet homme agité, qui était un bourreau de travail, elle lui a été plus nuisible que trente ans d'un dur labeur. Ses poumons commencent à ne plus bien fonctionner ; il ne peut plus supporter le rude climat de Linz ; c'est pourquoi Metternich lui accorde, pour mourir, un endroit plus ensoleillé, Trieste. Dans cette ville on voit parfois alors un homme brisé, marcher d'un pas lourd, aller à la messe et s'agenouiller devant les bancs en croisant les mains : le Joseph Fouché d'autrefois qui, il y a un quart de siècle, brisait de sa propre main les crucifix sur les autels, s'agenouille aujourd'hui, en inclinant sa tête blanche, devant les « ridicules emblèmes de la superstition », et peut-être alors ressent-il la nostalgie des couloirs silencieux de ses anciens couvents. Il y a en lui quelque chose de complètement changé ; lui, le vieux lutteur, le vieil ambitieux, ne demande plus maintenant que la paix avec tous ses ennemis. Les sœurs et les frères de son grand adversaire Napoléon, qui sont eux aussi depuis longtemps déchus et oubliés par le monde, viennent le voir ; ils parlent avec lui intimement des temps passés : tous ces visiteurs sont étonnés de constater combien la lassitude a donné à cet homme de véritable douceur. Plus rien dans cette pauvre ombre ne rappelle le personnage redouté et dangereux qui, pendant vingt ans, a troublé le monde et a fait plier devant lui les hommes les plus puissants de son temps. Il ne veut que la paix, – la paix, et une bonne mort. Et, effectivement, dans ses heures dernières, il fait la paix avec son Dieu et avec les hommes. Sa paix avec Dieu : car l'ancien athée militant, le persécuteur du christianisme, le destructeur des autels, fait appeler, dans les derniers jours de décembre, un de ces « infâmes imposteurs » (comme il les nommait aux premiers jours de son jacobinisme) et il reçoit, les mains pieusement croisées, l'extrême-onction. Sa paix avec les hommes : car peu de jours avant sa mort il ordonne à son fils d'ouvrir un secrétaire et d'en sortir tous les papiers. On allume un grand feu, des centaines et des milliers de lettres y sont jetées et probablement aussi ces Mémoires si inquiétants, qui ont fait trembler tant de gens. Était-ce là faiblesse de mourant ou suprême et tardive bonté ? Était-ce là crainte de la postérité ou lourde indifférence ? Quoi qu'il en soit, à son lit de mort, par un acte de bienveillance, toute nouvelle chez lui et ressemblant presque à de la piété il a anéanti tout ce qui pouvait compromettre autrui et le venger de ses ennemis ; pour la première fois, fatigué des hommes et de l'existence, il a cherché ainsi, au lieu de la gloire et de la puissance, un autre bonheur : l'oubli.

Le 26 décembre 1820, se termine à Trieste, dans un port de mer méridional, cette vie singulière, cette si riche destinée, commencée dans un port septentrional. Et le 28 décembre on ensevelit dans le repos suprême le corps de cet homme voué à l'inquiétude, au changement et à l'exil. La nouvelle de la mort du célèbre duc d'Otrante ne suscite d'abord que peu de curiosité. Seule une mince et pâle fumée de souvenir flotte légèrement sur son nom éteint, et se dissipe, presque sans laisser de trace, dans le ciel apaisé de l'époque.

Mais quatre années plus tard voici qu'une fois encore la crainte se ranime. On dit que les Mémoires de cet homme si redouté vont paraître et, plus d'un parmi les puissants, parmi ceux qui se sont trop hâtés de frapper témérairement le ministre déchu, se sent traversé d'un frisson glacial : ces lèvres dangereuses vont-elles réellement sortir du tombeau et parler encore une fois ? Les documents qui ont été soustraits aux ténèbres des tiroirs de la police, les lettres trop confidentielles et les preuves compromettantes, tout cela va-t-il être publié et assassiner les réputations ? Mais Fouché reste fidèle à lui-même au-delà de la mort. Car les Mémoires qu'un habile libraire fait paraître à Paris, en 1824, sont aussi peu sûrs que Fouché lui-même. Jusque dans la tombe cet homme obstinément muet ne révèle pas toute la vérité ; il a emporté avec lui, jalousement, dans la froide terre, ses secrets, pour rester lui-même un secret, quelque chose de crépusculaire qui oscille entre la lumière et l'ombre, – un visage qui ne se dévoile jamais entièrement. Mais c'est précisément pour cela qu'il suscite toujours et sans cesse le jeu de la recherche – ce jeu qu'il a si magistralement pratiqué ; c'est pour cela que l'on essaie de découvrir, d'après des traces légères et fugaces toute la vie tortueuse et, d'après son destin changeant, l'essence spirituelle de celui qui fut le plus remarquable de tous les hommes politiques.

F I N

Stefan Zweig voit le jour le 28 novembre 1881 en plein cœur de l'Empire Austro-hongrois, dans une Vienne cosmopolite qui semble alors au sommet de sa gloire. Il grandit au sein une riche famille juive mais comme pour s'ouvrir aux autres cultures, il reçoit une éducation laïque, ne parle pas l'hébreu et ne fréquente pas la synagogue.

Docteur en philosophie à l'âge de vingt-trois ans, il développe très tôt des talents pour l'écriture. Il obtint notamment le prestigieux prix de poésie Bauernfeld

Stefan Zweig fait partie de l'intelligentsia viennoise. Il compte bientôt parmi ses proches amis Sigmund Freud et Arthur Schnitzler. Mais encore ce goût pour les autres cultures le pousse à voyager, il rencontrera notamment Romain Rolland et Émile Verhaeren.

Stefan Zweig est fondamentalement un intellectuel de son temps qui ne reste pas enfermé dans le monde capiteux de la littérature de salon. Il écrira : « *la littérature n'est pas la vie*", elle n'est "*qu'un moyen d'exaltation de la vie, un moyen d'en saisir le drame de façon plus claire et plus intelligible*". Son ambition était "*de donner à mon existence l'amplitude, la plénitude, la force et la connaissance, aussi de la lier à l'essentiel et à la profondeur des choses*". Polyglotte accompli, il traduit de nombreux auteurs français et anglais. Mais Stefan Zweig est également biographe, on lui doit de nombreux et remarquables écrits, notamment sur Marie-Antoinette d'Autriche ou encore Fouché; il est également essayiste et journaliste.

Confronté à la montée du nazisme et imprégné des problématiques du monde il cherche très tôt à développer un courant pacifiste parmi les intellectuels européens.
Mais convaincu du désastre qui se joue, Stefan Zweig quitte l'Autriche dès 1934 et s'exile à Londres. Finalement il rejoindra l'Amérique du sud.

Profondément marqué par les horreurs de la guerre, il rédige *Le Monde d'hier. Souvenirs d'un Européen*, véritable témoignage de son amour et de son admiration pour la culture occidentale. Mais selon Zweig, cette civilisation a connu son âge d'or pour finalement échouer : « Né en 1881 dans un grand et puissant empire [...], il m'a fallu le quitter comme un criminel. Mon œuvre littéraire, dans sa langue originale, a été réduite en cendres. Étranger partout, l'Europe est perdue pour moi... J'ai été le témoin de la plus effroyable défaite de la raison [...]. Cette pestilence des pestilences, le nationalisme, a empoisonné la fleur de notre culture européenne »

Malgré l'intervention de Georges Bernanos à qui il rend visite, Stefan Zweig a perdu foi en ce monde dont il s'est tend imprégné et qu'il a tant aimé. En 1942, il met fin à ses jours accompagné par sa dernière femme, Lotte.

Stefan Zweig laisse une œuvre remarquable et s'inscrit comme un écrivain et intellectuel incontournable du 20ème siècle.

H.w.D